城市规模扩大对居民收入的影响研究

——来自 CHIP2013 的经验证据

梁艳菊 ◎ 著

西南交通大学出版社
·成　都·

图书在版编目（ＣＩＰ）数据

城市规模扩大对居民收入的影响研究：来自 CHIP 2013 的经验证据 / 梁艳菊著. —成都：西南交通大学出版社，2020.12
 ISBN 978-7-5643-7962-9

Ⅰ. ①城… Ⅱ. ①梁… Ⅲ. ①城市化 – 影响 – 居民收入 – 研究 – 中国 Ⅳ. ①F299.21②F126.2

中国版本图书馆 CIP 数据核字（2020）第 271187 号

Chengshi Guimo Kuoda dui Jumin Shouru de Yingxiang Yanjiu
——Laizi CHIP2013 de Jingyan Zhengju

城市规模扩大对居民收入的影响研究
——来自 CHIP2013 的经验证据

梁艳菊 / 著

责任编辑 / 李芷柔

封面设计 / 原创动力

西南交通大学出版社出版发行
（四川省成都市金牛区二环路北一段 111 号西南交通大学创新大厦 21 楼　610031）
发行部电话　028-87600564　028-87600533
网址　http://www.xnjdcbs.com
印刷：成都蜀通印务有限责任公司

成品尺寸　170 mm×230 mm
印张　15.25　　字数　259 千
版次　2020 年 12 月第 1 版　　印次　2020 年 12 月第 1 次

书号　ISBN 978-7-5643-7962-9
定价　78.00 元

图书如有印装质量问题　本社负责退换
版权所有　盗版必究　举报电话：028-87600562

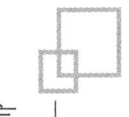

前言

城市化对工业化和经济增长有着正面影响。这是因为城市化带来的聚集经济和规模经济效应提高了全要素生产率,同时城市化又使得农村剩余劳动力向城市迁移,促进了城乡非农产业发展和产业结构的优化升级。但过度城市化又会对经济社会发展带来负面影响,比如,会导致城市贫民窟现象普遍、城市污染严重、生态环境恶化、社会秩序混乱、犯罪率上升等问题。因此,城市化过程中城市发展规模适度性问题便成为一个重要的理论探讨和政策实践问题。

改革开放以来,我国的城市化率迅速上升,由1978年的17.92%提高至2019年的60.60%。面对中国快速的城市化进程,对于城市规模问题的讨论也在继续。这些讨论围绕着一个最基础的问题,即判断最佳城市规模的标准是什么。城市总体效率(杨学成和汪冬梅,2002;马树才和宋丽敏,2003;席强敏,2012;王业强,2012)、经济的聚集效应(王小鲁和夏小林,1999;陈伟民和蒋华园,2000;金相郁,2004;Chun-Chung Au 和 Henderson,2006;金相郁,2006;高鸿鹰和武康平,2007)、经济增长最大化(许学强等,1988;周一星,1995;张应武,2009;刘爱梅,2011;陈雪娟和余向华,2012;王俊和李佐军,2014)、城市发展成本(金相郁,2004;陶然,2005)和劳动生产率(徐清和陈旭,2013)等,都成为学者们衡量和判断最佳城市规模的重要参考指标。围绕着这些指标,学者们得出了各自不同的城市发展最佳规模区间。虽然这些研究结论各不相同，但它们的研究角度在本质上是一致的，即基于"城市"这一宏观主体的视角考察最佳城市发展规模。鉴于此，本书选择从"城镇居民"这一微观主体的视角，探讨城镇居民收入最大化的有效城市规模区间。

本书共分为七章。

第一章导言，主要阐述了本书的研究背景、研究意义、研究现状、研究思路和创新点。其中，本研究的基本研究思路是：首先，梳理城市规模及其对居民收入影响的研究文献，针对已有研究中存在的不足，并在进行相关理论分析的基础上提出本研究的切入点和基础理论假设——城镇居民收入最大化的最佳城市规模是存在的；接着，建立城镇居民收入决定模型，并利用2013年城镇居民收入调查数据实证检验以上理论假设；然后聚焦经济欠发达地区，调研收集贵州省城镇居民和家庭收入数据，实证检验该理论假设在经济欠发达地区是否成立；最后，在实证检验的基础上，得出结论并提出促进我国城市化进程和城镇居民收入增长的建议。

第二章至第六章为本书的主体，从逻辑上分为三个部分：

第一部分即第二章，为城市规模及其对城镇居民收入影响的文献梳理，是本书的研究基础。本部分的内容主要包括三个方面：一是梳理关于城市最佳人口规模的研究文献，归纳并评价已有研究在最佳城市规模问题探讨方面所做的贡献及不足，主要包括研究角度、研究方法、衡量标准和研究结论四个方面；二是梳理城市规模扩大对城镇居民收入增长影响的研究文献，归纳并评价已有研究的研究视角、研究方法和研究结论；三是在对已有研究文献梳理的基础上，针对已有研究中存在的不足，提出本书的基本理论假设，并阐述本书的研究重点。

第二部分即第三章，是城市规模扩大对城镇居民收入影响的理论分析。本部分的内容主要包括两个方面：一是从理论上阐述将城镇居民收入最大化作为衡量最佳城市规模标准的原因及其逻辑机理，并提出理论假设一（即基础假设）"使城镇居民收入最大化的最佳城市规模是存在的"；二是从理论上分析和阐述城市规模扩大对城镇居民收入增长的影响机制,主要包括就业机制、聚集经济效应、人力资本的外部性、技术外溢、最小成本理论、城市体系的外部性和制度效率;同时,提出理论假设二"城市规模可以通过就业机制作用于城镇居民收入增长"、理论假设三"城市规模可以通过人力资本外溢效应作用于城镇居民收入增长"和理论假设四"城市规模可以通过技术的外溢效应作用于城镇居民收入增长"。

第三部分包括第四章至第六章。围绕研究重点,建立计量模型,实证检验理论假设一、理论假设二、理论假设三和理论假设四。

第四章为城市规模扩大对城镇居民收入影响的实证研究。首先,构建以城镇居民收入为被解释变量,以城市规模为主要解释变量的城镇居民收入决定模型;其次,综合利用微观调查数据CHIP2013[①]和样本城市的宏观统计数据,运用最小二乘估计和工具变量估计方法,实证探讨城镇居民收入最大化的有效城市规模区间,检验理论假设一;最后,实证分析和探讨城市规模对不同技能水平、不同行业、不同产业和不同收入水平城镇居民收入的影响,并判断城市人口规模扩大对城镇内部居民收入差距的影响和作用。

第五章研究城市规模扩大对城镇居民收入增长的影响机制,即城市规模影响居民收入增长的具体途径和实现方式。首先,构建以就业哑变量为被解释变量,以城市人口规模为主要解释变量,包含居民个人特征向量和样本城市特征向量的就业方程;综合利用微观调查数据CHIP2013和样本城市的宏观统计数据,实证分析城市规模扩大对城镇居民就业概率的影响,检验理论假设二;其次,将行业分为人力资本密集型行业和非人力资本密集型行业,运用最小二乘估计和工具变量估计方法,实证分析城市规模扩大对两类行业城镇居民收入增长的影响,检验理论假设三;如果城市规模对人力资本密集行业城镇居民收入增长的影响大于非人力资本密集行业,则判定城市规模扩大通过知识外溢促进了城镇居民收入增长;最后,将行业分为技术密集型行业和非技术密集型行业,运

---

① 本书中所使用的CHIP2013等数据集的选择详见第四章。

用最小二乘估计和工具变量估计方法,实证分析城市规模对两类行业城镇居民收入增长的影响,检验理论假设四;如果城市规模对技术密集型行业城镇居民收入增长的影响大于非技术密集型行业,则判定城市规模扩大通过技术外溢促进了城镇居民收入增长。

第六章调查收集贵州省城镇居民和家庭收入数据,实证分析经济欠发达地区城市规模扩大对城镇居民收入增长的影响及影响机制。首先,阐述组织收集2014年贵州省城镇居民收入与消费调查数据(GZURICS2013)的过程;其次,利用城镇居民收入决定模型,综合运用GZURICS2013和样本城市宏观统计数据,实证检验第四章、第五章的结论是否适用于城市化和经济发展都比较落后的地区。

第七章为结论、政策建议及研究展望。首先,在实证分析的基础上,总结阐述本书的研究结论;其次,根据研究结论提出促进我国城市化进程和城镇居民收入增长的政策建议;最后,针对本研究存在的不足提出进一步研究的方向。

本书的创新之处主要体现在以下五个方面:

(1)以城镇居民收入最大化作为标准衡量最佳城市规模。

从现有的文献来看,关于城市最佳人口规模的众多研究中,基本上都隐含着一个假设,即城市是一个独立的经济生产单位(Choi Yong-Ho,1998;王小鲁和夏小林,1999;Chun-Chung Au 和 Henderson,2006;金相郁,2006等)。因此,投入-产出的经济学经典分析方法就成为研究城市最佳规模问题的首选。基于此,衡量城市最佳人口规模的现有标准主要有"净聚集效应最大"(王小鲁和夏小林,1999;Chun-Chung Au 和 Henderson,2006;金相郁,2006等),"经济增长最大化"(许学强等,1988;张应武,2009;王俊和李佐军,2014等),"城市效率最佳"(马树才和宋丽敏,2003;席强敏,2012;王业强,2012等)和"成本最小"(金相郁,2004等)。围绕着这些标准,学者们得出了不同的最佳城市规模区间。从这些判断标准可以看出,已存文献对最佳城市规模的研究,都是站在"城市"这一宏观主体的视角,以城市的生产效益作为标准来衡量最佳城市规模。而从微观主体角度去探讨城市最佳人口规模的研究则非常少，只有 Henderson（1974）以及陈晓旭和陶小马（2013）等几个。社会主义生产的根本目的是增进民生福祉，而城镇居民收入增长是民生福祉增进的一个重要表现。因此，本研究尝试在这个方面做了一些新工作（具体创新之处见后面的描述），即从"城镇居民"这一微观主体的新视角，探讨城镇居民收入最大化的有效城市规模区间，为最佳城市规模研究提供参考。

（2）从劳动密集度、垄断程度和贸易开放度的视角，对行业进行分组，并利用 CHIP2013 数据实证分析城市规模对不同行业城镇居民收入增长的影响。

行业收入差距是理解中国居民收入差距的重要视角，是城镇内部居民收入差距的重要组成部分。现有的文献中，很多学者，例如蔡昉（1996）、岳昌君和吴淑姣（2005）、史先诚（2007）、刘小玄和曲玥（2008）、任重和周云波（2009）、姜玮（2010）、甘小霞（2010）、叶林祥等（2011）等，从垄断程度、人力资本、制度理论等方面，对不同行业的收入决定因素，以及导致行业收入差距的原因进行了较为全面和深入的研究。从劳动密集度、垄断程度和贸易开放度角度对行业进行分类，并从人力资本、市场竞争、要素禀赋和政府等方面对行业收入差距的原因进行分析的研究也有很多，例如张长春（1994）、罗楚亮和李实（2007）、岳希明等（2010）、杜鑫（2010）、马骊（2010）、陈钊和肖兰兰（2011）、强林飞等（2011）、吕晓兰（2012）、彭树宏（2012）、邱兆林（2014）等。但从城市化的角度，分析行业的收入决定因素/行业收入差距形成原因的研究则很少，只有薛继亮和李录堂（2010）等几个。而将城市规模作为劳动密集行业和资本密集行业、垄断程度较低行业和垄断程度较高行业、非贸易行业和可贸易行业收入差距形成原因的研究，则在国内还是空白。本研究在这方面做了一些原创性的尝试工作。

（3）从城市规模的角度探索缩小城镇内部居民收入差距的有效途径。

城镇内部居民收入差距是我国居民收入差距的一个重要组成部分。因此，缩小城镇内部居民收入差距是实现社会分配公平的一个重要方面。现有的文献中，关于城市规模扩大对中国城镇内部居民收入差距影响的研究，总体上还比较薄弱。在这方面的研究中，高虹（2014）的研究比较深入。本研究在控制个人特征变量和城市特征变量的基础上，考察了城市人口规模扩大对城镇内部居民收入差距的影响，得出了与高虹（2014）的研究相悖的结果：城市规模对低收入组城镇居民名义收入和实际收入增长的拉动作用最大；城市规模对高收入组城镇居民名义收入和实际收入增长的拉动作用最小；城镇内部居民收入差距的不断扩大不是城市化的必然结果；城市化对城镇内部居民收入差距并不具有推高效应；相反的，人口和经济活动向城市的进一步集聚，将会缩小城镇内部居民的收入差距；城市人口规模扩大是缩小中国城镇内部居民收入差距、实现社会分配公平的有效途径。

（4）实证分析城市规模对城镇居民收入增长的两种影响机制：人力资本的外部性和技术的外溢效应。

从现有的文献来看，学者们都认同聚集经济中，人力资本的外部性和技术的外溢效应是劳动者生产率提高和收入增长的关键因素。但对这一作用途径的研究大多数都是从理论逻辑的角度进行分析和说明的（例如 Glaeser, 1999；Peri, 2002；张景华, 2007；Glaeser 和 Resseger, 2010；马远, 2012；谢小平和王贤彬, 2012 等），通过实证研究进行分析和阐述的还比较少，只有 Enrico Moritte（2004）的研究较深入。本研究在这方面进行了一些尝试性的新工作。

（5）调研收集贵州省城镇居民和家庭收入数据，并以此为样本实证检验经济欠发达地区城市规模扩大对城镇居民收入增长影响与经济较发达地区的异同。

现有的文献中，关于城市规模及其对城镇居民收入影响的实证研究，所采用的经验数据大多数都是经济较发达地区或城市的相关统计或调查数据（例如金相郁, 2004；张克俊, 2005；程开明和李金昌, 2007；林目轩, 2007；潘文轩, 2010；肖文和王平, 2011；韩建雨, 2013；孙业亮, 2013；毛雁冰和张恒龙, 2014；周密等, 2014；高虹, 2014 等）。经济发展和城市化建设落后地区得到的研究关注度相对欠缺。但我国地域面积广阔、资源禀赋差异大，对经济欠发达地区城市规模及其对居民收入影响进行研究，对城市化进程和实现共同富裕同样重要。本研究在这方面尝试性地做了一些新工作：设计了"贵州省城镇居民收入和消费调查问卷"，组织了调研团队，对贵州省的6个地级及以上城市和7个县级市的城镇居民个人和家庭收入状况进行了调查。收集到的有效调研数据包含了783个城镇居民样本及家庭的信息。以收集到的微观数据为样本，实证分析了经济欠发达地区城镇居民收入最大化的有效城市规模区间。利用收集到的微观数据，实证分析了经济欠发达地区城市规模对城镇居民收入增长的影响及影响机制。以期能为学术研究提供较独特的数据资料和较新的分析视角。

本书存在一些不足之处，后续研究工作可以尝试从以下几个方面进行：

第一，以可支配收入作为标准衡量城镇居民生活水平，探讨城镇居民收入最大化的有效城市规模区间。本书的调查对象中有很多非正规部门的就业者，收集到的数据并没有将个人缴纳的税收和社会保障费用扣除。因此，本书未把可支配收入纳入研究范围。

第二，按照一线、二线、三线城市对城市进行分组，探讨不同等级城市城镇居民收入最大化的有效城市规模区间。这是因为不同等级城市的经济发展水平和市场化程度不同，可能会对最佳城市规模产生不同影响。

第三，按照东部、中部、西部地区对城市进行分组，探讨不同地区城镇居民收入最大化的有效城市规模区间。这是因为我国地区经济发展不平衡，东部、中部、西部地区的经济发达程度、产业结构优化程度、市场化程度各不相同，可能会产生城镇居民收入最大化的不同有效城市规模区间。并且，对西部经济欠发达地区的深入研究，可以进一步了解和探讨本书利用贵州数据得出相悖结论的原因。

第四，用经验数据实证分析城市规模可以通过提高制度效率和降低城市发展成本作用于城镇居民收入增长。由于尚未找到准确衡量制度效率和城市发展成本的指标，所以本书仅从理论上对这两种影响机制给予了分析。

在本书的写作过程中，十分感激陈爱民教授的悉心、严谨指导；感激张衔教授提出的缜密修改意见和辛劳付出；感激陈刚教授提供的数据支撑和中肯建议；感激家人的时时督促和全力支持；感激高洁师姐、方江涛师姐、常乃磊师兄、叶文春副教授的温暖关怀和帮助；感激调研团队的辛苦和不懈努力；感激书中所引用的学者们提供的相关研究成果，在此，致以最诚挚的谢意！

鉴于作者水平有限，书中难免存在不妥之处，恳请广大读者批评指正。

梁艳菊

2020 年 10 月

目 录

1 导 言 / 001
1.1 研究背景 / 001
1.2 研究目的和意义 / 012
1.3 研究现状 / 016
1.4 研究框架和研究内容 / 034
1.5 研究方法、创新点和不足 / 040

2 城市规模及其对居民收入影响的文献梳理 / 049
2.1 最佳城市规模探讨 / 050
2.2 城市化与居民收入 / 062
2.3 研究要点 / 080

3 城市规模对居民收入影响的理论分析 / 084
3.1 居民收入与最佳城市规模 / 084
3.2 城市规模影响居民收入的机制 / 087
3.3 本章小结 / 096

4 城市规模对城镇居民收入影响的实证分析 / 099
4.1 模型构建 / 100
4.2 变量与数据 CHIP2013 说明 / 105
4.3 城市规模对城镇居民收入影响的统计回归分析 / 112
4.4 城市规模对城镇居民收入影响的工具变量估计 / 119
4.5 城市规模对城镇居民收入影响的差异性分析 / 125
4.6 本章小结 / 148

5 城市规模对城镇居民收入增长影响机制的实证检验 / 150

- 5.1 就业机制 / 151
- 5.2 人力资本的外部效应 / 159
- 5.3 技术外溢 / 163
- 5.4 本章小结 / 167

6 城市规模与居民收入：来自贵州省经验数据（GZURICS2013）的检验 / 169

- 6.1 问题的提出 / 169
- 6.2 数据（GZURICS2013）与模型 / 170
- 6.3 城市规模对城镇居民收入影响的实证分析 / 175
- 6.4 城市规模对城镇居民收入影响的差异化分析 / 179
- 6.5 城市规模对城镇内部居民收入差距的影响 / 186
- 6.6 城市规模对城镇居民收入的影响机制 / 187
- 6.7 本章小结 / 190

7 结论、政策建议及研究展望 / 194

- 7.1 研究结论 / 194
- 7.2 政策建议 / 202
- 7.3 研究展望 / 206

附 录 / 208

参考文献 / 213

1 导　言

1.1　研究背景

城市化是我国新世纪发展进程中要解决的一个突出问题。[①]改革开放以来，我国的城市化进程不断加快，从 1978 年到 2019 年的 40 多年间，我国城镇常住人口数由 17 245 万人增加到了 84 843 万人，我国的城市化率也由 17.92% 上升到了 60.60%（见表 1.1）。特别是 1995 年以来，我国的城市化水平呈现直线上升的趋势（见图 1.1）。到 2011 年年末，我国的城市化率首次突破 50%，达到了 51.27%（见表 1.1）。对此，《2012 中国新型城市化报告》称，"中国城市化率突破 50%，这意味着中国城镇人口首次超过农村人口，中国城市化进入关键发展阶段，势必将引起深刻的社会变革，在中国发展进程中是一个重大的指标性信号"。

表 1.1　1978—2019 年我国城镇人口变动情况表

年份	年末总人数/万人	城镇人口数/万人	城市化率/%
1978	96 259	17 245	17.92
1979	97 542	18 495	18.96
1980	98 705	19 140	19.39
1981	100 072	20 171	20.16

[①] 这一论点是在 2001 年 6 月 27 日至 29 日在厦门国际会展中心召开的"城市化：中国新世纪发展的挑战与对策"国际研讨会上明确提出的，该研讨会由中国留美经济学会、厦门市政协和厦门大学联合主办。

续表

年份	年末总人数/万人	城镇人口数/万人	城市化率/%
1982	101 654	21 480	21.13
1983	103 008	22 274	21.62
1984	104 357	24 017	23.01
1985	105 851	25 094	23.71
1986	107 507	26 366	24.52
1987	109 300	27 674	25.32
1988	111 026	28 661	25.81
1989	112 704	29 540	26.21
1990	114 333	30 195	26.41
1991	115 823	31 203	26.94
1992	117 171	32 175	27.46
1993	118 517	33 173	27.99
1994	119 850	34 169	28.51
1995	121 121	35 174	29.04
1996	122 389	37 304	30.48
1997	123 626	39 449	31.91
1998	124 761	41 608	33.35
1999	125 786	43 748	34.78
2000	126 743	45 906	36.22
2001	127 627	48 064	37.66
2002	128 453	50 212	39.09
2003	129 227	52 376	40.53
2004	129 988	54 283	41.76
2005	130 756	56 212	42.99
2006	131 448	58 288	44.34
2007	132 129	60 633	45.89
2008	132 802	62 403	46.99

续表

年份	年末总人数/万人	城镇人口数/万人	城市化率/%
2009	133 450	64 512	48.34
2010	134 091	66 978	49.95
2011	134 735	69 079	51.27
2012	135 404	71 182	52.57
2013	136 072	73 111	53.73
2014	136 782	74 916	54.77
2015	137 462	77 116	56.10
2016	138 271	79 298	57.35
2017	139 008	81 347	58.52
2018	139 538	83 137	59.58
2019	140 005	84 843	60.60

注：（1）数据来源：2019年中国统计年鉴、2019年国民经济和社会发展统计公报；
（2）1981年及以前数据为户籍统计数；1982、1990、2000、2010年数据，根据当年人口普查数据推算得出；其余年份数据为年度人口抽样调查推算数据。
（3）现役军人计入城镇人口。

1978—2019年我国城市化水平变动情况

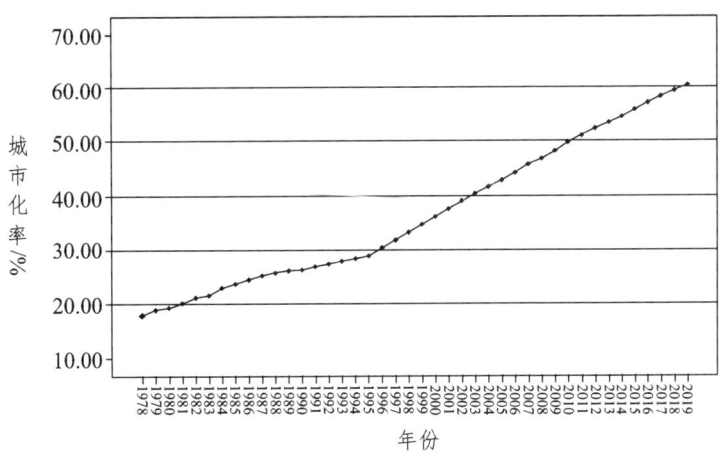

图1.1　1978—2019年我国城市化水平变动情况

城市化问题之所以成为各国经济社会发展所关注的重点问题，是由于城市化与经济发展之间存在着密切的相关性，城市化进程与经济发展水平之间具有正向的相关关系（Lampard，1955；Berry，1965；Chenery 和 Syrquin，1975；Jones 和 Kone，1996；高佩义，2004），两者之间相互影响、相互促进（陈端计，2001；高佩义，2004）。

一方面，一个国家或地区的工业化水平和经济结构的优化程度，决定着该国家或地区的城市化程度（杨栋，2008），即工业化和经济发展通过产业聚集和产业结构的优化升级，带动了一国或地区非农产业特别是第三产业的发展和人口向城市的集中，从而促进了该国或地区的城市化进程。对此，学者们进行了实证研究和说明，例如，Balroch Paw（1991）的实证研究结果指出：60%~70%的城市化进程可以由经济增长来解释；Moomaw 和 Shatter（1996）建立了城市化与经济增长等相关变量的计量模型，并指出城市化水平与人均国内生产总值等指标具有正向相关性，与产业结构中第一产业的比重则具有负相关性；张宏霖（2001）运用时间序列和跨地区数据揭示出，1978年以来中国城市化的增长是快速经济发展的结果，即经济发展极大地促进了我国的城市化进程，并且表明，一国或地区的城市化水平应该与该国或地区的经济增长水平一致。

另一方面，城市化带来的聚集效应和规模效应又反过来促进了该国或地区的工业化进程和经济社会的快速发展。由人口和经济活动聚集形成的城市，为工业化提供了空间依托和发展条件，城市化促进了一国或地区的工业化进程和经济社会发展。这是因为城市化带来的聚集经济和规模效应提高了一国或地区的全要素生产率，同时城市化又使得农村剩余劳动力向城市迁移，促进了该国或地区城乡非农产业的发展和产业结构的优化升级，从而推动了该国或地区的工业化进程和经济社会发展。对这一点，也有许多学者进行了论证和说明。夏永祥等（2001）通过考察世界城市化进程的一般规律和中国城市化历程的演进特点发现，小城镇是城市化的起点，随着城市规模的扩大，集聚效应发挥的作用越来越大，大城市的集聚经济效应最佳，具有超先增长规律；通过改革，乡镇企业自然会向市镇集中，加快该地区或国家的城市化进程，并使城市规模进一步扩大；后起工业化国家的工业化往往伴随着城市化，或者说后起工业化国家的经济增长离不开城市化的协调发展。沈坤荣和蒋锐

（2007）的研究进一步提出，城市化可以通过两种机制的作用来推动经济增长：一方面，城市化带来的聚集经济加速了物质资本、人力资本和知识资本等要素的积累，提高了全要素劳动生产率，从而进一步促进了经济增长；另一方面，城市化使得农村剩余劳动力向城市流动和迁移，在提高了农业部门劳动生产率的同时，也促进了城乡非农产业的发展和产业结构的优化升级，从而推动了经济增长。也就是说，城市化先作用于要素积累和经济结构或产业结构变革及优化升级，然后才间接地对经济增长产生正的影响作用（巩红禹，2014）。这一结论，已经由中国数据的实证检验结果得到了证明："城市化能够通过物质资本、人力资本、知识资本和产业结构这四条途径来影响经济增长"[①]；而且，在现阶段，人力资本和产业结构的优化升级是城市化提高劳动生产率和促进经济增长的主要影响途径和机制（沈坤荣、蒋锐，2007）。

总之，城市化对一个国家或地区的工业化进程和经济增长都有着不可或缺的正影响。但正如张宏霖（2001）提出的，过度城市化对国民经济的发展并没有好处。发展中国家大城市盲目扩张的直接后果，就是带来了"城市贫民窟现象普遍、城市污染严重、生态环境恶化、社会秩序混乱、社会犯罪率上升"等一系列严重的社会问题（漆畅青和何帆，2004）。因此，城市化进程中的城市发展规模适度性问题便成为一个重要的理论探讨和政策实践问题。国内学者们在这一问题的探讨上，存在着很大的分歧。其分歧的核心从本质上来看就是中国城市的发展模式问题，即是选择大城市发展模式，还是选择中小城市发展模式，还是选择混合发展模式。

（1）支持选择大城市发展模式的论点。

支持大城市发展模式论点的理论依据是规模经济，或人口、经济活动的聚集效应，即聚集经济。

聚集经济（Economies of Agglomeration），也称聚集经济效益、聚集规模效益，指的是人口和产业活动在地理位置上的集中所带来的经济的

---

① 邹学勇,张春来,吴晓旭,石莎,钱江,王仁德.城镇防沙的理论框架与技术模式[J].中国沙漠,2010,01.

外部性（景文，2009）。聚集经济是一种古老而又常见的经济现象，早在18世纪中叶世界经济就已经开始出现经济活动在地理空间上的集中现象。进入21世纪70年代以后，随着科学技术的发展，在很多发达国家相继涌现出了一大批在地理区域内高度聚集的"新产业区"，以这些产业群为代表的聚集经济，推动了区域经济的快速发展，以及科技进步与创新，成为提高这些国家或地区经济竞争力和综合实力的重要力量。

"聚集经济效益从本质上来说是一种外部经济，是由外部规模经济和外部范围经济共同作用而形成的一种复合经济"[①]，也是导致城市形成和不断扩大的基本因素。城市是企业或生产者以及产业经济活动的集中地区，这种集中主要有两种类型：一是同一产业类别，或产品性质相近的许多企业（或生产者）的集中（秦玉琴，1999）。同类或性质相近企业（或生产者）在地理区域上的集中，可以使企业或生产者分享社会资源，加强分工协作、降低总成本、扩大生产规模、增加总产量，进而促进辅助产业的发展；企业或生产者的地理集聚，不仅创造了大规模的外部经济，而且降低了企业或生产者的生产费用和成本，提高了企业或生产者的单位生产要素产出率或劳动生产率，这又成为吸引企业或生产者以及产业经济活动进一步集聚的基础或驱动力。二是不同产业类别，或生产不同性质产品的企业的集中（秦玉琴，1999）。相对于各个企业或生产者在地理区域上的分散分布，企业或生产者的聚集带来相关人口的迁移和集中，这种集中一方面有利于形成更大规模的商品和服务消费市场，以及劳动力市场，从而降低企业或生产者的运输费用和生产成本，并进一步吸引相关企业或生产者持续向该区域集中；另一方面，人口在地理区域上的集中进一步促进了该区域基础设施和公共事业的建立、发展和充分利用；与此同时，企业或生产者以及与此伴随着的人口在地理位置上的集中，还带来了相关熟练劳动力、技术人才和经营管理人员等生产要素和人力资本向该区域的迁移和积聚。综上所述，企业或生产者以及产业经济活动在地理区域上的不断集中，导致了城市的形成和城市

---

① 陈志洪. 九十年代上海产业结构变动实证研究[D]. 复旦大学，2003；朱华友. 经济集聚机理的尺度分异整合及其应用价值研究[J]. 浙江师范大学学报：社会科学版，2006，01.

规模的不断扩大。

聚集经济效益的产生还与创新活动相关。根据罗默（David Romer）的创新增量方程——社会创新增量只与创新的人口有关，即人口越多且素质或受教育水平越高，可能创新的人数就越多，创新以及重复创新的可能性就越大，社会创新增量就越大。人力资本是创新技术进步的一个至关重要的投入要素和决定因素，更多的专业研发人员和人力资本积累的投入，就意味着更多的创新产出和社会创新增量（陈继勇和肖光恩，2005）。也就是说，人口越密集、人口素质或教育水平越高、人力资源积累和投入越多的经济体，能够提供的潜在创新者就越多，创新和重复创新的可能性就越大，即创新的供给能力就越强；企业或生产者以及人口在地理空间上的高度集中，使得社会创新的潜在需求市场也就越大，社会创新的收益或回报就越高，专业研发人员创新的积极性就越高，创新的激发效应也就越强（陈继勇和肖光恩，2005），对创新的市场需求进一步促进了社会创新增量的快速增加。并且，由于创新具有非竞争性，因而经济体中的每个经济活动参与者都会从社会创新中受益，因此，经济活动参与者具有很强的创新动力和创新欲望，这也进一步促进了创新产出和社会创新增量的增长，从而带来整个经济体社会福利的增加，这就是经济持续增长的动力源泉。

从这个意义上讲，聚集经济效益之所以产生，一是由于企业或生产者追求创新外溢所带来的规模报酬递增，以及较低的生产成本和费用；二是由于企业或生产者为了获得经济增长的持续动力，即技术创新，而技术创新又与专业研发人员在地理空间上的集中以及专业研发人员占总人口比率的增长密切相关（檀学文，2006）。

大城市是人口和经济活动较集中的、规模较大的区域中心，大城市模式的最大好处就在于聚集经济和规模经济效应。并且，除了聚集经济和规模经济带来的好处外，集中式的城市化发展模式将最有可能减轻城市系统的压力（通过增加产出、节约社会资源、减少公共支出等方式），提高城市的总体效率（孙荣飞，2008；麦肯锡全球研究院，2008），从而带动和促进区域经济的快速发展。因此，城市特别是大城市在一个国家或地区的经济社会发展过程中起着至关重要的作用。毫无疑问，大城市的发展也对中国的经济增长和社会发展至关重要。那么，中国大城市发展的现状是什么呢？

张应武（2009）利用2002—2006年中国地级及以上城市的统计数据，实证考察了经济增长与城市规模之间的关系；根据其计量结果，得出"我国目前的大城市数量还不够、规模也不大"的结论，并提出了促进经济增长应优先发展大城市，采用扩大城市规模的大城市发展战略。

王小鲁（2010）通过对我国城市化的一些重要经验教训的回顾，得出结论：一个以特大或超大城市为中心、由几个一百万人口规模级别的大城市组成的城市群，是一个更有利于周边中小城市和小城镇，以及地区经济社会发展的空间结构，而我国目前一百万人口规模以上的大城市仍然太少了。

此外，和世界相比，中国大城市的比重明显偏小，中国大城市的发展力度还不够（李善同，2008）。这是因为中国的国土面积虽然比较辽阔和广大，但其中平原地区的面积却仅仅占到了国土总面积的10%，再加上我国庞大的人口规模，以及"小城镇病"（小城镇建设对资源的破坏、环境的污染、土地的浪费十分严重）的存在，所以，思考和探索对社会资源进行优化配置和充分利用，以实现经济社会的可持续发展的城市发展问题显得尤为迫切和重要。针对中国的上述国情，提高经济的聚集效应，采取都市圈式或大城市的集中发展模式可能比采用分散式的增长模式更有效。

对此，《迎接中国十亿城市大军》（麦肯锡，2008）经过对中国14个城市的调查，给予了证实："如果中国推动更加集中化的城市化发展战略，那么集中式发展模式将比分散式发展模式多实现20%的人均GDP增长，公共支出占GDP的比例也将降低（集中式发展模式为16%，分散式发展模式为17%），因为集中式增长使得能源使用效率将比其他选择高出近20%；在耕地保护上，采取更为集中的城市化模式可将耕地流失量降低到当前总量的7%~8%水平，而更为分散的城市化模式则会使耕地流失率超过20%；在交通投入上，在超大城市情境下中国只需把现有的地铁系统扩大8倍，但在分散式增长情境下轻轨系统将需要增长近300

倍;而污染控制措施在大城市也比在小城市执行范围更广,效率更高。"①

综上所述,在土地资源短缺的背景下,中国城市化应积极实施和推进大城市发展战略,提升城市品位和总体效率,提高经济的集聚效应(吴宇哲和鲍海君,2001)。大城市,甚至大城市圈是中国城市化模式的选择(周牧之,2001),"如何形成牵引中国经济持续增长的大城市和大城市圈,是中国赢得全球经济一体化下激烈的国际竞争,获得持续的经济社会发展的关键所在"②。

(2)支持选择中小城市发展模式的论点。

国外学术界支持中小城市发展战略的学者主要有 Southal(1979)、Rondinelli(1980)、Renaud(1981)、Hardoy、Satterthwaite(1986)、Gugler(1988)和 Blizer(1988)等,他们认为中小城市对加快一国或地区的城市化进程,促进该国或地区的经济社会快速发展,以及改善居民的生产和生活环境,都是有帮助的。国内学术界主张实行中小城市发展战略的学者主要有费孝通(1985,2000)、郑亚平和聂锐(2010)、范剑勇(2010)等。其理由如下。

第一,我国的大多数城市的现状是:基础设施供给存在着严重不足,社会保障和公用事业的供给、管理和实施等方面也还存在着许多缺陷(方青,2003;张蕊,2003),城市的综合管理或治理能力也不能适应或满足实际需求,因而无法承受新增居民给城市带来的各项压力,也没有吸纳大量新增居民的社会空间。因此,鼓励农民或农村的剩余劳动力进入小城镇,就可以避免农村剩余劳动力转移给城市带来较大的治理压力和社会冲击,避免因外来人口流入给城市增加的社会摩擦和矛盾。此外,由于地缘关系紧密,农民或农村剩余劳动力流入周边小城镇比进入距离较远的大中城市付出的心理成本以及适应成本要更低一些;同时,相较于人力资本积累较多和受教育水平较高的大中城市,农民或农村剩余劳

---

① 孙荣飞."城市化"道路明晰 未来偏爱建大城.第一财经日报,2008-03-26;麦肯锡全球研究院.迎接中国十亿城市大军[R].2008-03-24. http://www.docin.com.
② 何一民,范瑛,付春.中国城市发展模式研究[J].社会科学研究.2005,01;周牧之.中国需要大城市圈发展战略[A].中国城市化:实证分析与对策研究[C].厦门:厦门大学出版社,2002,6:135-140.

动力在小城镇中也更容易获得发展小工业的机会或进入乡镇企业工作，从而解决就业问题（郑金芳等，2002）。

第二，加快小城镇的发展和建设是解决农村剩余劳动力就业问题的主要途径和根本出路（孔繁梅，2009）。由于地缘或空间地理位置关系，小城镇的建设和发展，能够更好、更快地把城乡两个市场连接起来，进而有效促进农业与第二、三产业融合，推动农村产业结构优化升级，提高农业的劳动生产率，带动农村经济社会迅速发展（王行伟，2002；张蕊，2003）。由此可见，作为联系城乡市场的纽带和桥梁，小城镇的大力建设和发展有利于吸纳大量的农村剩余劳动力，推动农业产业结构的调整和优化升级，提高农业的劳动生产率，进而提高农业的规模效益，增加农村居民的就业机会和概率，提高农民的收入水平和农村的现代化水平，改变农村的社会面貌，实现农村经济社会的全面发展。此外，由于小城镇往往是当地的交通枢纽和信息中心，因此，在小城镇建设和城乡一体化发展过程中，可以依托和充分利用附近大中城市的辐射作用，以迅速提高当地经济、科技、文化的综合水平和竞争力。

第三，发展小城镇可以避免形成"城市病"。发展中国家大城市盲目扩张的直接后果就是，带来了城市贫民窟现象普遍、城市污染严重、生态环境恶化、社会秩序混乱、社会犯罪率上升等一系列严重的社会问题（漆畅青和何帆，2004），形成"城市病"。中国作为发展中国家，应吸取其他发展中国家在城市盲目扩张过程中带来的这些教训，避免重蹈覆辙。在现阶段，由于经济社会条件的限制，大中城市还不能成为我国城市化进程中的主要依托和发展途径，针对农业人口比例较大的社会现实，小城镇发展道路才是中国城市化更为现实的理性选择（王行伟，2002；张蕊，2003；方青，2003）。

不可否认，改革开放最初 20 年间，各个省份的城市化进程都很大程度上依赖于乡镇企业的发展和小城镇建设，小城镇发展战略的确对我国的城市化进程起到过不可忽视的作用，对于这一论点，陈其林等（2001）通过利用 1985—1998 年中国乡镇企业收入、规模、利润和城市化比重等指标，用回归分析和皮尔森相关分析，证实了小城镇发展道路在我国城市化发展中起到的巨大积极作用。王业强（2012）通过实证中国城市规模效率与城市规模之间的倒"U"型关系,也证实了中小规模城市具有较高的规模效率,是城市化的有效选择,从而进一步提出了促进中小城市发展,并限制发展超大城市的主张。

(3)主张混合发展模式的论点。

在中国的城市化是选择大城市模式还是中小城市模式的问题上,还有一部分学者认为,由于地域差异性大,所以采取单一战略模式去解决城市化问题是不可能的(原国家计委宏观经济研究院课题组,2000;温铁军,2000;钱振明,2008),因而,他们主张从实际出发,因地制宜制定和实施多元化的混合发展模式。具体建议是:在经济发展水平较高的东部地区,城市发展要与产业结构调整和优化升级相结合,从调整城镇体系的空间结构入手,以提高城市化质量和效率为目标,大力发展大都市带或大城市圈;中部地区则同时实施大中小城市共同发展的战略,积极引导、鼓励大中城市的规模适度扩大,同时大力发展小城镇,扩大对农村剩余劳动力的吸纳能力,不断健全和完善城市基础设施建设,大力提升我国的城市化水平;而西部地区的中期目标则定位于实施"大城市、小城镇"发展战略,即通过调整人口和经济活动的地理空间分布,依托现有的大中城市,在综合条件相对较好的地区形成较大的人口集聚核心,辐射带动西部地区经济快速发展,同时加大小城镇建设和发展力度,加快西部地区的城市化进程(原国家计委宏观经济研究院课题组,2000;王行伟,2002;张蕊,2003;方青,2003)。

在政策层面上,我国的城市化从改革开放伊始,基本上遵循的就是这样一条多元化的发展路线。早在1980年,国家建设委员会就提出了"控制大城市规模,合理发展中等城市,积极发展小城市"的城市发展方针;[①]而后在1989年12月第七届全国人民代表大会常务委员会第十一次会议通过的《中华人民共和国城市规划法》中将国家的城市化方针修改为"严格控制大城市规模,积极发展中等城市和小城市"[②]。历经多年讨论之后,为了协调城乡空间布局,促进城乡经济社会和区域协调

[①] 周普杰. 我国城市化的对策分析[J]. 经济问题,2003,05.
[②] 《中华人民共和国城市规划法》第一章第四条规定:"国家实行严格控制大城市规模、合理发展中等城市和小城市的方针,促进生产力和人口的合理布局。"

发展,《国民经济和社会发展第十一个五年规划纲要》中提出了"坚持大中小城市及小城镇协调发展"的方针,指出把城市群作为推进城镇化的主体形态,形成以若干城市群为主体,其他城市和小城镇点状分布,高效协调可持续的城镇化空间格局,并分类引导人口城镇化[①],实现城乡和区域经济社会协调发展。

对于多元化的城市发展模式,国内的学者也从实证的角度给予了实践和理论上的支持。陈其林等(2001)搜集了我国1985年至1998年间与乡镇企业发展相关的几个指标数据,运用截面数据回归的方法,对乡镇企业发展与我国城市化进程的相关性进行了实证分析,得出结论:应该适度发展大城市,积极发挥其在区域经济发展中的带动作用,使之成为经济起飞的龙头,同时要大力发展中小城市,提高城市的综合承载能力,使中小城市成为吸纳农村人口和剩余劳动力的主要基地。

高鸿鹰和武康平(2007)从城市集聚效应的角度,应用最小二乘估计法估算了我国50万～100万人口规模城市和100万人口规模以上城市的平均集聚效应指数和平均集聚效率指数,并根据实证结果提出"城市化进程中,为提高经济社会的投资效率,促进经济增长,应快速增加100万人口规模以上城市的分布比重,并合理引导资本密集型产业向50万～100万人口规模城市转移";同时,还强调"要适度地保护规模较小城市的发展"。

1.2 研究目的和意义

1.2.1 理论意义

我国的经济发展已经进入新常态[②],城市化进程也在不断加快,而关于城市发展战略或者说城市适度发展规模问题的讨论也仍然在继续。

---

① 摘自《国民经济和社会发展第十一个五年规划纲要》中的第五篇,第二十一章促进城镇化健康发展。
② 经济新常态的三个特点:一是从高速增长转为中高速增长。二是经济结构不断优化升级,第三产业消费需求逐步成为主体,城乡区域差距逐步缩小,居民收入占比上升,发展成果惠及更广大民众。三是从要素驱动、投资驱动转向创新驱动。

综上所述，关于城市发展战略或城市发展规模问题的讨论，其实质上探讨的是"什么样的城市发展战略对一个国家或地区的经济社会发展是最有利的"，或者说探讨的是"城市人口规模控制在多大的范围内，对一个国家或地区的经济社会发展是最有利的"，即最佳城市规模的确定问题。

学术界虽然对于城市最佳人口规模的界定和探讨结论不一，但归根结底围绕的核心点却是一个最基础的问题，即确定城市最佳人口规模的标准是什么。现有的研究文献中（详细见 1.3 研究现状），大多数都是把城市或城市体系看作是一个独立的经济生产单位，从投入-产出的角度去考察和探讨城市的最佳人口规模或规模区间，即投入（成本）既定、产出（收益）最大，或产出（收益）既定、投入（成本）最小时的人口规模即为城市的最佳人口规模（或规模区间）。因此，城市总体效率（杨学成和汪冬梅，2002；马树才和宋丽敏，2003；麦肯锡，2008；陈其林，2012；席强敏，2012；王业强，2012）、经济的聚集效应（王小鲁和夏小林，1999；陈伟民和蒋华园，2000；吴宇哲，2001；金相郁，2004；Chun-Chung Au 和 Henderson，2006；金相郁，2006；高鸿鹰和武康平，2007）、经济增长最大化（许学强等，1988；周一星，1995；周牧之，2001；沈坤荣，2007；张应武，2009；刘爱梅，2011；陈雪娟和余向华，2012；王俊和李佐军，2014）、城市发展成本（金相郁，2004；陶然，2005）和劳动生产率（徐清和陈旭，2013）等，都成为学者们衡量和判断最佳城市化或城市人口规模的标准或指标。并且，围绕着这些标准，学者们得出了各自不同的城市发展最佳人口规模区间。虽然这些研究结论各不相同，但它们的研究角度在本质上是一致的，即基于"城市"这一宏观主体的视角考察和探讨最佳城市发展规模。但如果进行进一步的思考，提高城市的总体效率、促进经济增长、实现城市的聚集效应的最终目的又是什么呢？答案应该是通过解放和发展生产力，满足广大人民群众日益增长的物质和文化需求，实现国富民强，而城镇居民生活水平提高和民生福祉增进的一个直接体现就是城镇居民收入水平的增长。

鉴于此，本书选择从"城镇居民"这一微观主体的新视角，来考察和探讨是否存在一个最佳城市人口规模或规模区间，能够使城镇居民收入最大化；如果存在，那么这个能使得城镇居民收入最大化的有效城市规模落在什么样的区间范围内；同时，分析和考察城市规模对城镇居民，以及从事不同行业、产业生产活动的城镇居民收入增长有着什么样的影响，以及城市规模是通过什么样的途径和机制对城镇居民的收入增长产生影响的。本书首先在对已有研究进行梳理的基础上，提出"城镇居民收入最大化的最佳城市规模是存在的"的理论假设；其次，以"城镇居民"这一微观主体的收入增长为切入点，运用最小二乘法（OLS）、工具变量估计和分位数回归等计量方法，综合利用 2013 年中国家庭住户收入调查数据（以下简称 CHIP2013）和样本城市的宏观统计数据，来实证检验该理论假设，并探讨能使城镇居民收入最大化的最佳城市规模或规模区间；再次，实证分析和考察城市人口规模扩大对城镇居民，以及从事不同行业、不同产业生产活动的城镇居民收入增长的影响及其影响机制；然后，聚焦经济欠发达地区，调研收集贵州省城镇居民和家庭收入数据，实证检验该理论假设在经济欠发达地区是否成立；最后，在实证检验的基础上，得出结论并提出进一步促进我国城市化进程和城镇居民收入增长的建议。本书从"城镇居民"这一微观主体的角度来考察城市最佳人口规模，探讨城镇居民收入最大化的有效城市规模区间，试图为城市最佳人口规模的确定和衡量提供一个新视角，为最佳城市规模研究提供参考。

1.2.2 实践意义

本书研究结果的实践意义主要体现在以下两个方面：

一方面，对我国城市化进程中最佳城市规模的选择具有实践指导意义。最佳（或合理）城市规模的确定和选择是工业化和国民经济发展的实践要求，也是优化经济结构和经济增长方式向集约化转变的必然途径。城市化是经济发展和经济活动在地理空间上集聚与分化过程（陈甬军，2004），是由于工业化而引起的人口和经济活动在某一特定地理区域的集中过程。从城市化的生成机制和发展过程来看，城市化程度和城市发展规模由该国家或地区的经济结构优化程度和工业化水平决定——工业化发展的直接结果是带来了产业结构的调整和优化升级，第二、三产业的产值比重大大超过第一产业产值所占的比重，人口或劳动力也从第一产业向第二、三产业转移和集聚。随着劳动力或人口的集聚，以及商品和劳务消费市场的产生和不断发展，城市化过程应运而生（陈甬军，2004）。而伴随着城市化进程的发展，人口和经济活动进一步集聚，城市规模不断扩大，城市产业结构不断调整，服务设施不断完善，这又进一步对经济社会的集约化发展和产业结构的优化升级发挥了积极的促进和推动作用（戴波，2005；杨栋，2008）。但城市规模不是越大越好，过度城市化又会对经济社会发展带来负面影响，比如，会导致城市贫民窟现象普遍、城市污染严重、生态环境恶化、社会秩序混乱、犯罪率上升等问题（漆畅青和何帆，2004）。因此，城市化过程中城市发展规模适度性问题便成为一个重要的政策实践问题。最佳城市规模的确定和选择是工业化和国民经济发展的实践要求，也是经济增长方式向集约化转变以及产业结构调整和优化升级的必然选择。

另一方面，对促进我国城镇居民的收入增长具有实践指导意义。切实推动城镇居民收入的增长是保障社会公众共同分享经济增长成果的重要条件，也是维护社会稳定和构建和谐社会的客观要求。过去的三十多年，我国的经济发展成绩斐然，但是经济增长的成果分配不够均衡，居民收入的增速落后于财政收入的增速，并逐渐形成了一种"国富民穷"的分配格局（何帆，2006；陈志武，2010）。这种格局不仅制约着人民生活水平的提高和社会民生的改善，而且也是我国经济结构失衡（诸如消费与投资比例失衡、产能与需求比例失衡、内需与外需比例失衡、国际收支比例失衡等）的一个重要根源。要改善我国的收入分配格局，客观上要求增加城镇居民的收入，提高城镇居民收入的增长速度。因此，切实推动城镇居民收入的增长，不仅是保障社会公众共同分享经济增长成果的重要条件，同样还是维护社会稳定和构建和谐社会的客观要求。

1.3 研究现状

1.3.1 最佳城市规模

关于中国的城市化发展模式，学术界的分歧和讨论已经持续了三十多年，并且仍然在继续。从本质上来说，其讨论的核心问题就是中国的最佳城市发展规模（或规模区间）问题。关于这一问题，国内学术界已经达成的共识是：从理论上讲，最佳城市规模或合理的城市发展规模是存在的（王小鲁和夏小林，1999；陈伟民，2000；张忠国和吕斌，2005；郑亚平，2006；高鸿鹰，2007；林目轩，2007；张应武，2009；田莉，2009；孙浦阳和武力超，2010；肖文和王平，2011；陈旭和陶小马，2013）。但对于"以什么样的标准去衡量中国城市发展的最佳规模""中国城市发展的最佳规模是多大""中国城市发展的最佳规模是否是确定或唯一的"，学者们则持有不同的观点和看法。因此，对于中国城市最佳人口规模的研究也基本上是围绕着这三个方面的问题展开的。

（1）衡量中国城市最佳人口规模的标准。

要判定最佳城市规模，首先需要对"城市规模"的含义进行界定。从经济学的角度来看，城市是具有相当面积、经济活动和住户集中，以致在私人企业和公共部门产生规模经济的连片地理区域（Hirsh），空间区域、经济活动和人口是构成城市的基本要素。从这个意义上来说，城市规模指的就是城市的空间区域范围、城市经济活动的总量大小或城市人口数量的多少。因此，城市发展规模一般可以用人口数量、用地面积和经济社会实力三个指标或从这三个层面来衡量，分别称为城市人口规模、城市用地规模和城市经济规模。由于城市用地规模一般会随人口规模的变化而变化，而经济规模也往往受到用地规模和人口规模的影响，或者城市用地规模和城市经济规模可以在一定的假定条件下转化为人口规模，因此，"城市人口规模"成为衡量城市规模的基本标准或常用指标。现有的关于城市规模的大多数研究采用的就是"城市人口规模"这一指标，例如 Alonso, 1964; Muth, 1968; Mills, 1972; Edel, 1972; Wheaton, 1974; Henderson, 1974; Anthon 和 Rober, 1976; Harvey,

1981；Brueckner，1983；Brueckner 和 Fansler，1983；Camagni，1993；Kanemoto，Ohkawara 和 Suzuki，1996；王小鲁和夏小林，1999；陈伟民，2000；Duranton 和 Puga，2003；张忠国和吕斌，2005；丁成日等，2005；逢锦聚和蒋涛，2005；郑亚平，2006；高鸿鹰，2007；林目轩，2007；张应武，2009；田莉，2009；孙浦阳和武力超，2010；肖文和王平，2011；陈旭和陶小马，2013；等等。鉴于此，本书对城市规模的衡量也是从人口数量层面来考察的，书中所界定的城市规模特指城市人口规模。

由于城市化与工业化两者之间存在着良性互动和相互促进的关系，城市化成为促进和拉动区域经济增长的关键因素。鉴于此，关于中国城市最佳规模的研究中，用"总产出最大化"或"对经济增长的拉动作用最大化"作为衡量标准来判定中国城市最佳规模（或合理规模）的研究比较多。例如许学强等（1988）、周一星（1995）、张应武（2009）、刘爱梅（2011）、李秀敏和张丽莉（2011）、陈雪娟和余向华（2012）、袁凯华和徐小钦（2014）、王俊和李佐军（2014）等用中国的经验数据实证得出结论：城市人口规模（或城市化水平）与经济增长（或人均国民生产总值）之间具有非线性关系，能够使经济增长最大化的最佳城市人口规模是存在的。

此外，把城市看作一个独立的经济生产单位，从经济效益的角度去探讨中国城市最佳人口规模的研究也很多。例如，根据"城市的规模净收益最大"或"聚集经济效应最大"的衡量标准，王小鲁和夏小林（1999）、陈伟民和蒋华园（2000）、金相郁（2004）、Chun-Chung Au 和 Henderson（2006）、金相郁（2006）、高鸿鹰和武康平（2007）等，运用经济学的经典分析方法——投入-产出法（或成本-收益方法）实证发现：中国城市聚集效应最大化的最佳人口规模是存在的。

同时，也有学者从"城市资源的利用程度和优化配置状态"的角度考察和探讨了中国城市的最佳规模，即以"城市效率最大"作为衡量标准来探讨和判定中国城市的最佳人口规模。例如，杨学成和汪冬梅（2002）、马树才和宋丽敏等（2003）、席强敏（2012）、王业强（2012）等的研究发现：城市规模效率与城市人口规模之间存在倒"U"型关系或变化趋势，不同人口规模城市的综合经济效率是不同的，使城市效率最大化的最佳城市人口规模是存在的。

另外，也有学者从成本-收益方法中"成本最小化"的角度考察了中国城市的最佳人口规模，金相郁（2004）和陶然（2005）的研究分别指出了地区或部分城市人均公共成本最小化的最佳城市人口规模是存在的。刘玲玲和周天勇（2006）则指出城市聚集的边际收益和边际成本相等时所确定的人口规模即为最优城市规模。

其他判断中国城市最佳人口规模的标准有：①"使所在地区人均纯收入最大化""使所在地区净收益最大化"。郑亚平（2006）从城市所在地区的总体考虑出发，建立了城市规模与地区人均纯收入和地区投入产出净收益的理论模型，并实证得出结论：使所在地区人均纯收入最大化、使所在地区净收益最大化的最佳城市规模都是存在的。②"城市宜居最优化"。孙浦阳和武力超（2010）对 Au-Henderson Model 进行了扩展，建立了以城市宜居水平为被解释变量，城市规模、外商直接投资、产业结构、城市类别等为解释变量的计量模型，并利用我国 1998—2008 年 30 个省、自治区和直辖市的数据进行实证检验，结果指出城市人口与我国城市宜居水平之间在理论上存在着"倒 U 形"曲线关系，城市宜居最优化的城市人口规模是存在的。③"实际工资率最大"。陈旭和陶小马（2013）建立的理论模型发现：城市人口规模和实际工资率之间存在倒"U"型关系。④"劳动生产率最优"。徐清和陈旭（2013）根据产业结构对我国的城市进行了分类，并建立了城市劳动生产率（用二、三产业的劳均生产总值衡量）为被解释变量，二、三产业从业人员数、城市类型（以二、三产业的总产值之比衡量）为主要解释变量的非线性计量模型，研究发现：能使劳动生产率最优的最佳城市劳动力聚集规模是存在的，且随着产业结构的优化和提升，城市的该最优规模是扩大的；对于以工业为主的城市，第二产业比重越高，其城市劳动力生产率越高，对于服务业为主的城市，第三产业比重越高，其城市劳动力生产率越高。

（2）中国城市最佳人口规模。

围绕着不同的衡量和判定标准，学者们探讨得出了不同的中国城市最佳规模区间：以"城市的规模净收益最大"标准衡量的最佳城市规模区间为 100 万~400 万人（王小鲁和夏小林 1999）；人口规模落在 10 万~

400万人区间内的城市，其规模净收益最大（陈伟民和蒋华园，2000）；中国城市聚集效应最大化的人口规模大致落在 250 万~380 万人的区间上（Chun-Chung Au 和 Henderson，2006）；净收益最大的城市规模为 137.34 万人（林目轩，2007）；人口规模在 500 万~550 万人区间内的城市，其经济增长速度是最快的（张应武，2009）；当城市人口规模约 400 万人时，城市规模与经济增长之间的相关度最高（刘爱梅，2011）；从规模效率的角度来衡量的话，人口规模落在 50 万~200 万人区间上的中型和大型城市规模则是最优的（席强敏，2012）；从城市综合效率、纯技术效率和综合可持续发展能力看，人口规模在 200 万人以上的区间是我国城市发展的合理和适度规模区间（马树才和宋丽敏，2003；席强敏，2012）；使城市人均公共成本最小的最佳城市人口规模为——北京市为 801.452 万人，上海市为 2123.078 万人，天津市为 1126.208 万人（金相郁，2004）；使所在地区投入产出净收益最大化的人口规模是 255 万人，使所在地区人均纯收入最大化的最佳城市规模为 195 万人（郑亚平，2006）；使中国城市宜居最优化的最佳城市规模是存在的，约为 2164.6 万人（孙浦阳和武力超，2010）；中国城市平均的最优劳动力集聚规模约为 237.7 万人（徐清和陈旭，2013）。

虽然在不同判定标准下，利用不同经验数据和不同计量方法，估算出的中国最佳城市发展规模有所不同，但有一个共同点，就是大城市或超大城市对中国发展来讲是适度和最优的。从这个层面上来说，中国的大城市数量太少了（王小鲁和夏小林，1999），中国的大部分城市都没有达到劳动力集聚的最优规模（徐清和陈旭，2013），中国的城市化水平滞后严重制约着经济的进一步增长（陈伟民，2000）。

（3）中国城市的最佳规模是否确定或唯一。

在中国城市最佳人口规模的研究中，很多学者利用经验数据实证检验，得出了这个理论上存在的最佳人口规模值或规模区间［见"（2）中国城市最佳人口规模"的论述］。并且，这些研究结果意味着中国城市发展的最佳规模是静态和唯一的。但另外还有一个派别的学者认为，中国城市的最佳发展规模存在，但不是唯一的，其代表人物有逄锦聚和蒋涛（2005）、蒋涛和沈正平（2007）、田莉（2009），以及王俊和李佐军

（2014）。他们的研究结果说明中国城市发展的最佳人口规模是存在的，但这个最佳规模不是唯一的，而是一个动态变化的量，中国城市发展的最佳规模是一个动态均衡的过程。例如，徐清和陈旭（2013）的研究得出了一个中国城市平均的最优劳动力集聚规模（约为237.7万人），但其研究同时指出这个最优规模是会随着产业结构的调整升级或提升而扩大的。

1.3.2　居民收入的影响因素

就现有的文献来看，关于中国城镇居民收入影响因素的研究有两类：一类是针对中国城镇居民收入影响因素的专项研究；另一类是对于居民收入差距影响因素的研究。

第一类专门针对中国城镇居民收入增长影响因素的研究并不多，截至2014年年底，对这个问题进行专项研究的主要有陈晓彤（2012）、李兰澜（2013）、王琼（2013）、郭环瑀和董树功（2014）、柴晨曦（2014）、陈振山（2014）、钱力和肖林（2014）等。

这些研究，大多数是站在国家层面上，从宏观的视角，利用各个省份的经验数据进行的。陈晓彤（2012）建立了关于城镇居民收入的多元线性回归模型，运用2002年的家庭收入调查数据实证得出结论：受教育年限、就业年限和日工作时长是影响城市居民收入的主要因素。李兰澜（2013）的实证结果则指出：就业单位性质、文化程度、工作年限、性别、职业和年龄都是影响城镇居民收入的因素，其中，国有经济单位职工相对于其他经济类型单位居民的收入水平较高。王琼（2013）基于我国30个省域的面板数据，实证指出：经济发展水平、政府经济影响力和劳动生产率与城镇居民收入水平正相关；产业结构（用第二产业增加值占GDP的比重衡量）对城镇居民收入的增长具有负向拉动作用。柴晨曦（2014）的研究指出：受教育程度、工作经验、企业所有制性质、地区金融发展水平和性别是影响城镇居民收入的主要因素。陈振山（2014）的研究视角非常独特，他的研究侧重于对影响居民收入水平的隐藏能力的关注，即揭示家庭、学校等这些隐藏因素对于居民收入水平的影响，研究发现：父母的收入水平、父母的职业和地位、就读学校的质量，以及在校表现等都显著影响着城镇居民的收入水平。

另外，还有学者利用省域层面上的经验数据，对个别省份影响城镇居民收入水平的因素进行了实证，并得出了一些具有现实指导意义的结论。郭环瑀和董树功（2014）对天津市城镇居民可支配收入影响因素的实证分析认为：经济发展水平（用人均地区生产总值衡量）、人均工资水平、人均储蓄和社会消费品零售总额是影响天津市城镇居民可支配收入的主要因素，其中人均可支配收入与一年期的储蓄利率成反比。钱力和肖林（2014）的研究发现：影响甘肃省城镇居民收入水平的因素主要是经济发展水平、政府经济影响力、劳动生产率、产业结构以及对外开放度。

第二类关于居民收入差距影响因素的研究非常多，其中研究得比较深入和有代表性的有陈宗胜（1997）、陈宗胜和周云波（2001，2002）、马骊（2007）、王明华（2007）、周云波（2009）、胡荣才和冯昶章（2011）、肖向东和罗能生（2015）。对这类研究还可以进行进一步的细分，即如果把"收入"本身看作一个独立主体，那么从影响"收入"的内部和外部因素角度，又可以将这些研究分成两类：一类是从收入结构内部对影响城镇居民或居民收入差距的因素进行分析，即影响收入水平或收入差距的内生因素；另一类是影响收入或收入差距的外生因素，具体包括居民的个人或家庭特征、经济因素和制度因素三个方面。

（1）内生因素。

从收入结构角度对城镇居民收入差距进行分析的代表学者是陈宗胜（1997）和周云波（2009）。陈宗胜（1997）利用1988—1995年天津市居民的收入数据，从收入来源的角度对收入分配基尼系数进行分解分析，测算了城市居民各种收入分配差别对总收入差别的贡献，发现全民所有制企业职工工资和从单位得到的其他收入是影响城市居民收入差距的主要因素，这两项收入差距对总收入差距的贡献达到了90%以上；个体劳动者收入和各项财产性收入也是影响城市居民收入差距的重要因素，虽然这两项收入对居民总收入差距的贡献比较小，但一直处于上升的态势，这意味着个体劳动者收入和各项财产性收入对城市居民收入差距的影响作用越来越大。周云波（2009）的实证研究指出：工薪收入是城镇居民收入差距的主体，其份额的增加会减小城镇居民的内部收入差距；借贷性收入是造成城镇居民收入差距的最大因素，其在总收入中比重的增加会拉大城镇居民的内部收入差距；专业性收入对城镇居民收入差距扩大具有显著的负向影响，意味着转移性收入在总收入中占比的增加对城镇居民内部收入差距的缩小是有利的；经营性收入和财产性收入占总收入的份额及其对收入差距的影响都逐渐增大，且经营性收入对城镇居民收入差距扩大具有负向效应，财产性收入则对城镇居民收入差距的扩大具有促进或推动作用。江红和陈鹏（2013）的实证研究也证实了收入结构是城镇居民收入差距的重要影响因素。

（2）外生因素。

对影响居民收入差距外生因素的研究主要集中在三个领域：一是居民的个人或家庭特征因素；二是经济因素；三是制度因素。

影响居民收入差距的个人或家庭特征因素主要有年龄（陈宗胜，1997；陈宗胜和周云波，2002）、性别（陈宗胜，1997；陈宗胜和周云波，2002）、受教育程度或受教育年限或文化水平（陈宗胜和周云波，2002；薛守刚和周云波，2005；周云波和余泳泽，2010；国家统计局江苏调查总队，2011）、就业年限或工作经验或工龄（陈宗胜和周云波，2002）、就业性质或行业性质或行业从业人员数（陈宗胜和周云波，2002；薛守刚和周云波，2005；周云波和余泳泽，2010；国家统计局江苏调查总队，2011）、职务和职称（陈宗胜和周云波，2002；薛守刚和周云波，2005；周云波和余泳泽，2010）、人力资本（张克俊，2005；马骊，2007；魏发凡，2010；陈天柱等，2011；胡荣才和冯昶章，2011）。

影响居民收入差距的经济因素主要有城市化水平或城市化率（张克俊，2005；马骊，2007；魏发凡，2010；胡荣才和冯昶章，2011；王培暄，2013；高新才和程艳，2014；黄华继和樊静，2014；肖向东和罗能生，2014）、经济发展水平或人均 GDP（张克俊，2005；马骊，2007；周云波和余泳泽，2010；魏发凡，2010；胡荣才和冯昶章，2011；许译文，2014；高新才和程艳，2014；陈洪海等，2014；肖向东和罗能生，

2014)、外商投资（用外商直接投资额或 FDI 占 GDP 的比重衡量）（马骊，2007；魏发凡，2010；陈洪海等，2014；肖向东和罗能生，2014）、产业结构（用第二、三产业增加值占 GDP 的比重或第二产业与第三产业从业人员数之比衡量）（张克俊，2005；魏发凡，2010；肖向东和罗能生，2014）、城镇失业率（江红和陈鹏，2013；许译文，2014）、二元经济结构或二元对比系数（彭剑君等，2011；胡荣才和冯昶章，2011；许译文，2014；黄华继和樊静，2014）、外贸依存度或经济开放度（黄华继和樊静，2014；马宇，2009；魏发凡，2010；胡荣才和冯昶章，2011）、人均道路面积（肖向东和罗能生，2014）、市场化水平（世界银行，2003；魏发凡，2010；王培暄，2013）、行业分割（陈天柱等，2011；王培暄，2013）。

制度因素主要包括体制改革或制度变迁（陈宗胜和周云波，2001；王明华，2005；许译文，2014）、政府的政策倾向（陆铭和陈钊，2004；张克俊，2005；彭剑君等，2011；胡荣才和冯昶章，2011；肖向东和罗能生，2014）、社会保障制度（胡荣才和冯昶章，2011；周伟诚，2011）、教育制度（周伟诚，2011）、户籍制度（周伟诚，2011）、税收制度（周伟诚，2011；王培暄，2013；傅樵，2014）。

虽然第二类影响因素研究的切入点是居民收入差距，但这些影响居民收入差距的因素在很大程度上也影响着城镇居民的收入水平或收入增长，因此，这些也是影响城镇居民收入的重要因素。在这些影响因素中，特别需要提出的一个因素就是城市化水平，用非农人口或城镇人口占总人口的比重，即城市化率来衡量。很多学者的研究都表明城市化水平对城镇居民的收入水平具有重要影响（张克俊，2005；马骊，2007；魏发凡，2010；胡荣才和冯昶章，2011；王培暄，2013；高新才和程艳，2014；黄华继和樊静，2014；肖向东和罗能生，2014），这一影响的具体内容将在下一小节进行详细论述。

1.3.3 城市化与居民收入增长

从 1.3.2 的分析中可以看出，城市化水平是影响城镇居民收入的重要因素。究竟城市化对城镇居民收入有什么样的作用或影响呢？城市化促进了城镇居民收入的提高和增长，还是抑制了城镇居民收入的增长？

就现有的文献来看，截至 2014 年年底，关于中国城市化水平或城市规模对城镇居民收入增长影响的针对性研究并不多，进行这类专门研究的主要有刘宏等（2013）、毛雁冰和张恒龙（2014）、周密等（2014）、高虹（2014）。

刘宏等(2013)建立了城市化水平和居民收入的计量模型,利用1989—2009年的中国健康与影响调查数据，从微观的角度考察了我国城市化水平和进程对城乡居民收入的影响。实证结果发现：我国农村地区的城市化水平与居民收入之间存在二次非线性关系，而城镇地区的城市化水平则与居民收入之间存在线性关系。毛雁冰和张恒龙（2014）建立了以人均可支配收入为响应变量，城市化率、人均GDP、第二产业和第三产业的就业比率为解释变量的计量模型来考察城市化进程、工业化水平和结构调整对城镇居民收入增长的影响。估计结果显示：城市化提高了城镇居民的收入水平，但对城镇居民收入的增加幅度却出现了负向效应，即城市化减缓了城镇居民的收入增长速度，在一定程度上阻碍了城镇居民收入的增长。周密等(2014)利用中国社会综合调查开放数据库中2008年的城市抽样调查数据，考察了外来劳动力流入对不同城市规模中本地市民收入的影响。实证结果显示：劳动力的流入对中小规模城市居民的收入具有负向影响，对省会级城市居民的收入具有正向拉动作用，对特大城市的居民收入没有显著影响。高虹（2014）建立了包含城市规模变量的个人层面的收入决定模型，利用2002年和2007年中国家庭收入调查中城市住户的调查数据，实证考察了城市人口规模对城镇居民收入的影响。估计结果显示：城市规模对城镇居民或劳动力的收入增长具有显著的正向推动作用，且城市规模扩大对城镇居民或劳动力收入的这种促进作用是非线性的，收入最低劳动力从城市规模增长中获益最小。

关于城市化对中国城镇居民收入影响的研究中，除了上述少量专项研究以外，较多的则是在城市化对居民收入差距影响的研究过程中，涉及城市化对城镇居民收入增长的作用分析。这类研究主要有杨天宇（2005）、程开明和李金昌（2007）、潘文轩（2010）、杨天宇等（2012）、韩建雨（2013）、孙业亮（2013）、王春元和方齐云（2014），以及在1.3.2中提到的张克俊（2005）和王培暄（2013）。这些研究中，关于城市化对城镇居民收入水平或收入增长影响的研究结论主要有四种：一是城市化对城镇居民收入增长的影响具有双重效应；二是人口城市化降低了城镇居民的收入水平；三是城市化对不同部门城镇居民收入的影响不同；四是城市化水平对城镇居民收入的影响不显著。

城市化对城镇居民收入增长的影响具有双重效应：一方面，城市化形成的聚集经济效应，克服了边际收益递减规律，提高了城市部门的劳动生产率和城镇居民的收入水平；另一方面，在城市化进程中，农村剩余劳动力向城市流动和迁移，加剧了城市劳动力市场的竞争力度，降低了城镇居民的均衡工资和收入水平（程开明和李金昌，2007；潘文轩，2010）；或者农业人口或农村劳动力向城市的迁移对城镇居民的收入增长同时存在两个方面的作用，一方面通过要素价格上涨促进了城镇居民收入的增长，另一方面，由于替代效应的存在，农村剩余劳动力向城市转移，则减少了城镇低技能居民的就业机会，并降低了其收入水平（王培暄，2013）。

此外，张克俊（2005）的研究认为农村人口和剩余劳动力向城市迁移，加剧了城市劳动力市场的竞争，从而降低了城市劳动力的均衡工资水平和居民收入。王春元和方齐云（2014）的研究也证实了这一点。杨天宇（2005）、杨天宇等（2012）和孙业亮（2013）在考察城镇居民收入差距的研究中则指出：城市化提高了高技能和高收入（或正规部门）城镇居民的收入，降低了低技能和低收入（或非正规部门）城镇居民的收入，拉大了城镇居民的内部收入差距，使城市贫困现象进一步恶化。韩建雨（2013）的实证研究结果则显示城市化水平对城镇居民收入的影响不显著。

1.3.4 研究现状评述

如表 1.2 所示，对于中国城市的最佳人口规模问题，学者们从理论和实证方面都进行了大量研究。根据衡量中国城市最佳规模的标准不同，即从最佳城市规模衡量标准的视角，可以将这些研究分为八个派系：产出派、聚集效应派、城市效率派、成本派、区域派、宜居派、劳动生产率派和实际工资率派。

产出派以张应武（2009）的研究为代表，还包括许学强等（1988）、刘爱梅（2011）、陈雪娟和余向华（2012）、王俊和李佐军（2014）等学者的研究。他们的研究将城市看作一个独立的生产单位，对最佳规模的考察基于的角度是这个"生产单位"的效益最高，即总产出最大、经济增长最大化；采用的研究方法主要是实证研究，即建立以 GDP 增长率或人均产出为响应变量，城市人口规模为解释变量的非线性计量模型，利用城市层面上的相关宏观经济统计数据，对模型进行最小二乘估计，得出的结论是：能够使城市总/人均产出最大化或对经济增长的拉动作用最大化的最佳城市规模是存在的，为 500 万人（或 400 万人）左右。该类研究的缺陷在于：考察最佳城市规模的时候只考虑到了城市的产出和收益，而没有将城市的发展成本和投入纳入模型。

聚集效应派弥补了产出派的缺陷。聚集效应派以王小鲁和夏小林（1999）的研究为代表，还包括陈伟民和蒋华园（2000）、金相郁（2004）、Chun-Chung Au 和 Henderson（2006）、金相郁（2006）、高鸿鹰和武康平（2007）等。他们的研究也将城市看作一个独立的经济生产单位，和产出派的不同之处在于，该类研究不仅考虑到了城市这个"生产单位"的效益和产出，还考虑到了"生产单位"的投入，即城市发展成本。因此，该类研究衡量中国城市最佳人口规模的标准是"生产单位"的产出减去投入的净收益最大化，即城市规模净收益最大或聚集效应最大。特别需要指出的一点是，王小鲁和夏小林（1999）的研究中对城市发展成本的界定和衡量，不仅包括了政府所承担的那部分成本（即公共成本），而且还包括了私人承担的那部分成本（即私人成本），这一方面弥补了成本派的缺陷。该类研究所采用的研究方法主要是在理论研究和分析的基础上，利用经验数据进行验证，所得出的结论更有说服力：使城市规模净收益最大或聚集效应最大的最佳城市规模是存在的，为 100 万人～400 万人。

城市效率派以王业强（2012）的研究为代表，将城市看作一个独立的生产经营单位，从城市资源的利用程度和优化配置状态去考察该"生产单位"的经营效率，即以"城市效率最大化"作为衡量中国城市最佳人口规模的标准。该类研究所采用的研究方法主要是数据包络分析方法

（DEA），利用宏观层面的城市统计数据，实证分析和研究能使"生产单位"经营效率最佳的城市人口规模，其基本结论是：能使城市效率最优的最佳城市规模是存在的，约为500万人~800万人。该类研究的角度独特，其存在的缺陷是理论分析不足。

成本派以金相郁（2004）的研究为代表，也将城市看成一个独立的经济生产单位，所研究的角度是城市的发展成本方面，即以"成本最小化"作为衡量最佳城市规模的标准。其研究方法为实证研究，即建立城市人均公共成本为因变量，城市人口规模为自变量的二次函数，利用城市经济统计数据对计量模型进行回归估计。其存在的不足在于对城市发展成本的界定和衡量都只考虑了政府承担部分，即城市发展的公共成本，而没有将城市发展的私人成本纳入模型之中。

区域派以郑亚平（2006）的研究为代表，将"地区人均纯收入最大化和地区投入产出净收益最大化"作为衡量最佳城市规模的标准，认为只有使得城市所在区域的人均纯收入和产出净收益同时最大化的人口规模，才是最佳城市规模。基于这样的思想，其分别建立了城市人口规模为自变量，地区人均纯收入为因变量的非线性模型，以及城市人口规模为自变量，地区投入产出净收益为因变量的非线性模型，并利用宏观经济统计数据实证得出：从区域发展考虑，区域内最佳的城市人口规模为195万人~255万人。该类研究的最大缺陷在于理论分析不足。

宜居派以孙浦阳和武力超（2010）的研究为代表，在理论分析的基础上建立了以城市宜居指数为被解释变量，以城市人口规模、城市类型、投资、产业结构等为解释变量的计量模型，并实证检验指出：城市宜居最优化的城市人口规模是存在的，约为2164.6万人。该类研究的视角和切入点独特，构建的城市宜居指数内容较全面，符合中国经济社会的发展实际，不足之处在于没有将衡量居民生活水平的指标（例如居民收入）纳入城市宜居指数模型之中。

劳动生产率派以徐清和陈旭（2013）的研究为代表，以"劳动生产率最优"作为衡量中国最佳城市规模的标准，该研究在理论分析的基础上建立了以城市劳动生产率（用二、三产业的劳均生产总值衡量）为因变量，以市辖区二、三产业就业人数、城市类型（以二、三产业的总产值之比衡量）为主要解释变量的非线性计量模型，并利用城市层面的宏观统计数据对模型进行实证检验，指出：能使劳动生产率最优的最佳城市劳动力聚集规模是存在的，约为 237.7 万人，且该最佳规模会随着产业结构升级而扩大。

实际工资率派以陈旭和陶小马（2013）的研究为代表，以"实际工资率最大"作为衡量城市最佳人口规模的标准，采用理论分析方法，建立起实际工资率和城市人口规模之间关系的理论模型，且发现：无论是内部规模经济、外部规模经济或拥挤效应条件下，城市人口规模和实际工资率之间都存在倒"U"型关系，即存在使实际工资率最大化的城市最佳人口规模。该研究的亮点在于建立起了微观主体与宏观经济现象之间的联系，存在的不足之处在于只有数值模拟而没有经验数据的验证。

在关于中国城市的最佳人口规模问题研究中，按照中国城市最佳规模的属性不同，可以将这些研究分为两个大类：一是中国城市的最佳规模是静态的，表 1.2 中的产出派、聚集效应派、城市效率派、成本派、区域派、宜居派和实际工资率派都属于这一大类；二是中国城市的最佳规模是动态变化和发展的，表 1.2 中的劳动生产率派和不确定派都属于这一大类。但无论是按衡量标准区分，还是按最佳规模的属性区分，这些研究都有一个共识：中国城市的最佳人口规模是存在的。从研究方法来看，这些研究大多数采用的都是以实证研究为主的研究方法，且得出的研究结论很多都很类似或相近，例如 Chun-Chung Au 和 Henderson（2006）、陈伟民和蒋华园（2000）与王小鲁和夏小林（1999）；徐清和陈旭（2013）与郑亚平（2006）等，这说明运用实证的研究方法来考察中国城市的最佳人口规模是可行的；这些研究还拥有一个共同点，即都是从"城市"这一宏观主体的视角探讨和考察中国城市的最佳人口规模，所使用的经验数据大多是宏观统计数据，从微观主体角度探讨中国城市最佳人口规模的研究则很少（只有实际工资率派）；并且，运用微观经验数据实证探讨中国城市最佳规模的研究则还欠缺。因此，从城镇居民这一微观主体的角度出发，综合利用微观调查数据和宏观统计数据，实证探讨能使城镇居民收入最大化的中国城市最佳人口规模，将是本书期望能着力填补的空白。

表1.2 中国最佳城市规模研究现状梳理

视角	最佳规模的衡量标准	代表学者	研究方法	数据	结论	最佳规模是动态还是静态	缺陷
产出	城市总/人均产出最大化或增长率最大对经济增长拉动作用最大化	张应武(2009)	实证研究：建立GDP增长率为因变量，城市人口规模为自变量的非线性计量模型	2002—2006年地级及以上城市数据	使城市总/人均产出最大化或经济增长拉动作用最大化的最佳城市规模存在，为500万人左右	该最佳规模是静态的	缺乏理论分析，且没有考虑城市发展成本
聚集效应	城市规模净收益最大或聚集效应最大	王小鲁和夏小林(1999)	理论分析+实证检验：由生产函数推导出相对规模收益函数，且建立城市的外部成本函数，进而得出城市的净收益	全国666个城市1989年，1991—1994年，1996年的数据	使城市规模净收益最大或聚集效应最大的最佳城市规模是存在的，为100万人~400万人	该最佳规模是静态的	
城市效率	城市规模效率最大	王业强(2012)	实证研究：数据包络分析方法(DEA)	2005—2010年286个地级及以上城市的数据	使城市规模效率最大化的最佳城市规模是存在的，为500万人~800万人	该最佳规模是静态的	缺乏理论分析

续表

视角	最佳规模的衡量标准	代表学者	研究方法	数据	结论	最佳规模是动态还是静态	缺陷
成本	城市发展成本最小化/城市人均公共成本最小	金相郁（2004）	实证研究：建立城市人均公共成本为因变量，城市人口规模为自变量的二次函数	1985—2002年天津、北京和上海的城市数据	使城市人均公共成本最小的最佳人口规模是存在的，北京市为801.452万人，上海市为2123.078万人，天津市为1126.208万人	该最佳规模是静态的	对城市发展成本的衡量只包括了公共部分，没有考虑私人承担部分
区域效益	区域净收益最大化和区域人均纯收入最大化	郑亚平（2006）	实证研究：建立城市人口规模为自变量，地区人均纯收入为因变量的非线性模型；建立城市人口投入产出净收益为因变量的非线性模型	2004年121个地级及以上城市的总人口、GDP、人均收入、人均GDP、人均纯收入和人均投资数据	地区净收益最大化或地区人均纯收入最大化的区域主要城市的最佳城市规模是存在的，分别为255万人和195万人，综合起来从区域发展考虑，最佳城市人口规模为195万人~255万人	该最佳规模是静态的	区域范围界定不明确

续表

视角	最佳规模的衡量标准	代表学者	研究方法	数据	结论	最佳规模是动态还是静态	缺陷
宜居	城市宜居最优化	孙浦阳和武力超（2010）	理论分析+实证研究：建立城市发展宜居指数为因变量，城市规模、经济总量、产业结构、投资总量等为自变量的计量模型	1998—2008年中国省级数据库城市数据	使中国城市宜居最优化的最佳城市规模是存在的，约为2164.6万人。	该最佳规模是静态的	没有将居民收入纳入到宜居指数模型之中
劳动生产率	劳动生产率最优或劳动力集聚最优	徐清和陈旭（2013）	理论分析+实证检验：以劳动生产率为因变量，以市辖区二、三产业就业人数、城市类型为主要解释变量的计量模型	2004—2009年全国286个地级市的面板数据	使劳动生产率最优或最佳劳动力集聚规模存在的城市规模，约为237.7万人。	该最佳规模是动态的	
实际工资率	实际工资最大	陈旭和陶小马（2013）	理论分析	建立了城市人口规模和实际工资之间关系的理论模型	城市人口规模和实际工资率之间存在"倒U"型关系		缺乏数据验证
不确定		蒋涛和沈正平（2007）	理论分析		最佳城市规模存在	该最佳规模唯一，且动态变化	缺乏数据验证

资料来源：根据文献梳理归纳总结得出。

如表 1.3 所示，很多学者对"城市化/城市规模对中国城镇居民收入的影响"这一问题进行了研究。根据影响结果的性质，可以将这些研究分为四类/派别：积极影响派、消极影响派、双重效应派和无影响派。

积极影响派以高虹（2014）的研究为代表。其在理论分析的基础上构建了以城镇劳动力收入为响应变量，以城市人口规模，性别、婚姻状况、受教育程度、经验等个人特征，以及外商实际投资、固定资产投资、道路等城市特征为解释变量的计量模型，综合利用微观调查数据和宏观统计数据，实证了城市人口规模对劳动力收入的影响，估计结果表明：城市规模对劳动力的收入增长具有显著的正向推动作用，且城市规模扩大对劳动力收入的这种促进作用是非线性的，收入最低劳动力从城市规模增长中获益最小。该结果包括两层含义：一是城市规模扩大促进了劳动力收入的增长；二是城市规模扩大拉大了劳动力内部的收入差距。该研究一方面为聚集经济对劳动力收入的影响提供了微观证据，另一方面，为研究城镇居民的内部收入差距提供了一个新视角。其不足之处在于没有将城市的产业结构纳入计量模型，而产业聚集是人口持续聚集和城市规模扩大不可缺少的条件，产业结构是影响聚集经济和劳动力收入的一个重要因素。

消极影响派以张克俊（2005）的研究为代表。由于其研究的核心问题是城市化对城乡居民收入差距的影响，所以其关于城市化对城镇居民收入影响的研究，只从理论上给予了分析，并没有用经验数据进行检验，其结论是城市化降低了城镇居民的均衡工资和收入水平。

双重效应派以程开明和李金昌（2007）的研究作为代表，同消极影响派类似，关于城市化对城镇居民收入影响的研究只是其研究的一部分，他们关注的核心问题仍然是城乡收入差距问题。因此，该研究也只从理论上分析了城市化对城镇居民收入的双重作用——既有积极促进作用，又有消极抑制作用。一方面，城市化形成的聚集经济效应，克服了边际收益递减规律，提高了城市部门的劳动生产率和城镇居民的收入水平；另一方面，在城市化进程中，农村剩余劳动力向城市流动和迁移，加剧了城市劳动力市场的竞争力度，降低了城镇居民的均衡工资和收入水平。

无影响派以韩建雨（2013）的研究作为代表。由于其研究的核心问题是城乡收入差距的原因问题，因此，关于城市化对城镇居民收入影响的研究，只在经验数据的实证部分有所涉及，并得出"城市化水平对城镇居民收入的影响不显著"的结论，但并没有对这一结论给予理论上的解释或分析，也没有对造成这种结论背后的原因给予进一步追究或设想。

表 1.3 城市化对中国城镇居民收入影响的研究现状梳理

	代表学者	研究方法	数据	结论
积极影响派	高虹（2014）	理论分析+经验数据验证	2002年和2007年的中国家庭收入调查数据+样本城市的宏观经济统计数据	城市规模对劳动力的收入增长具有显著的正向推动作用，且城市规模扩大对劳动力收入的这种促进作用是非线性的，收入最低劳动力从城市规模增长中获益最小
消极影响派	张克俊（2005）	理论分析		农村人口和剩余劳动力向城市迁移，降低了城市劳动力的均衡工资水平和居民收入
双重效应派	程开明和李金昌（2007）	理论分析验证		一方面，城市化形成的聚集经济效应，提高了城市部门的劳动生产率和城镇居民的收入水平；另一方面，城市化加剧了城市劳动力市场的竞争力度，降低了城镇居民的均衡工资和收入水平
无影响派	韩建雨（2013）	经验数据实证研究	1978—2009年的宏观经济统计数据	城市化水平对城镇居民收入的影响不显著

资料来源：根据文献梳理归纳总结得出。

综上所述，无论是专门的针对性研究，还是在居民收入差距中涉及的相关研究，关于城市化对中国城镇居民收入影响的研究并不多。其中，研究最为深入的是高虹（2014）。他的研究为聚集经济对劳动力收入的影响提供了微观证据，并填补了"城市规模对不同收入水平劳动力的收入影响"研究的空白，也为城镇内部劳动力收入差距的研究提供了一个新视角。而其不足之处则在于没有将城市的产业结构指标纳入计量模型，而产业结构的变动则对城市规模扩大和劳动力收入变动具有重要的影响——工业化和城市化是两个相互融合和伴随发展的过程；工业化和产业发展为人口和经济活动的进一步集聚提供了强有力的基础和支撑，产业发展是城市化的强劲推手；产业结构的优化升级是工业化和产业发展的必然结果，其对区域经济增长和劳动力收入的提高具有至关重要的作用。本书的研究与高虹（2014）研究的不同之处在于：一是将产业结构指标纳入了计量模型，张克俊（2005）、魏发凡（2010）、肖向东和罗能生（2014）等的研究已经证实产业结构是影响城镇居民收入的重要因素；二是将行业变量纳入了计量模型，这是因为根据 1.3.2 部分的分析，可知就业性质（或行业性质或行业从业人员数）是影响城镇居民收入的重要因素，陈宗胜和周云波（2002）、薛守刚和周云波（2005）、周云波和余泳泽（2010）、国家统计局江苏调查总队（2011）等的研究都证实了这一点；三是从劳动密集程度、垄断程度、贸易开放度三个方面对行业进行分组，并以城镇居民收入为被解释变量，以城市人口规模为主要解释变量对各组样本进行回归，实证分析了城市人口规模扩大对不同行业城镇居民收入增长的影响，为该方面的研究提供了微观证据；四是实证研究了城市规模扩大对不同产业城镇居民收入增长的影响，为该方面的研究提供了微观证据。

1.4 研究框架和研究内容

1.4.1 研究框架

城市化是我国新世纪发展进程中需要解决的一个突出问题，城市化对一个国家或地区的工业化进程和经济增长等方面都有着不可或缺的影响。社会主义生产的目的之一是增进民生福祉，而城镇居民收入增长是民生福祉增进的一个重要表现。我国的经济发展已经进入新常态，城市化进程也在不断加快，探讨城镇居民收入最大化的有效城市规模区间，以及城市人口规模对城镇居民，以及不同行业、不同产业、不同收入水平城镇居民收入增长的影响及影响机制，探索城市化建设进一步发展的政策措施，对我国城镇居民收入和生活水平的提高，城市化建设的健康发展，以及国民经济的稳定、和谐和可持续发展都具有重要意义。

本书首先在对已有研究进行梳理和理论分析的基础上，提出理论假设一"城镇居民收入最大化的最佳城市规模是存在的"、理论假设二"城市规模可以通过就业机制作用于城镇居民收入增长"、理论假设三"城市规模可以通过人力资本外溢效应作用于城镇居民收入增长"和理论假设四"城市规模可以通过技术的外溢效应作用于城镇居民收入增长"；其次，以"城镇居民"这一微观主体的收入增长为切入点，以2013年中国家庭住户收入调查数据（以下简称CHIP2013）作为研究样本，运用最小二乘法（OLS）、工具变量估计和分位数回归等计量方法，综合利用CHIP2013和样本城市的宏观统计数据，来实证检验理论假设一，并探讨能使城镇居民收入最大化的最佳城市规模或规模区间；再次，实证分析和考察城市人口规模扩大对城镇居民，以及从事不同行业、产业生产活动的城镇居民收入增长的影响，并从就业、人力资本的外部效应和技术外溢三个方面探讨城市规模扩大对城镇居民收入增长的影响机制和途径，实证检验理论假设二、理论假设三和理论假设四；然后，聚焦经济欠发达地区，组织调研和收集贵州省城镇居民和家庭收入数据，实证检验该理论假设在经济欠发达地区是否成立；最后，在实证检验的基础上，得出结论并提出促进中国城市化进程和城镇居民收入增长的建议。图1.2的逻辑框图表明了本书的研究思路和整体框架。

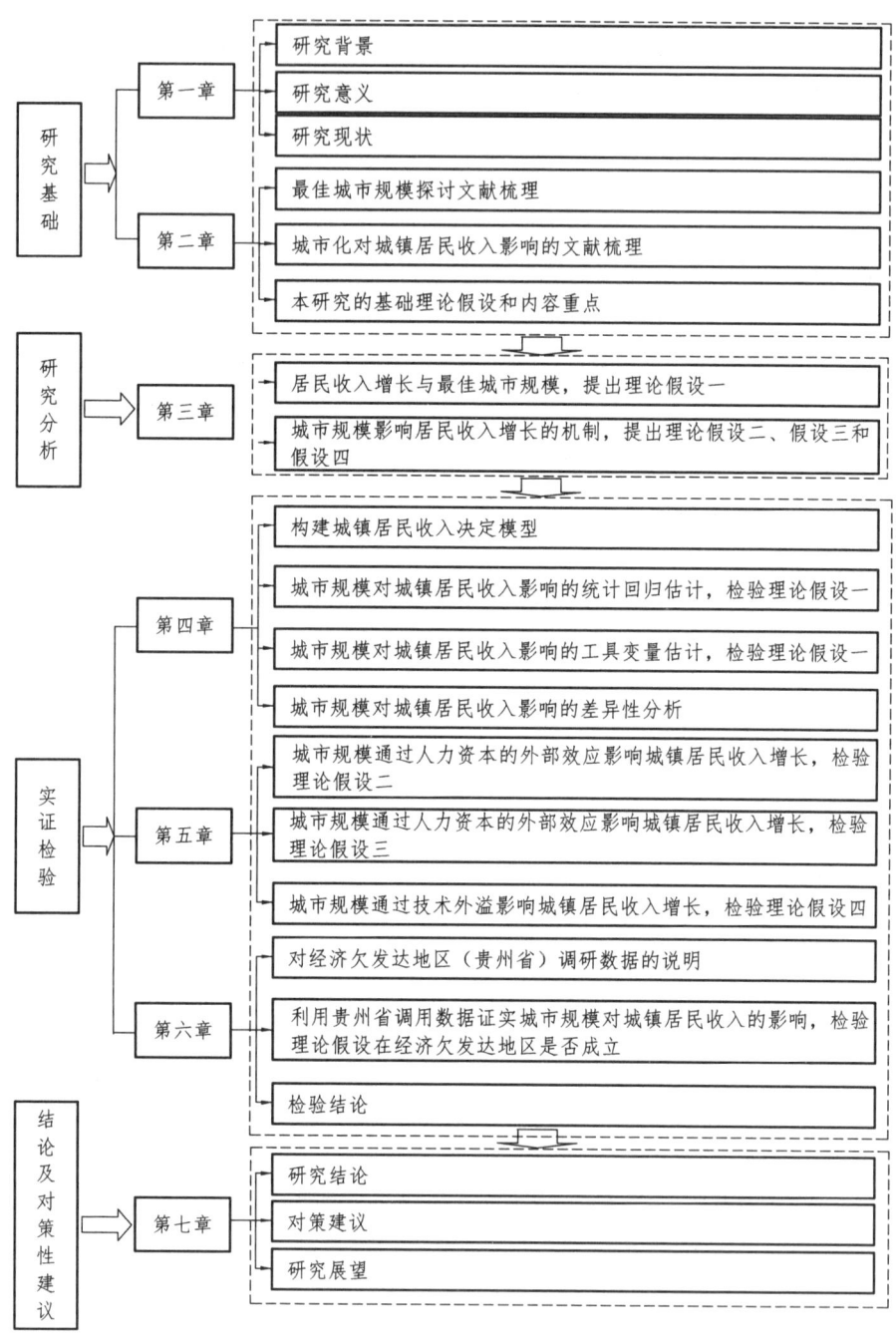

图 1.2 研究框架图

1.4.2 研究内容

本书共包括七章。

第一章为导言。主要阐述了本书的研究背景、研究意义、研究现状、研究思路和创新点。其中，基本研究思路如下：首先，梳理城市规模及其对居民收入影响的研究文献，针对已有研究中存在的不足提出本研究的切入点和基础理论假设"城镇居民收入最大化的最佳城市规模是存在的"；接着，建立城镇居民收入决定模型，并利用2013年城镇居民收入调查数据实证检验以上理论假设；然后聚焦经济欠发达地区，调研收集贵州省城镇居民和家庭收入数据，实证检验该理论假设在经济欠发达地区是否成立；最后，在实证检验的基础上，得出结论并提出促进我国城市化进程和城镇居民收入增长的建议。

第二章是关于城市规模及其对城镇居民收入影响的文献梳理。本部分的内容主要包括三个方面：一是梳理关于城市最佳人口规模的研究文献，归纳并评价已有研究在最佳城市规模问题探讨方面所做的贡献及不足，主要包括研究角度、研究方法、衡量标准和研究结论四个方面；二是梳理城市规模对城镇居民收入增长影响的研究文献，归纳并评价已有研究的研究视角、研究方法和研究结论；三是在对已有研究文献梳理的基础上，针对已有研究中存在的不足，提出本研究的基础理论假设，并阐述本研究的研究重点。其中，关于最佳城市规模的探讨部分又分为两个层面：一个层面是关于最佳城市人口规模衡量或判断标准的探讨，已有的研究中，常用的最佳城市人口规模衡量或判断标准主要包括"聚集效应达到最佳状态或净聚集效应最大""对经济增长的拉动作用最大""城市效率最佳"和"成本最小"；另一个层面是对最佳城市人口规模或规模区间的探讨，在不同的衡量或判断标准下，学者们得出了不同的最佳城市人口规模或规模区间。关于"城市化对城镇居民收入影响的文献梳理"部分，又包括了四块内容：一是城市化对城镇居民收入的影响，已有的文献主要侧重移民对本地居民收入的影响分析，共包括三类，即负向效应、正向促进作用和影响作用不确定；二是城市化对居民收入差距的影响，已有文献主要侧重城市化对城乡居民收入差距影响的研究，而关于城市化对城镇居民内部收入差距影响的研究则比较薄弱；三是大城市对城镇居民收入的影响，聚集经济和规模经济使得大城市比小规模城市具有更高的劳动生产率、更高的产出和更高的工资与收入水平；四是城市化对城镇居民收入增长的影响机理，城市化通过聚集经济效应、人力资本的外溢效应、技术创新和城市体系的外部性影响城镇居民的收入增长。本书中研究的基础理论假设为"城镇居民收入最大化的有效城市规模或规模区间是存在的"。研究的重点内容有五个方面：构建城镇居民收入决定模型，利用 CHIP2013 实证分析城市规模对城镇居民收入的影响，并检验该理论假设；实证分析城市规模对不同行业、不同产业城镇居民收入增长的影响；从城市规模角度探索缩小城镇内部居民收入差距的有效途径；城市规模扩大对城镇居民收入增长的影响机制或途径；调研收集经济欠发达地区城镇居民收入数据，并以此为样本检验基础理论假设在经济欠发达地区是否成立。

第三章是城市规模对城镇居民收入影响的理论分析。本部分的内容主要包括两个方面：一是从理论上阐述将城镇居民收入最大化作为衡量最佳城市规模标准的原因及其逻辑机理，并提出理论假设一（即基础理论假设）"使城镇居民收入最大化的最佳城市规模是存在的"；二是从理论上分析和阐述城市规模扩大对城镇居民收入增长的影响机制，主要包括就业机制、聚集经济效应、人力资本的外部性、技术外溢、最小成本理论、城市体系的外部性和制度效率；通过对就业机制的理论分析，提出理论假设二"城市规模可以通过就业机制作用于城镇居民收入增长"；通过对人力资本外溢效应的理论分析，提出理论假设三"城市规模可以通过人力资本外溢效应作用于城镇居民收入增长"；通过对技术外溢作用的理论分析，提出理论假设四"城市规模可以通过技术的外溢效应作用于城镇居民收入增长"。

第四章是城市规模对城镇居民收入影响的实证分析。本部分主要包含四个方面的内容：一是构建以城镇居民收入为被解释变量，以城市规模为核心解释变量的收入决定模型。在已有研究的基础上，以 Mincer 收入方程为基础，构建以城镇居民收入为被解释变量，以城市人口规模（包含城市人口规模的平方项）、居民个人特征向量和城市特征向量为解释变量的计量模型（居民收入决定模型）。二是对所构建的计量模型中包含的变量指标进行解释，并对CHIP2013数据给予介绍和说明。三是运用最小二乘估计（OLS）、工具变量估计，对包含个人特征变量的CHIP2013微观经济数据和包含城市变量的宏观经济数据进行回归处理；并对回归结果进行解释，重点分析和考察核心变量城市规模对城镇居民收入的影响轨迹，并借助城市规模变量的平方项检验是否存在能使城镇居民收入最大化的城市规模或规模区间，从而检验理论假设一（即基础理论假设）。四是城市人口规模对城镇居民收入影响的差异性分析，主要包括两个方面的内容，一方面用最小二乘估计和工具变量估计方法，考察城市规模对不同技能组、不同行业（从劳动力密集程度、垄断程度和贸易开放度三个方面对行业进行分类）和不同产业城镇居民收入增长的影响；另一方面用分位数回归方法，考察城市人口规模对城镇内部居民收入差距的影响，即城市规模扩大是拉大了还是缩小了城镇内部居民的收入差距。

第五章研究城市规模对城镇居民收入的影响机制，即城市规模影响居民收入的具体途径和实现方式。关于城市规模对城镇居民收入增长的影响机制，本部分主要介绍了三个方面：就业机制、人力资本的外部效应和技术外溢。对于就业机制，思路是建立一个Probit的就业模型，运用OLS和工具变量估计方法，从实证的角度来考察城市规模对城镇居民的就业概率的影响，检验理论假设二；如果城市人口规模对城镇居民的就业概率有显著影响，那么就说明城市规模扩大可以通过影响城镇居民的就业概率，从而影响城镇居民的收入。对于人力资本的外部效应部分，思路是将行业分为人力资本密集型行业和非人力资本密集型行业，通过运用工具变量估计方法考察、对比城市人口规模对人力资本密集型行业和非人力资本密集型行业居民收入的影响，来间接检验城市人口规模扩大是否可以通过人力资本的外溢效应作用于城镇居民的收入增长，从而检验理论假设三。对于技术外溢部分，思路是将行业分为技术密集型行业和非技术密集型行业，通过实证分析和对比城市规模对这两类行业城镇居民收入增长的影响，间接考察城市人口规模扩大是否可以通过技术外溢作用于城镇居民的收入增长，从而检验理论假设四。

第六章调查收集贵州省城镇居民和家庭收入数据，实证分析经济欠发达地区城市规模对城镇居民收入增长的影响及影响机制。由于之前实证研究中所使用的样本数据 CHIP2013，没有将一些经济发展较为落后和城市化水平比较低的省份和城市纳入。因此，笔者对经济发展和城市化建设都比较落后的贵州省进行调研，收集贵州省城镇居民和家庭收入数据，以弥补 CHIP2013 数据的不足；并以调研收集到的贵州省城镇居民和家庭收入数据作为样本，实证检验利用 CHIP2013 数据得到的研究结论，对于经济欠发达和城市化建设较落后地区是否具有普遍适用性。本部分笔者利用贵州省的相关调研数据，来分析和考察城市规模对城镇居民收入增长的影响及影响机制，这是对第四章、第五章实证研究的补充，也是对第四章、第五章研究结论进行的一个检验。

第七章为结论、政策建议及研究展望。首先，在理论分析和实证分析的基础上，总结和阐述本研究的研究结论；其次，根据研究结论提出促进我国城市化进程和城镇居民收入增长的政策建议；最后，针对本研究中存在的不足提出进一步研究的方向。

1.5 研究方法、创新点和不足

1.5.1 研究方法

本书采用的研究方法：

（1）文献分析法。

本书将在综合分析国内外已有研究文献的基础上，探讨中国城市的最佳人口规模问题，以及城市的人口规模扩大对中国城镇居民收入增长的影响及影响机制问题。思路如下：通过对国内外相关研究文献的梳理、分析和评价，找出已有研究中存在的不足；针对已有研究中存在的不足，提出本研究的切入点和重点研究内容。本书植根于国内外已有的相关研究，已有的相关文献和研究成果为本书提供了丰富而坚实的研究基础。

（2）计量分析法。

本书将综合运用微观调查数据（中国家庭住户收入调查数据

CHIP2013）和宏观经济统计数据（地级及以上城市层面的），采用经典的计量分析方法最小二乘估计（OLS）、工具变量估计和分位数回归方法，来分析和探讨中国城市的最佳人口规模，以及城市人口规模对城镇居民收入增长的影响及其影响机制。

（3）定性分析和定量分析相结合的研究方法。

事物是质与量的统一状态。因此，先对某一事物的内在规定性进行分析，然后再用定量分析来揭示事物的内部特征和规律，则更能够比较全面地把握事物。本书大部分章节采用的都是定性分析与定量分析相结合的分析方法。

1.5.2　创新点

与已有的研究相比，本书的创新之处在于：

（1）以城镇居民收入最大化作为标准衡量最佳城市规模。

从现有的文献来看，关于城市最佳人口规模的众多研究中，基本上都隐含着一个假设，即城市是一个独立的经济生产单位（Choi Yong-Ho，1998；王小鲁和夏小林，1999；Chun-Chung Au 和 Henderson，2006；金相郁，2006 等）。因此，投入-产出的经济学经典分析方法就成为研究城市最佳规模问题的首选。基于此，衡量城市最佳人口规模的现有标准主要有"净聚集效应最大"（王小鲁和夏小林，1999；Chun-Chung Au 和 Henderson，2006、金相郁，2006 等），"经济增长最大化"（许学强等，1988；张应武，2009；王俊和李佐军，2014 等），"城市效率最佳"（马树才和宋丽敏，2003；席强敏，2012；王业强，2012 等）和"成本最小"（金相郁，2004 等）。围绕这些标准，学者们得出了不同的最佳城市规模区间。从这些判断标准可以看出，已有文献对最佳城市规模的研究，都是站在"城市"这一宏观主体的视角，以城市的生产效益作为标准来衡量最佳城市规模。而从微观主体角度去探讨城市最佳人口规模的研究则非常少，只有 Henderson（1974）以及陈晓旭和陶小马（2013）等几个。社会主义生产的目的之一是增进民生福祉，而城镇居民收入增长是民生福祉增进的一个重要表现。因此，本书尝试在这个方面做了一些新工作

（具体创新之处见后文），即从"城镇居民"这一微观主体的新视角，探讨城镇居民收入最大化的有效城市规模区间，为最佳城市规模研究提供参考。

本书通过研究发现：从理论上来看，在城市化的进程中，随着人口和产业活动向中心区域或城市的空间集中，一方面，城市人口规模扩大，并通过增加劳动力的就业机会、知识和技术的外溢效应等直接作用于城镇居民的收入增长；同时，规模经济和制度效率又提高了城市的整体劳动生产率，从而间接作用于城镇居民的收入增长。因此，城市人口规模扩大促进和推动了城镇居民的收入增长。但另一方面，随着城市人口规模的不断扩大，当超出一定的规模水平后，拥挤效应大于聚集效应，城市发展成本和企业的生产成本上升，对劳动力的需求下降，从而降低或阻碍了城镇居民的收入增长；同时，由于拥挤效应的存在导致城镇居民的通勤成本、居住等生活成本上涨，也抑制了城镇居民收入的增长。因此，从理论上讲，应该存在一个最佳的城市人口规模或规模区间，能够使城镇居民的收入最大化。通过综合运用微观调查数据和宏观经济统计数据的实证研究，这一理论上存在的能够使城镇居民收入最大化的城市规模或规模区间得到了证实：城市人口规模扩大对城镇居民收入的影响呈现倒"U"型态势，促进城镇居民收入最大化的有效城市规模是存在的，且落在 3010.92 万人—3197.10 万人的区间上。

（2）从劳动密集度、垄断程度和贸易开放度的视角，对行业进行分组，并利用 CHIP2013 数据实证分析城市规模对不同行业城镇居民收入增长的影响。

行业收入差距是理解居民收入差距的重要视角，是城镇内部居民收入差距的重要组成部分。现有的文献中，很多学者，例如蔡昉（1996）、岳昌君和吴淑姣（2005）、史先诚（2007）、刘小玄和曲玥（2008）、任重和周云波（2009）、姜玮（2010）、甘小霞（2010）、叶林祥等（2011），从垄断程度、人力资本、制度理论等方面，对不同行业的收入决定因素，以及导致行业收入差距的原因进行了较为全面和深入的研究。从劳动密集度、垄断程度和贸易开放度角度对行业进行分类，并从人力资本、市场竞争、要素禀赋和政府等方面对行业收入差距的原因进行分析的研究也有很多，例如张长春(1994)、罗楚亮和李实(2007)、岳希明等(2010)、杜鑫(2010)、马骊(2010)、陈钊和肖兰兰(2011)、强林飞等(2011)、吕晓兰(2012)、彭树宏(2012)、邱兆林(2014)等。但从城市化的角度，分析行业的收入决定因素/行业收入差距形成原因的研究则很少，只有薛继亮和李录堂(2010)等几个。而将城市规模作为劳动密集行业和资本密集行业、垄断程度较低行业和垄断程度较高行业、非贸易行业和可贸易行业收入差距形成原因的研究，则在国内还是空白。本书在这方面做了一些原创性的尝试工作。

本书将劳动密集度、垄断程度和贸易开放度不同行业的居民收入差异都纳入了城市化的研究体系下，并综合运用微观调查数据和宏观经济统计数据，实证分析和探讨了城市人口规模扩大对不同行业城镇居民收入的影响及其作用途径。研究发现：① 城市规模对劳动密集型行业和资金密集型行业城镇居民收入的增长，都具有显著的促进作用；并且，城市规模对于劳动密集型行业城镇居民收入的促进作用要大一些，即劳动密集型行业城镇居民从人口和经济集聚中获益更大。② 城市规模对垄断程度较高行业和垄断程度较低行业城镇居民名义收入和实际收入的增长，都具有显著的推动作用；并且，由于市场竞争力量的存在，城市规模对垄断程度较低行业城镇居民名义收入和实际收入增长的拉动作用，要小于对垄断程度较高行业城镇居民名义收入和实际收入增长的拉动作用，即与垄断程度较低行业相比，垄断程度较高行业城镇居民从人口和经济活动集聚中获益更大。③ 城市规模对非贸易品行业和可贸易品行业城镇居民的名义收入和实际收入增长，都具有显著的正向拉动作用；并且，由于行业竞争程度不同，因而会导致由人口和经济集聚所带来的市场需求，引起的可贸易品的价格增长幅度要小于非贸易品的价格增长幅度，从而使得非贸易品行业城镇居民名义收入和实际收入的增长幅度，大于可贸易品行业城镇居民名义收入的增长幅度，即非贸易品部门或行业的城镇居民，从人口和经济活动集聚中得到的收益更大。④ 城市规模是劳动密集行业和资本密集行业、垄断程度较低行业和垄断程度较高行业、非贸易行业和可贸易行业收入差距形成的原因。

（3）从城市规模的角度探索缩小城镇居民内部收入差距的有效途径。

城镇居民内部收入差距是我国居民收入差距的一个重要组成部分。因此，缩小城镇居民内部收入差距是实现社会分配公平的一个重要方面。现有的文献中，关于城市规模对中国城镇居民内部收入差距影响的研究，总体上还比较薄弱。在这方面的研究中，高虹（2014）的研究比较深入。本书在控制个人特征变量和城市特征变量的基础上，考察了城市人口规模扩大对城镇内部居民收入差距的影响，得出了与高虹（2014）的研究相悖的结果：城市规模对低收入组城镇居民名义收入和实际收入增长的拉动作用最大；城市规模对高收入城镇居民名义收入和实际收入增长的拉动作用最小；并且，随着收入水平的不断提高，人口和经济活动的集聚对城镇居民名义收入和实际收入增长的影响呈现反"N"型态势；城镇内部居民收入差距的不断扩大不是城市化的必然结果；城市化对中国城镇居民内部收入差距并不具有推高效应；相反的，人口和经济活动向城镇的进一步集聚，将会缩小城镇内部居民的收入差距；城市人口规模扩大是缩小中国城镇居民内部收入差距、实现社会分配公平的有效途径。

（4）实证分析城市规模对城镇居民收入增长的两种影响机制：人力资本的外部性和技术的外溢效应。

从现有的文献来看，学者们都认同聚集经济中，人力资本的外部性和技术的外溢效应是劳动者生产率提高和收入增长的关键因素。但对这一作用途径的研究大多数都是从理论逻辑的角度进行分析和说明的（Glaeser，1999；Peri，2002；张景华，2007；Glaeser 和 Resseger，2010；马远，2012；谢小平和王贤彬，2012；等等），通过实证研究进行阐述的还比较少[只有 Enrico Moritte（2004）的研究较深入]。本书在这方面进行了一些尝试性的新工作。

本书根据人力资本密集度和技术密集度，将行业分为人力资本密集行业和非人力资本密集行业、技术密集型行业和非技术密集行业。并以城镇居民收入为被解释变量，以城市规模为主要解释变量，分别对每组样本进行了回归。通过实证分析发现：①人口和经济活动的进一步聚集，促进了人力资本密集行业和非人力资本密集行业城镇居民名义收入和实际收入的增长；并且，城市规模扩大对人力资本密集行业城镇居民收入增长的拉动作用更大,即人力资本密集行业城镇居民从人口和经济集聚中获得的收益更大;这说明人力资本的外部效应是城市规模拉动城镇居民收入增长的一个重要途径,即城市规模扩大可以通过人力资本的外部效应和知识外溢,作用于城镇居民收入的增长;② 人口和经济活动的聚集,促进了技术密集型行业和非技术密集行业城镇居民名义收入和实际收入的增长;并且,城市规模扩大对技术密集型行业城镇居民收入增长的拉动作用更大,即与非技术密集型行业的城镇居民相比,技术密集型行业城镇居民从人口和经济集聚中获得的收益更大;这说明城市规模扩大可以通过技术外溢推动城镇居民的收入增长,技术外溢也是城市规模促进城镇居民收入增长的一个重要途径。

(5)调研收集贵州省城镇居民和家庭收入数据,并以此为样本实证检验经济欠发达地区城市规模对城镇居民收入增长影响与经济较发达地区的异同。

现有的文献中,城市规模及其对城镇居民收入影响的实证研究,所采用的经验数据大多数都是经济较发达地区或城市的相关统计或调查数据(金相郁,2004;张克俊,2005;程开明和李金昌,2007;林目轩,2007;潘文轩,2010;肖文和王平,2011;韩建雨,2013;孙业亮,2013;毛雁冰和张恒龙,2014;周密等,2014;高虹,2014;等等)。经济发展和城市化建设落后地区得到的研究关注度相对欠缺。但对于中国地域面积广阔、资源禀赋差异大的国情来说,对经济欠发达地区城市规模及其对居民收入影响的研究,对城市化进程和实现共同富裕同样重要。本书在这方面尝试性地做了一些新工作:设计了"贵州省城镇居民收入和消费调查问卷",组织了调研团队,对贵州省的 6 个地级及以上城市和 7 个县级市的城镇居民个人和家庭收入状况进行了调查;收集到的有效调研数据包含了 783 个城镇居民样本及家庭的信息;以收集到的微观数据为样本,实证分析了经济欠发达地区城镇居民收入最大化的有效城市规模区间;利用收集到的微观数据,实证分析了经济欠发达地区城市规模对城镇居民收入增长的影响及影响机制。以期能为学术研究提供较独特的数据资料和较新的分析视角。

本书调研收集了贵州省城镇居民和家庭收入数据 GZURICS2013,

并以此为样本实证分析了经济欠发达地区城市规模对城镇居民收入增长的影响。回归结果包括以下几点：

① 城市规模对城镇居民收入的影响呈现倒"U"型态势，使城镇居民收入最大化的城市规模是存在的，且落在289.78万人～483.61万人的区间上。

② 城市规模对高技能组城镇居民个人收入的增长具有显著的促进作用，对低技能组居民个人收入增长的拉动作用则不显著，即个人技能水平越高，从人口和经济活动聚集过程中获益越大。

③ 三大产业中，城市规模扩大对第三产业城镇居民收入增长的拉动作用最大。

①～③与利用经济较发达地区调研数据CHIP2013得到的研究结果基本一致，说明该结论具有普遍适用性。

④ 关于城市规模对不同行业城镇居民收入增长的影响，实证结果表明，城市规模对劳动密集型行业和资金密集型行业、垄断程度较高行业和垄断程度较低行业、可贸易行业和非贸易行业城镇居民的收入增长都具有显著的拉动和促进作用；并且，城市规模对资金密集型行业、垄断程度较低行业、可贸易行业城镇居民收入增长的拉动作用更大。该部分结论与利用CHIP2013数据得到的实证结果很不一致。这说明基于数据CHIP2013得到的该部分相关研究结论，对经济欠发达和城市化建设较落后的地区不适用。可能存在的原因是，贵州省低技能型劳动力资源充足，但资金短缺，资金的边际效益要远大于劳动力的边际效益，从而使得从事资金密集型行业城镇居民从城市规模扩大中获得的回报高于从事劳动密集型行业的城镇居民；由于贵州省的经济发展水平较低，人口和经济活动的聚集，使商品和劳务市场以及要素市场需求扩大，并刺激了垄断程度较低行业的快速发展，从而导致对从事垄断程度较低行业的城镇居民收入增长的拉动作用更大；随着人口和经济活动的聚集，信息的传递使其他地区对贵州地区的特有资源有了更为深刻的认识，可贸易品部门商品和服务市场需求扩大，从而导致可贸易品部门城镇居民收入增长幅度更大。

⑤ 关于城市规模对不同收入组城镇居民收入增长的影响，实证结果

如下：城市规模对各收入水平组城镇居民个人和家庭收入的增长都具有显著的正向影响；并且，城市规模对高收入组城镇居民个人收入和低收入城镇居民家庭收入增长的拉动作用最大，对低收入组城镇居民个人收入和高收入组城镇居民家庭收入增长的拉动作用最小。这进一步说明，人口和经济活动的进一步集聚拉大了城镇居民的个人收入差距，但缩小了城镇居民的家庭收入差距。这一结论与利用CHIP2013数据得到的实证研究结果不完全一致。说明基于数据CHIP2013得到的相关研究结论，对经济欠发达和城市化建设较落后的地区，只在一定程度上适用。其原因可能是城市规模扩大促进了贵州省劳动密集型行业的快速发展，提高了城镇居民的就业概率，增加了低收入家庭成员的就业数量，从而降低了家庭收入差距。

⑥ 关于城市规模对城镇居民收入增长影响机制的检验，得出的结论如下：城市规模并没有显著地通过人力资本的外部性和技术的外溢效应作用于城镇居民收入的增长。这一结论与利用CHIP2013数据得到的研究结果相悖。说明基于数据CHIP2013得到的该部分研究结论，对经济欠发达和城市化建设较落后的地区尚不适用。存在的可能是，对于贵州这样经济发展和城市化建设都比较落后、低技能劳动力资源丰富的地区，城市规模的扩大首先主要推动了低技能、劳动密集型行业的发展。因此，人力资本的外部性和技术的外溢效应对城镇居民劳动生产率提高和收入增长的促进作用不显著，城市规模扩大可能主要通过就业机制来拉动城镇居民收入增长。

1.5.3　不足之处

鉴于微观数据和思维层面的局限，本书存在的不足之处在于：

（1）本书尚未建立较完善的理论框架和思想体系。

（2）本书以城镇居民的名义收入和消费价格指数平减后的实际收入来衡量城镇居民的收入状况，但未将城镇居民的可支配收入纳入研究范围。这是因为调查对象中有很多非正规部门的就业者，收集到的数据并没有将个人交纳的税收和社会保障费扣除。因此，本书中所涉及的居民收入包括名义收入和实际收入,并未将更能决定居民生活水平的可支配收入纳入研究范围。

(3)本书只从就业、人力资本的外部性、技术外溢、聚集经济、成本、城市体系的外部性,以及制度效率几个方面对城市规模对城镇居民收入增长的影响机制进行了理论探讨或实证分析。因此,对于城市规模对城镇居民收入增长的影响机制方面的研究可能还不够全面。

(4)由于尚未找到准确衡量制度效率和城市发展成本的指标,所以对于城市规模如何通过降低成本或提高制度效率来提高城镇居民的收入水平,本书暂时无法从实证的角度予以说明和验证。

2 城市规模及其对居民收入影响的文献梳理

本部分的内容主要包括三个方面：一是梳理关于城市最佳人口规模的研究文献，归纳并评价已有研究在最佳城市规模问题探讨方面所做的贡献及不足，主要包括研究角度、研究方法、衡量标准和研究结论；二是梳理城市规模对城镇居民收入增长影响的研究文献，归纳并评价已有研究的研究视角、研究方法和研究结论；三是在对已有研究文献梳理的基础上，针对已有研究中存在的不足，提出本研究的基础理论假设——"城镇居民收入最大化的最佳城市规模是存在的"，并阐述本书的研究重点和主要内容。

从查阅到的文献资料来看，当前对最佳城市规模问题的探讨主要集中在两个方面：一是，判断或衡量最佳城市规模的标准是什么。二是，根据某一特定的判断或衡量标准，最佳城市规模应该落在什么水平上或者哪个区间内。当前关于城市规模对居民收入影响的研究文献，则主要集中在四个方面：一是，城市化/移民流入对本地居民收入的增长是否有影响；如果有，那么城市化/移民流入究竟是增加还是降低了本地居民收入。二是，关于城市化对居民收入影响机制的研究，即城市化通过什么样的方式或途径作用于居民收入增长。三是，城市化对居民收入差距的影响，即城市化究竟是拉大还是缩小了居民收入差距（包括城乡居民收入差距和城镇内部居民的收入差距）。四是，大城市对城镇居民/劳动力收入和收入差距的影响。

2.1 最佳城市规模探讨

如第 1 章所述，一方面，一个国家或地区的城市化对该国或地区的工业化进程、经济增长、从而居民收入增长都有着正面影响，即城市化通过提高全要素生产率和促进城乡非农产业发展促进了该国或地区的工业化进程、经济增长和居民收入增加。另一方面，一个国家或地区的城市化水平要与该国或地区的工业化水平和经济发展水平相适应，过度的城市化对一国或地区的经济发展并没有好处（张宏霖，2001）。这是因为，随着城市人口规模的不断扩大，拥挤效应将使城市的发展成本不断增加。例如，城市人口规模的扩大要求城市基础设施需要不断完善，城市建设成本增加；城市人口规模扩大带来一系列的社会问题，诸如社会矛盾和摩擦增加、犯罪率上升等，城市的社会治理成本增加；城市污染严重、生态环境恶化，城市的环境维护和治理增加等。城市是国家或地区经济社会发展的关键单元，城市发展成本的增加降低了城市的综合效率，也会对该国或地区的经济社会发展带来不利影响（或产生阻碍作用）。因此，从理论上讲，能够使得城市综合效率或地区经济增长最大化的最佳城市人口规模是存在的。

对于一个国家或经济体而言，城市化的具体路径主要包括两方面的内容：一是，一个国家或经济体的全部居民在城乡间是如何分布的，其城市化的路径或人口流动方向是人口由农村向城市转移，农业劳动力转化为非农人口，这一城市化路径关注的是非农人口比重的增加和城市化水平的提高问题；其二，一个国家或经济体的城市居民在不同城市间是如何分布的，其城市化的路径是非农人口在城市间的迁移和流动，这一城市化路径关注的是该国或经济体的整个城市体系中的城市规模以及各种规模城市的分布，以及非农人口的集中程度问题（谢小平和王贤彬，2012）。本书所考察和探讨的最佳城市规模，主要侧重的是城市化的第一种路径，即人口由农村向城市转移，农业劳动力转化为非农人口，进而使得城市人口规模扩大。

对于理论上存在的最佳城市人口规模问题，已有的研究主要是从两个层面进行分析和探讨的：一是以什么指标作为判断或衡量最佳城市人口规模的标准；二是在合理的判断标准下，城市最佳人口规模应该落在什么样的水平上或者应该落在哪个规模区间内。围绕上述两个层面上的问题，国内外学者们进行了大量的研究，但结论和说法却各不相同。在已有的研究当中，衡量最佳城市规模常用的标准或指标有"聚集效应达到最佳状态或净聚集效应最大""对经济增长的促进作用或总产出最大""城市效率最佳"和"成本最小"。

2.1.1 净聚集效应最大

在衡量最佳城市规模的指标和标准中，最为普遍和广泛使用的是"聚集效应达到最佳状态或净聚集效应最大"的衡量标准。

聚集经济从本质上来说是一种外部经济，是由外部规模经济和外部范围经济共同作用而形成的一种复合经济[①]，也是导致城市形成和不断扩大的基本因素。聚集经济之所以产生，一是由于企业或生产者为了追求创新外溢所带来的规模报酬递增；二是由于企业或生产者为了获得经济增长的持续动力，即技术创新，这是因为技术创新与专业研发人员在地理空间上的集中以及专业研发人员占总人口比率具有正相关性，即专业研发人员在地理空间上越集中，专业研发人员占总人口比重越大，技术创新的可能性就越大（陈继勇和肖光恩，2005）。人口在城市的集中以及城市人口规模的不断扩大，为企业或生产者的这两种追求提供了基础条件。

适度的聚集经济可以带来正的外部经济效益，但当集聚经济超过一定的规模时，城市要素的投入成本将上升，社会发展成本也会随之不断增加，聚集不经济或城市拥挤效应[②]的增强将逐步削弱直至完全抵消，甚至超过聚集经济的正面作用。因此，聚集经济水平在理论和实践上都

---

① 景芝英，徐雪梅. 试论聚集经济的本质[J]. 财经问题研究，1998，11；陈志洪. 九十年代上海产业结构变动实证研究[D]. 复旦大学，2003.
② 拥挤效应（Crowding effect）本意是指种群增长过程中随着密度增加而使种群增长速度降低的现象，它包括两层含义：一是环境阻力（Environmental resistance），二是密度制约（Density dependence）。将拥挤效应借用到城市发展当中——城市拥挤效应指的是由于人口和产业经济活动的聚集为城市带来的负外部经济或负效应。

和城市人口规模具有很强的正相关关系（何诚颖和章涛，2001），即城市的净聚集效应（城市规模效应和城市拥挤效应相抵消之后的值）与城市规模之间的关系呈倒"U"型变化（Au 和 Henderson，2006），而聚集经济和城市人口规模的平方值之间具有反比关系（Baumol W. J., 1967）。聚集效应是城市规模的函数，二者的关系如图 2.1 所示，其中横轴表示城市规模，纵轴表示聚集效果，曲线为 Y=F(X)（何诚颖和章涛，2001）。

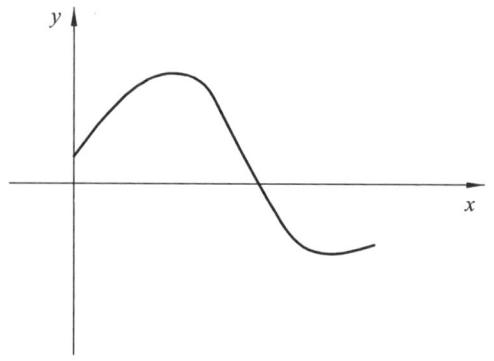

图 2.1　适度的聚集经济水平

以适度聚集经济水平为指标来衡量最佳城市规模的研究，主要集中在实证领域。W. Alonso（1971）在聚集经济和人口规模相关关系的基础上，建立起城市聚集经济和城市人口规模间的二次函数模型，并为 G.A. Carlino（1982）、Yong-Ho Choi（1998）等学者研究和度量最佳城市规模提供了有效的实证研究工具，但对于最佳城市规模或规模区间的实证结果却大相径庭。

对国外城市的实证研究：E.Howard（1902）和 J.E.Gibson（1977）的研究将最佳城市人口规模锁定在了 3 万人的规模水平上，而 Le Corbusicr（1947）的研究则把这一数据扩大了 100 倍，认为最佳城市人口规模约为 300 万人。Krihs（1980）的研究结果发现最佳城市规模落在 550 万人至 650 万人的区间上。Choi（1998）则以一个具体的城市——韩国大邱市为研究对象，最后得出的结论是最佳城市人口规模约为 190 万人。Xiao-Ping Zheng（1998）以中心地区与目标区域之间距离为解释变量，以聚集经济和聚集不经济为被解释变量，利用日本东京都市圈内 127

个市、町和村的相关数据，进行实证分析，指出最优城市规模位于距离市中心 10 千米的区域内，而距离城市中心 10 千米至 25 千米地点的聚集不经济则达到最高状态。而 Yoshitsugu Kanemoto（1996）等的研究则指出从聚集经济效益最大化的角度看，最佳城市人口规模落在 20 万至 40 万人的范围内。

对国内城市的实证研究主要包括如下方面：根据"城市的规模净收益最大"的衡量标准，王小鲁和夏小林（1999）利用 666 个城市的数据，采用横断面数据模型和面板数据模型，实证分析发现较大规模的城市有明显的净规模收益，即较大规模的城市因规模效应而增加的净产出明显大于小城市；不同分析方法得到的最佳城市规模大致在 50 万～400 万人的范围之间，但净规模收益最大的城市规模基本上落在 100 万～200 万人的区间上，即以"城市的规模净收益最大"标准衡量的最佳城市规模区间为 100 万～200 万人；在达到最佳规模之前，城市规模净收益随着城市规模的扩大而不断增加，但在超过最佳规模区间后，城市的规模净收益则会随着城市规模的扩大而不断下降（王小鲁和夏小林，1999）。但另有研究认为人口数量落在 10 万人～400 万人区间内的城市，其规模净收益最大（陈伟民和蒋华园，2000）。金相郁（2004）利用 1978—2002 年的相关数据，运用聚集经济方法，实证分析了三个超大城市的最佳城市规模，结果表明规模经济效益最大化的最佳城市规模"北京市为 1 251.714 万人，天津市为 951.311 万人，上海市为 1 795.516 万人"。Chun-Chung Au 和 Henderson（2006）的研究发现中国城市聚集效应最大化的人口规模大致落在 250 万～380 万人的区间上。高鸿鹰和武康平（2007）则指出我国"人口规模 100 万以上的城市具有相对较高的城市经济集聚效应和集聚效率"。但金相郁（2006）的另一实证研究的结果却与此相反，其结果显示，在不同人口规模的城市中，特大城市和超大城市的城市聚集经济效益最小，小城市的城市聚集经济效益最大，而大城市的城市聚集经济效益则大于中等城市的城市聚集经济效益，且人口规模 100 万以上城市的聚集经济效益明显小于 100 万人口以下城市的聚集经济效益，这意味在不同人口规模的城市中，小城市的发展潜力最大，而超大城市和特大城市的吸引力则在一定程度上是有限的。

分区域来看，我国东中西部地区不同城市规模的聚集经济效益是不同的：总体而言，西部地区的城市聚集经济效益最高，中部地区的城市聚集经济效益最低；对于东部地区而言，小城市的城市聚集经济效益最大，大城市的聚集经济效益则最小；对中部地区来说，大城市和中等城市的聚集经济效益都较大，而特大城市和小城市的城市聚集经济效益却都较小；西部地区的城市中，特大城市的城市聚集经济效益最大，其次是小城市和中等城市（金相郁，2006）。这意味着，不同区域应实施不同的城市发展战略：东部地区应大力发展小型城市，中部地区则应实施大城市发展战略，西部地区应大力发展特大城市和城市群（圈）。

2.1.2 对经济增长的拉动作用最大

城市化是经济增长和发展的一个关键推动因素，是影响经济增长的重要变量（Muhammad Shahbz，2012），由于规模经济和聚集效应的存在，城市特别是大城市具有较高的经济效益、较多的就业机会（或较高的就业概率）和较强的扩散性（王小鲁和李小林，1999），因此会成为区域经济增长和发展的引擎。城市化与经济发展之间具有正相关关系（Berry，1965），而"人均 GNP 和城市化水平之间则存在明显的对数曲线关系"（许学强等，1988；周一星，1995）。城市化对经济增长的拉动作用用数据来说明的话，就是"城市人口每增加 5 个百分点，人均经济活动将至少增长 10%"，在许多地区，城市化率每增长 1 个百分点，人均国内生产总值就会增长超过 2%（Melanie Walker，2012）。城市化在区域经济增长和发展中起着很重要的拉动作用，城市化强有力地推动了经济增长（王小鲁和李小林，1999）。

城市化究竟是如何促进经济增长的呢？一般认为其途径主要有以下几个：一是城市化同时增加投资需求和消费需求，有效扩大了内需，从而直接带动了经济增长；二是城市化的过程中，农村剩余劳动力从农村流向城市，提高了农业的劳动生产率和产业结构调整，同时，城市信息产业和服务业的发展也促进了产业结构的优化升级，从而间接推动和促进了经济增长（沈坤荣和蒋锐，2007；李秀敏和张丽莉，2011；陈雪娟和余向华，2012）。

那么，使得经济增长最大化的最佳城市规模或规模区间是否存在？如果存在，该最佳规模应落在什么样的区间范围内？对于这两个问题的探讨，学者们的研究结果各不相同。有的学者认为，城市规模与经济增长之间的关系是非线性的，且促进经济增长的最优城市规模或规模区间是存在的（张应武，2009；袁凯华和徐小钦，2014）。并且，进一步实证得出了"能实现经济增长最大化的城市人口规模约为 500 万~550 万人"的结论，即人口规模在 500 万~550 万人区间内的城市，其经济增长速度是最快的（张应武，2009）。与此观点相类似，有的学者认为城市人口规模与人均国内生产总值之间的关系是非线性的。并且，"从理论上讲，使人均国内生产总值达到最大的适度城市规模约为 759 万人"（肖文和王平，2011），这一结论是通过对我国长三角地区的 16 个城市的实证分析研究得出的。刘爱梅（2011）则运用柯布-道格拉斯生产函数，以 287 个地级及以上市 1999—2008 年的面板数据，实证了城市规模与经济增长之间的非线性关系，并进一步指出二者之间的相关程度不稳定，当城市人口规模达到一定程度（约 400 万人）时，城市规模与经济增长的相关关系则会降低，即人口规模在 400 万以上的城市，城市规模与经济增长的相关系数小于人口规模在 400 万以下的城市。王俊和李佐军（2014）将拥挤效用纳入生产函数，通过比较研究得出结论：使得经济增长速度最快的城市最优规模是存在的，且该最优城市规模是可变的。也就是说，从促进经济增长最快的角度来看，城市最优规模是存在的，但不同等级的城市，其最优规模或规模区间是不同的，即使是对于同一城市，随着时间的推移和城市外部条件的改变，其最优城市规模或规模区间也是变化的，城市的最优城市规模或规模区间是一个动态变化的过程。

综上所述，使得经济增长最大化的最佳城市规模或规模区间是存在的。但由于研究方法或经验数据的不同，学者们探讨得出的最佳城市规模或规模区间并不统一。

2.1.3 城市效率最佳

城市效率是衡量城市发展的一个重要指标，它体现的是城市资源的利用程度和优化配置状态。从整体上看，城市的综合效率与城市人口规模之间具有正相关的关系，且对于小于100万人口规模的中小城市，其城市综合效率的上升主要得益于纯技术效率的不断提高，而超过200万人口规模的特大型城市，其城市综合效率的提升则主要来源于城市规模效率的提高，且城市规模效率的增长程度随着城市规模的扩大呈现递增趋势（席强敏，2012）。

从总体上来看，城市规模效率与城市人口规模之间存在倒"U"型关系或变化趋势（席强敏，2012；王业强，2012），即随着城市人口规模的扩大和经济活动的不断集聚，城市规模效率呈现先上升再下降的变化态势；在城市规模效率曲线达到峰值之前，随着城市规模的扩大，城市规模效率将不断提高，但当城市规模效率曲线达到最高点后，城市规模效率则会随着城市人口规模的扩大而逐渐下降。其中，人口规模在50万~100万人区间上的中型城市和人口规模100万~200万人区间上的大型城市，其规模效率是最高的，且接近最优水平；而对于人口规模在200万人以上的特大城市而言，由于相对于产出水平，其要素的总投入过多，规模效率则较低（席强敏，2012）。因此，从城市综合效率和纯技术效率最高来考察城市最优规模的话，人口规模在200万人以上的特大城市是最优的；但从规模效率的角度来衡量的话，人口规模落在50万~200万人区间上的中型和大型城市规模则是最优的（席强敏，2012）。这一结论与金相郁（2006）的研究有一致的地方。金相郁（2006）的实证研究显示"人口数量在100万以下的城市具有明显的城市规模效率，而人口100万以上城市反而并没有城市规模效率"。但马树才等（2003）的研究结论则与该结果有所不同。马树才等（2003）采用 DEA 分析方法，实证得出的结论如下：人口规模在200万人以上的超大型城市，其技术有效性和规模有效程度是最高的，城市规模效率也是最好的，因此，城市发展的适度规模应该大于200万人。

如果将城市规模效率进行进一步的细分，可分为经济规模效率、社会规模效率和环境规模效率。从这一角度来看，中国城市经济规模效率达到最大值时对应的城市规模约为715万人，城市环境规模效率达到顶点时对应的城市规模约为932万人，城市社会效率达到最大值时对应的城市规模分别为：教育规模效率最大化的人口规模约为 550 万人，文化规模效率最大化的人口规模约为 901 万人，医疗规模效率最大化的人口规模约为 352 万人，通信规模效率最大化的人口规模约为 702 万人，水电气规模效率最大化的人口规模约为 634 万人，交通规模效率最大化的人口规模约为 709 万人，且城市规模效率达到最高峰时对应的城市规模落在 352 万～932 万人的区间上（王业强，2012）。

分区域来看，不同地区规模效率最优时对应的城市规模也不相同，东部地区的总体效率与城市人口规模之间也存在倒 U 型关系，其拐点约为 996 万人，即人口规模在该拐点以下的城市，其城市总体效率随着人口规模的扩大而递增，该拐点之后，城市总体效率则随着城市人口规模的扩大而下降；中部地区城市的总体效率是递增的，即城市的总体效率与城市人口规模之间存在着正相关关系；西部地区的城市总体效率则是下降的，即城市的总体效率与城市人口规模之间存在着负相关关系；东北地区的城市总体效率与城市人口规模之间则存在倒"U"型的变化态势，其拐点约为 263 万人，即人口规模在 263 万人以下的城市，其城市总体效率会随着城市人口规模的扩大而逐渐上升，人口规模在 263 万人以上的城市，其城市总体效率会随着城市人口规模的扩大而不断下降（王业强，2012）。

如果用生产要素的利用和配置效率来衡量城市效率的话，劳动生产率和土地利用效率与城市人口规模大体上存在着正相关的关系，而资金利用效率与城市人口规模之间则存在负相关关系，即城市的劳动生产率和土地利用效率会随着城市人口规模的扩大而提高，城市的资金利用效率则会随着城市人口规模的扩大而不断下降；从生产要素的综合利用率来考察城市的总体经济效率，发现：人口规模在 200 万人以上的超大城市在经济效率方面具有明显优势，即超大城市的综合经济效率最高，人口规模在 20 万～50 万人区间上的中等规模城市，其城市的综合经济效率则最低，而小城市、大城市和特大城市则居于中游且三者的综合经济效率水平相近（杨学成和汪冬梅，2002）。相类似的一个研究结论是，从资本的生产贡献率或回报率来看，人口规模在 50 万～100 万之间的城市，其人均资本的生产贡献率或回报率高于人口规模在 100 万以上的城市（高鸿鹰和武康平，2007），这意味着人口规模较大城市在劳动生产率方面处于优势，而在资金利用效率方面具有劣势；人口规模较小城市的要素利用状况则与之相反，即小城市在资金利用效率方面具有优势，但在劳动生产率方面却处于劣势（杨学成和汪冬梅，2002）。另一类似的研究结论是马树才和宋丽敏（2003）的研究，他们运用因子分析方法得出的实证结果显示，从城市的综合可持续发展能力看，人口规模在200万人以上的超大型城市为最高，认为人口规模在200万人以上的区间是我国城市发展的合理和适度规模区间。

综上所述，城市效率最佳的城市规模区间是存在的。但由于研究方法和侧重点的不同，学者们得出的城市效率最佳的人口规模区间明显不一致。

2.1.4 成本最小

评价经济效益的基本方法就是成本-收益（或投入-产出）的比较方法。该方法的具体应用和操作，又分为两种：一是成本既定时，收益越大，其经济效益越高；二是收益既定时，成本越小，其经济效益越大。因此，如果从成本的角度来研究城市人口规模问题，那么，毫无疑问，在收益既定时，成本越小的城市规模将是经济效益越高的城市规模，即最优城市规模就是使公共服务的平均成本最小的人口规模[1]，或是使生产成本最小的城市规模[2]。

最小成本理论是最早的最优城市规模理论之一，认为最优城市人口规模是人均成本的函数，城市人口规模与人均成本之间呈"U"型关系[3]，即随着城市人口规模的不断扩大，城市发展的人均成本将呈现先下降再上升的变化态势。在长期中，如果鼓励人口和经济活动向处于最优规模或将要达到最优规模的城市或中心移动，由于共享和资源整合，社会资

---

[1] Amott R. J., Stiglitz J. E.. Aggregate Land Rents, Expenditure on Public Goods, and Optimal City Size[J]. *The Quarterly Journal of Economics*, 1979, 93 (4): 471-500.
[2] Evans A. W. A Pure Theory of City Size in an Industrial Economy[J]. *Urban Studies*, 1972, (9): 49-77.
[3] 刘玲玲，周天勇. 对城市规模理论的再认识[J]. 经济经纬. 2006, 01；林目轩等. 城市合理规模的理论探讨和实证——以长沙市区为例[J]. 经济地理，2007, 01.

源将被优化配置和更为充分地利用，同时也会使得该地区提供公共设施或建设发展的成本最小化，而这个成本最小化的最佳规模应该介于大城市和小城镇之间（陶然，2005）。也就是说，随着人口、经济活动的集聚和城市规模的不断扩大，城市的发展成本将会逐渐变小，但当城市人口规模超过一定的界限或范围后，拥挤效应将明显增加城市的发展成本，这些不经济和不该有的外部性是城市人口规模的扩大带来的，与城市规模密不可分。这是因为，随着人口的进一步集聚，虽然一方面带来了知识、技术等的外溢效应，增加了城市发展的收益，但另一方面也不可避免地会对城市的发展成本产生影响，如将使城市社会秩序的维护成本、城市环境的治理成本、城市管理成本等大幅度上升，城市发展成本的增加抵消和减弱了城市从人口规模扩大中获得的收益，甚至人口规模扩大带来的城市发展成本的增加会大于由此带来的收益，规模不经济由此产生。在实证方面，金相郁（2004）用北京、上海和天津三个直辖市的数据和 Alonso 二次函数的分析方法，确定的使城市人居公共成本最小的最佳城市人口规模如下：北京市为 801.452 万人，上海市为 2 123.078 万人，天津市为 1 126.208 万人。

最小成本理论为我们提供了一个确定最佳城市人口规模的依据，但它也存在着一定的缺陷。例如，"最优城市规模并不单纯是公共成本的函数"，其他非经济因素诸如安全、犯罪、生态环境等带来的成本也对城市人口规模产生了影响，且这些成本的统计和计量是非常困难的；另外，不同的成本计量口径、研究时期、研究对象将会导致不同的最佳城市人口规模水平，且最优城市规模是动态变化的而不是静态的（金相郁，2004；刘玲玲和周天勇，2006）。因此，Alonsn（1970）提出的成本-收益理论更为学者们所普遍认同和接受，该理论不仅考察了聚集的边际成本，同时也将聚集的边际收益纳入了模型中，认为随着城市人口规模的扩大，聚集的边际收益将不断下降而聚集的边际成本则不断上升，当两者相等时所确定的人口规模即为最优城市规模，见图 2.2（刘玲玲和周天勇，2006）。从新古典经济学的角度来认识，即如果将"城市"看作是一个生产系统，则当边际收益与边际成本相等时，该生产系统将实现净收益的最大化。这和王小鲁等用城市规模净收益最大确定最佳城市规模的方法从本质上相同的。

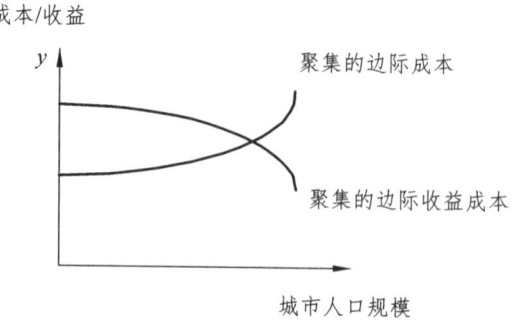

图 2.2 聚集的成本收益理论

2.1.5 最佳城市规模研究评述

综上所述，现有的关于城市最佳规模的研究文献，主要集中在对两个方面问题的探讨上：一是判断和衡量最佳城市规模的标准，二是适合中国发展的最佳或合理城市规模究竟落在什么样的区间上，以及应该采取什么样的城市发展战略。现将不同最佳城市规模判断标准下，学者们的研究方法、研究过程和研究结论进行归纳总结，见表 2.1。

表 2.1 关于最佳城市规模研究的归纳总结

判断标准	研究方法	采用的数据	研究结论
聚集效应最大/净聚集收益最大	建立城市或地区产出的生产函数，采用实证的研究方法	采用宏观层面的统计数据	使城市聚集效应或净聚集收益最大的最佳城市规模是存在的；根据不同的时间段或不同地区的宏观数据，得出的最佳城市规模区间各不相同；中国现有的大多数城市处于规模不足的阶段
经济增长最大化/总产出最大	建立城市总产出的生产函数，或建立经济增长与城市规模的非线性函数关系，采用实证的研究方法	宏观层面的经济统计数据	使经济增长最大化的最佳城市规模是存在的；且根据不同经验数据得出的最佳规模区间判断：中国的大城市数量太少了

续表

判断标准	研究方法	采用的数据	研究结论
城市效率最大	采用DEA数据包络分析方法，实证研究	宏观层面的统计数据	使城市效率最大的最佳城市规模是存在的；且根据不同经验数据得出的最佳规模区间判断：中国的城市效率与最佳规模是偏离的
成本最小	理论分析或实证分析方法	建立成本收益模型或使用宏观统计数据	使城市发展成本最小化的最佳城市规模是存在的；但该最佳规模不是唯一的，不同区域的最佳城市规模不同，且最佳城市规模是动态变化的

资料来源：根据文献梳理归纳总结得出。

根据表2.1可知，当前关于最佳城市规模的研究，大多数将城市或城市体系看作了一个独立的经济生产单位。由于聚集经济和拥挤效应的存在，城市人口规模从理论上来讲是存在一个最佳状态或最佳发展区间的，如前所述国内外许多学者的研究都证实了这一点。由于将城市或城市体系看作了一个经济生产单位，因此学者们对于最佳规模的探讨大多关注和停留在宏观层面上，即从"城市"这一宏观主体的投入-产出角度去考察和分析最佳城市规模究竟落在什么样的区间上，这是经济学经典分析方法在城市经济问题上的实践和应用。虽然具体的判断标准和侧重有所不同，包括城市聚集经济最大/净聚集收益最大、经济增长最大化/总产出最大、城市效率最大和成本最小化，但这些判断标准或角度在本质上是一致的，简单来说就是生产单位/主体的投入-产出比最大化，即经济主体的经济效益最大化。并且，围绕着不同最佳城市规模判断标准，得出的实证结果都表明，当前中国的城市人口规模处于发展不足的状态，大城市的数量仍旧较少，因此，需要大力发展大城市，实施大城市发展战略。这些研究和结论与中国城市化的现状基本上是吻合的，但其不足之处在于：第一，没有直接反映发展的根本目的；我国经济发展的目的不是为了发展本身，也不是为发展而发展；社会主义经济发展的根本目的是满足人民日益增长的物质文化需求，是为了增加民生福祉；第二，研究中所关注的样本城市大多数是城市化和经济发展水平较高的城市，可能是因为研究者认为城市化和经济发展较快城市更具有代表性，这毫无疑问是有道理的，但探讨城市化和经济发展落后地区的最佳城市发展规模，对中国的城市化进程和实现全体人民共同富裕目标同样重要。

2.2 城市化与居民收入

从世界范围看，一个国家或地区城市化水平与其居民的收入水平具有正相关关系，即城市化水平高的国家或地区，其居民的收入水平一般较高，居民的低收入水平往往与其国家或地区的低城市化水平相伴随（黄宇慧，2006）。特别是在一个国家或地区的经济起飞阶段，人口的城市化进程对该国或地区的经济增长起着强有力的拉动和促进作用（王金营，2003），进而对该国或地区的居民收入增长也具有强有力的影响。一个国家或地区在低收入水平的基础上，逐渐发展到较高收入水平的过程中，人口的城市化通常是推动该国家或地区收入增长的主要力量（谢小平和王贤彬，2012）。同时，城市还是知识和技术创新的实验室和孵化器，在吸引投资、创造就业岗位和机会，以及提高居民生活水平和质量方面都具有令人难以置信的智慧和创造力（Melanie Walker，2012）。

当前关于城市规模对居民收入增长影响的研究文献，主要集中在四个方面：一是，城市化对居民收入的增长是否有影响；如果有，那么城市化究竟是增加还是降低了居民收入。二是，城市化对居民收入差距的影响，即城市化究竟是拉大还是缩小了居民收入差距（包括城乡居民收入差距和城镇内部居民收入差距两个方面）。三是，大城市对居民收入和收入差距的影响，即较大人口规模的城市，其居民收入和收入差距是什么样的状态；较大人口规模城市形成的原因是什么；与较小人口规模相比较，较大的人口规模如何作用于居民收入。四是，关于城市化对居民收入增长的影响机制的分析和研究，即城市化通过什么样的方式或途径作用于居民收入增长。

在讨论这些问题之前，首先需要做如下说明：人口和经济活动的聚集主要有两个途径，一是农村人口或农村剩余劳动力向城市或区域中心转移，二是人口在城市间的自由流动和迁移，即其他城市人口向某区域中心的转移，但无论是哪一种途径的聚集，都可以归结为外来移民力量的加入。对于居民收入方面，工资收入是城镇居民最普遍和最主要的收入来源，而就业则是实现工资收入的主要途径。因此，关于城市化对居民收入影响的已有研究，主要关注的是移民对工资和就业的影响，以及移民对居民收入差异的影响研究。

2.2.1 城市化对居民收入的影响

关于移民或城市化对当地居民工资水平和就业的影响，结论主有三种观点：一是，移民流入或城市化对本地劳动力的就业率和工资水平具有显著的负向效应（Card，2001；Borjas，2003；刘学军和赵耀辉，2009）。二是，移民的加入或城市化能够显著地增加本地劳动力的工资水平（Mazzolari 和 Ragusa，2007；Ottaviano 和 Peri，2012）。三是移民流入或城市化对本地居民收入的影响作用不确定，即没有足够的证据证明移民流入对本地居民收入有显著的负（正）影响；或不同城市规模下，进入城市的外来劳动力与本地市民既可能形成分工合作关系，促进本地市民收入增长，又可能形成竞争替代关系，导致本地市民收入下降。

第一种观点：移民流入城市对本地劳动力的就业率和工资水平具有显著的负向效应。持有该观点的代表学者主要有 Card（2001）、Borjas（2003）、刘学军和赵耀辉（2009）等，他们的研究结论主要是通过实证分析得出的。Card（2001）认为美国移民具有巨大的异质性，并假定本地劳动力市场是分层的；他将一个城市中的一类职业看成是一个市场，并将不同的城市按职业划分成许多个相对独立的劳动力市场；利用 1990 年美国人口普查数据中 175 个最大城市的相关数据，通过分析这些由城市—职业分组定义的劳动力市场中，移民流入引起的本地劳动力就业率及工资率的变化，来识别外来移民对本地居民和早期移民就业和工资的影响；其工具变量估计结果显示：外来移民降低了本地劳动力的就业率和工资水平，即 1985—1990 年间，外来移民对美国本地和早期移民劳动力在低技能服务职业的相对就业率下降了 1 个百分点，对高移民城市本地和早期移民劳动力在低技能服务职业的相对就业率下降了 3 个百分点，但对其他受新移民影响较小的职业群体的相对就业率的影响幅度要小一些；20 世纪 80 年代末，移民流入使美国高移民城市的劳动力和低技能服务人员的相对工资降低了 3%，但对其他城市和其他受移民影响较小的职业群体的影响则小得多。Borjas（2003）认为即使受过相同教育的劳动者，如果他们所具有的经验水平不同，那么他们就不具有完美的替代性；因此，他将劳动力从教育和工作经验两个方面进行分组，利用在不同时点上，不同教育—工作经验分组的劳动力群体中，国际移民比例与本地劳动力就业率及工资率的变化关系，来识别移民流入对美国本地居民就业和收入的影响；其实证结果与 Card（2001）的研究结果类似：移民流入对本地劳动力市场的工资水平有负向影响——移民劳动力供给每增加 10%，与之相应的本地劳动力竞争市场的工资水平大约下降 3%~4%。Clark 和 Drinkwater（2009）利用英国的劳动力调查数据，实证分析了移民流入对本地劳动力市场的影响，回归结果显示：移民流入对英国的劳动力市场产生了负面影响，虽然这个影响比较小。Alan Barrett，Adele Bergin，Elish Kelly（2011）利用 1999 年到 2007 年爱尔兰的相关数据，借鉴 Borjas（2003），Clark 和 Drinkwater（2009），Carrasco 等（2008）的研究方法，按照年龄—教育对劳动力进行分组，实证分析发现移民流入降低了本地劳动力的工资水平。Sarit Cohen-Goldner 和 M. Daniele Paserman（2011）利用 1989 年至 1999 年间来自以色列的数据研究了高技能移民对当地居民就业和工资水平的短期和中期影响，实证结果发现：移民劳动力比例每增加 10%，短期内会使当地居民的工资水平降低 1%~3%，但这种影响在 4~7 年后就消失了。刘学军和赵耀辉（2009）借鉴 Card（2001）的研究框架，利用不同城市—教育劳动力分组中，外来劳动力规模和流入城市劳动力的就业率和工资水平之间的变化关系，来考察和估计劳动力流入对城市本地劳动力就业和收入水平的影响。其计量分析结果显示：从总体上看，外来劳动力对城市本地劳动力的就业率和收入水平都具有显著的负向影响，但整体上影响程度很小——外来劳动力比率每增加10%，城市本地劳动力的就业率平均下降0.3%，工资水平平均下降0.65%；但外来劳动力的流入对中低教育水平的城市本地劳动力，则影响程度较大——中低教育水平的外来劳动力比率每增加10%，城市本地相同教育程度群体的工资水平则下降约3.2%。范红忠等（2013）的实证研究结果则指出：由于城市居民的名义工资收入与房价无关，同时，城市规模扩大增加了城市居民的生活成本，因此，人口向城市的流入和集中降低了城市本地居民的实际收入。

第二种观点：移民的加入能够显著地提高本地劳动力的工资水平，即移民流入对本地劳动力的收入增长有正向促进作用。Mazzolari 和 Ragusa（2007）对消费溢出效应的研究指出，低技能的不可贸易的服务部门是移民密集型部门，移民集中度与价格之间的相关性是积极的，移民流入引起的低技能劳动力转移不足以抵消正价格（工资）效应，再加上高技能高收入劳动者的时间机会成本较高，因此其对家庭外包生产服务等时间密集型服务的消费需求增加，相应地，低技能劳动者的就业机会和工资水平也随之增加。Ottaviano 和 Peri（2012）利用美国十年一次的人口普查提供的微观样本数据，实证发现：在教育—经验—性别的劳动力分组群体中，外来移民对本地劳动力并不具有较高的替代性，再加上资本对移民的调整，移民流入提高了本地劳动力的平均工资水平。对于中国而言，进入城镇的移民与城镇居民之间既是分工合作的关系，也是互惠共赢的关系，农民剩余劳动力向城市的转移和流动，可以对城镇居民的收入产生正向影响（周密等，2014）。这可以从城市规模与要素价格之间的关系来进行解释，一方面人口的集聚带来的知识和技术外溢提高了可贸易品部门的劳动生产率，因而会带来可贸易部门和城市均衡工资水平的上升，从而提高城市的总收入；另一方面，人口和经济活动的集聚扩大了物品和劳务消费市场规模，大大增加了城市对非贸易品的需求量，进而刺激了非贸易品的生产，从而为劳动者带来更多的就业机会，进而引起居民工资水平的提高；同时，劳动生产率的提高进一步提高了高技能劳动者的时间机会成本，使得高技能高收入劳动者对家政等低技能时间密集型服务业的消费需求更大，这也增加了居民特别是低技能或非熟练劳动力的就业机会和工资收入；因此，随着城市规模的扩大，低技能劳动者也将会相对更多地获益（周密等，2014）。与该结论相一致，钟笑寒（2006）的实证研究证明：农村劳动力的流动规模与城市居民的工资增长高度正相关，即劳动力的流入有利于城市居民的收入增长。高虹（2014）利用2002年和2007年中国家庭收入调查中城市住户的调查数据，实证了城市规模对城市居民收入增长的影响，其结果显示：城市规模扩大显著促进了城市居民收入的增长，即使物价上涨也不能将这种促进作用完全抵消；城市规模对不同收入水平居民收入的影响不是线性的，低收入居民从城市规模扩大中受益最小。

第三种观点：移民对本地居民收入的影响作用不确定。持有该观点的学者们认为外来劳动力流入可同时产生规模效应和竞争替代效应，因此，没有足够的证据证明移民流入对本地居民收入有显著的负（正）影响；或不同城市规模下，进入城市的外来劳动力与本地市民既可能形成分工合作关系，促进本地市民收入增长，又可能形成竞争替代关系，导致本地市民收入下降。Carrasco等（2008）利用英国劳动力市场的调查数据，实证估计发现：移民的总体技能分布与本地劳动力非常相似，没有足够和有力的证据证明劳动力流入对本地居民的就业、失业和工资水平有显著影响。Francesco D'Amuri等（2009）利用德国1987~2001年间的相关数据和劳动力市场均衡模型，实证发现20世纪90年代大量外来劳动力的流入对当地居民的就业和工资水平几乎没有什么不利影响。Carrasco等（2008）通过使用替代数据集，用三种不同的数据样本和评估程序来考察和寻找外来劳动力流入对当地居民就业率和收入水平的影响，结果显示并没有足够证据说明劳动力流入对本地居民的就业率或工资水平有显著的不利或负面影响。周密等（2014）利用中国社会综合调查开放数据库2008中的城市抽样调查数据，来考察外来劳动力流入对本地市民收入的影响，研究结果显示：外来劳动力与城市本地居民之间的关系随着城市人口规模的不同而有所区别，即特大城市互补效应与替代效应同时并存，大城市、省会城市中，外来劳动力与本地市民之间的互补效应强于替代效应，中小城市中，外来劳动力与本地市民之间的替代效应强于互补效应；外来劳动力与城市居民之间的这种关系表现在收入水平上，就是外来劳动力流入对本地市民工资收入的影响随着城市规模的大小而变化——外来劳动力流入对特大城市本地市民工资水平的影响不显著；而在其他省会级大城市，外来劳动力流入则会显著提高本地市民的工资水平，且外来劳动力每增加1%就会使省会级大城市本地市民的年薪提高1.46%；外来劳动力流入会显著降低中小城市本地市民的工资水平，且外来劳动力每增加1%，中小城市市民的年薪则将下降0.83%。

2.2.2 城市化对居民收入差距的影响

党的十四届三中全会提出"效率优先，兼顾公平"的分配原则，而"公平"的重要体现就是居民的收入差距问题。目前，关于城市化或城市规模对我国居民收入差距影响的研究，主要关注于两个方面：一方面是城市化对城乡居民收入差距的影响研究，即城市化对城乡居民收入差距的缩小起到了积极作用还是消极作用；另一方面关注的则是城市化或城市规模对城镇内部居民收入差距的影响研究，即城市化或城市规模扩大是拉大了城市内部居民之间的收入差距，还是缩小了城市内部居民之间的收入差距。

从理论上讲，在城乡分割的二元结构下，城市化对城乡居民的收入差距具有双重效应：一方面，农村人口或剩余劳动力向城市迁移，可以通过劳动力和资本等要素报酬的均等化缩小城乡居民的收入差距；另一方面，农村人口和经济活动向城市流动和集中过程中，城市的聚集效应和规模效应，以及知识和技术的外溢效应，都极大地提高了城市居民的劳动生产率和收入水平，同时投资的城市偏向和需要影响了农村经济和农民收入增长，从而推动城乡收入差距不断扩大（陆铭和陈钊，2004；程开明和李金昌，2007；程开明，2011）。这是因为在人口和经济活动聚集的过程中，城市化可以通过聚集效应和扩散效应，改变城市部门和农村部门的经济效率，从而影响城乡居民的收入差距。一方面，人口和产业活动进一步向城市集中过程中产生的聚集效应和规模经济效应，使得城市部门的劳动生产率大大提高，相对于农村居民，城镇居民的收入得到了更快的增长。同时，集聚效应也吸引着生产要素向中心城市流动或集中，农村的资金、劳动力等向中心城市的迁移，不利于农村部门经济效率和劳动生产率的提高，制约了农村居民的收入增长，再加上城市化发展滞后的状况抑制了农民收入的增长，这些因素都最终推动和导致了城乡收入差距的不断扩大，Chen（2002）、苏雪串（2002）、程开明等（2007）、胡春阳（2012）等的研究也证实了这一点。另一方面，人口和产业活动向城市集中过程中的外部不经济和边际报酬递减，降低了城市的经济效率和劳动生产率，抑制了城镇居民收入水平的上升；同时，集聚效应和扩散效应加速了城乡之间的要素流动和迁移，农民工的回流、知识和技术向农村地区的外溢以及产业向农村地区的空间转移等，都促进了农村部门劳动生产率和居民收入水平的提高，从而使城乡居民收入之间的差距不断缩小，陆铭等（2004）、李秀敏等（2008）、程开明（2011）等对此进行的研究和分析，得出了相似的结论。鉴于城市化对城乡居民收入差距影响的这种双重效应的存在，城市化进程究竟扩大还是缩小了我国城乡居民的收入差距，则由这两种效应共同决定。

还有学者的研究发现，正是由于城市化对城乡居民收入差距的这种双重作用效应，在不同的城市化阶段或发展水平上，城市化对城乡居民收入差距的作用是不同的。尚纹玉和李洁军（2013）通过分别建立三类经济主体（农村部门、政府、城市部门）的决策模型，对2006年我国31个省、自治区、直辖市的城乡收入差额进行分析，结果发现：随着城市化进程的不断加快和城市化水平的不断提高，我国城乡居民收入差距的变化大体上经历了"下降—上升—下降"三个阶段，其中，当城市化水平处于20%～40%区间阶段时，城乡居民收入差距随着城镇化进程而呈现下降的变化趋势；当城市化水平处于40%～80%区间阶段时，由于大量农村剩余劳动力向城市流动，农业经济基本维持原状的同时城市工业经济和服务业得以快速发展，由于城乡二元经济结构的存在，导致城镇居民收入大幅度提高的同时农民收入没有明显改善，城乡居民收入差距被迅速拉大；当城市化水平处于80%～90%区间阶段时，由于拥挤效应作用的不断增大，城市部门的经济效率和人均收入下降，城乡居民的收入差距随着城市化率的增加也呈现出下降趋势。赵颖（2013）的实证研究从一定程度上也证实了这一结论，她从县域层面上进行的关于城市规模对劳动者工资收入分配的影响研究发现：中小城市规模的倾斜式发展战略能够有助于劳动者工资收入分配的社会公平，缩小劳动者的工资收入差距，优化劳动者的工资分配格局。

关于城市化或城市规模对城镇内部居民收入差距的影响研究，总体上还比较薄弱，其得出的基本结论是：随着城市化率的提高，城市居民收入的差距出现了不断扩大的现象（李实，1997；杨天宇，2005；毛雁冰和张恒龙，2014）；城市人口规模扩大拉大了城镇内部居民的收入差距（范红忠等，2013；高虹，2014）。范红忠等（2013）对造成这一现象原因的解释是：一方面人口和经济活动的聚集效应提高了产业的劳动生产率，生产者或资本的所有者从中获得了很大收益；另一方面，在我国现有劳动力市场条件下，由于城市部门普通劳动力的市场谈判能力很弱，导致城市居民中普通劳动力的名义工资与城市房价脱钩，再加上随着城市规模的扩大，聚集不经济或拥挤效应给大众城镇居民带来了更高的生活成本，包括上涨的房价、更多的通勤时间、更多的交易成本、严重的城市环境污染等，这些最终导致随着城市规模的不断扩大，城镇居民的内部收入差距也会越来越大。但高虹（2014）的解释与此并不完全一致，其利用分位数回归得出的结果是：城市规模扩大对不同收入水平的城市居民的收入增长都具有正影响，即城市规模扩大提高了所有城镇居民的收入水平，但低收入劳动者从城市规模扩大中收益最小。高虹（2014）的这一研究结果意味着随着人口和经济活动向中心城市的不断集中，城镇居民的内部收入差距是不断扩大的。这是因为，城市居民中的低收入者主要集中在服务业，由于服务业的技能要求和知识密度较低，因此在人口和经济活动的聚集过程中，其劳动生产率的提高较慢，相应地，其从业人员的工资水平增长也较少。

城市化对城镇居民收入差距的影响机制主要表现在以下四个方面：① 随着城市化和工业化的快速发展以及科学技术的不断进步，产业结构不断优化升级，从而引起对高技能或技术性劳动力需求的大幅度增加，城市劳动力市场上高技能或技术性产业工人/劳动力的均衡工资水平不断提高，而低技能或非技术性产业工人的工资水平则普遍较低，或者说相对于低技能或非技术性产业工人来说，高技能或技术性产业工人的工资水平上涨得更快;与此同时,大量农村剩余劳动力向城市的转移和流入,使得城市劳动力市场上低技能或非技术性劳动力的供给量大幅度增加,一方面引起低技能或非技术性劳动力均衡工资水平的下降。另一方面,农村低技能或非技术性劳动力对城市同一层次的劳动力具有很强的替代性,从而引起部分低技能或非技术性城镇劳动力失业,从而降低了低技能或非技术性城镇居民的收入。因此说,城市化拉大了高技术或技术性产业工人与低技能或非技术性产业工人的工资差异,从而扩大了城镇内部居民的收入差距(李实,1997;杨天宇,2005;甘春华,2010)。② 城市化提高了教育和人力资本的回报率,从而扩大城镇内部居民的收入差距。这是因为,随着城市化、工业化以及科技的创新发展,对劳动力的人力资本积累要求不断提高,相应地,教育和人力资本的回报率不断上升,而人力资本的积累不是一蹴而就的,因此,受教育程度或人力资本积累不同的劳动力之间的工资差距不断扩大,从而拉大了当期城镇内部居民的收入差距(赵人伟和李实,1999;陈钊和陆铭,2002;傅勇,2004)。③ 市场主导部门的滞后发展,导致城市内部居民收入差距扩大。随着大量农村人口和农村剩余劳动力向城市的迁移和流入,城市的市场主导部门的劳动力供给增加,这是因为进入城市劳动力市场的农民由于其人力资本积累程度较低,属于低技能或非技术性劳动力,再加上政策方面的倾斜和限制,使得这部分劳动力很难进入城市的计划控制部门就业,因此,我国的城市化就主要体现为农民从农村部门向城市的市场主导部门的流动(杨天宇,2005)。而由于人力资本积累程度的差距,以及以户籍为基础的政策倾斜,计划控制部门较高的工资和福利水平被纳入了制度的保护范围内,使得市场主导部门劳动力的收入水平要大大低于计划控制部门。并且,目前我国非正规部门发展滞后、比重有限,其规模尚不足以缩小城镇居民的内部收入差距,因此,目前我国仍处于城市化导致城镇居民内部收入差距单调上升的阶段。[①] ④ 城市化提高了商品房价格和普通居民生活成本,拉大了城镇居民的内部收入差距。随着

[①] 杨天宇. 城市化对我国城市内部居民收入差距的影响研究[J]. 中国人民大学学报,2005,04.

大量农村人口和农村剩余劳动力向城市迁移，一方面，城市的商品房价格上涨，普通城镇居民的生活成本也随之增加；另一方面，在我国现有劳动力市场条件下，由于农民工和普通劳动力的工资水平与其所在城市的房价无关，再加上农村剩余劳动力对城市居民中普通劳动力的替代效应，降低了城镇劳动力市场上普通工人的均衡工资水平，从而导致城市居民中普通劳动力的名义工资与城市房价脱钩，最终的结果是城市的人口规模越大，城市的商品房价格越高，城镇居民的内部收入差距越大（范红忠等，2013）。

行业收入差距是城镇内部居民收入差距的重要组成部分，而导致我国行业收入差距的原因主要有：① 垄断因素（行政性垄断或行业垄断水平差异），山西省城市社会经济调查队课题组（1998）、罗楚亮和李实（2007）、张原和陈建奇（2008）、任重和周云波（2009）、岳希明等（2010）、姜玮（2010）、胡放之和殷恰（2010）、马骊（2010）、叶林祥等（2011）、强林飞等（2011）、余东华和陈晓丹（2013）、邱兆林（2014）、于良春和王美晨（2014）等的研究都说明垄断程度是造成行业收入差距的主要原因；② 人力资本差异，蔡昉（1996）、岳昌君和吴淑姣（2005）、罗楚亮和李实（2007）、史先诚（2007）张原和陈建奇（2008）、甘小霞（2010）、强林飞等（2011）、邱兆林（2014）、王迪等（2014）孙敬水和于思源（2014）等的研究都指出人力资本差异是导致行业收入差距的主要原因；③ 制度因素，山西省城市社会经济调查队课题组（1998）、刘小玄和曲玥（2008）、姜玮（2010）、曹永栋（2012）、孙敬水和于思源（2014）等的研究都表明制度因素是行业收入差距形成的主要因素之一；④ 行业特征，山西省城市社会经济调查队课题组（1998）、姚芳等（2004）马骊（2010）强林飞等（2011）的研究都对此进行了证实；⑤ 市场分割（或市场机制）和劳动力流动障碍，刘小玄和曲玥（2008）、张余文（2010）、史晓兰（2012）等的研究都说明了这一点。

从城市化的角度对行业收入差距形成原因进行分析的研究较少，其中薛继亮和李录堂（2010）的研究较为深入。薛继亮和李录堂（2010）的研究指出工业化和城镇化进程的推进，加速了产业结构调整和优化升级，各产业市场化程度和行业分配自主性提高，从而导致了行业收入差距的扩大，进而城镇内部居民收入差距也随之扩大。

2.2.3　大城市对居民收入的影响

大城市是工业化、信息化和服务业成长，以及产业结构调整和优化升级的要求（周牧之，2001），大城市在我国经济社会发展过程中具有举足轻重的地位，对经济社会发展起着重要的推动和促进作用（张应武，2009）。

大城市是工业化的要求。工业，特别是制造业中的重工业有着强烈的大城市空间和区位指向，工业的发展需要依靠城市的综合服务功能为其提供便利和降低成本，需要大规模工业基础设施的支持和共享，需要大量的劳动力供给和知识技术创新，需要产业聚集所产生的规模效益和靠近消费市场（周牧之，2001；谢扬，2003；王虎，2003），这都决定了工业分布的大城市取向，人口和产业聚集的大城市是工业化发展的必然要求。

大城市是信息化的要求。信息经济有两个重要特征：一是信息载体之间的接触会产生较大的经济效益；二是速度的经济性大[①]。要实现高速的信息生产，提高信息交流或传递的效率，就需要最大限度地实现这两个经济性，将尽可能多的各种各样的信息载体最大限度地聚集在同一个地理区间内，大城市是实现信息的这两个经济性的有效途径，为信息的生产和传递提供了优良条件（周牧之，2001；郭东强，2004）。此外，信息技术和信息产业的发展也存在着大城市空间区位指向，因为信息技术和信息产业的发展需要依靠大城市的大规模基础设施的支持和共享，需要大量和速度的知识技术创新，需要高效率的传递途径，而大城市在信息技术更新换代、信息产业建立和发展、信息生产和传递等方面具有明显优势。因此，大城市是信息产业发展的主要依托，是信息化发展的必然要求。

大城市是发展服务业，调整和优化产业结构的要求。一方面，服务

[①] 周牧之. 中国应选择以大城市圈为核心的城市化模式[J]. 中国城市经济，2001（11）：35；郭东强. 福建省信息化与城市化的发展[J]. 企业经济，2004，01.

业属于时间密集型行业，需要大量的劳动力供给；另一方面，服务业的发展依赖于大量的消费者或消费群体，大城市为服务业提供了较大的用户基数、更为广阔的市场和更多的发展机会。此外，服务业的大力发展还需要依托城市的综合服务功能、多样而高效率的信息传递和匹配途径，以及高效而发达的物流体系。因此，服务业的成长和产业结构的优化，需要大规模城市。大城市是发展服务业，调整和优化产业结构的必然要求。

综上所述，工业化、信息化和服务业发展对大城市的要求，本质上是对聚集经济的要求，也正是由于在大城市存在着明显的聚集经济效应（Henderson，1986），使得大城市比小城市具有相对较高的劳动生产率和产出水平（Moomaw，1985），即空间的集聚效应和资源的集约化意味着更高的劳动生产率。

从要素价格角度来解释，就是由于生产中存在规模报酬递增，消费者偏好商品的多样性，并且存在交通成本，企业或生产者会选择在市场需求相对较大的地理空间范围内组织生产和进行经济活动，从而带来集聚地区总体上更大的生产规模和更高的要素价格水平。在市场达到均衡状态时，集聚地区更高的要素价格必然意味着更高的劳动生产率和要素产出水平。否则，追求利润最大化的企业和生产者将会选择到其他要素价格相对较低的地区组织生产和经济活动（陆铭等，2012）。实证的研究结果，也证实了这一点。Glaeser 和 Resseger（2009）以城市人口数量度量城市规模，以城市劳动力的平均产出（城市总产出与劳动力数量的比值）、家庭的实际收入（家庭名义收入与城市价格指数的比值）等指标度量城市劳动生产率，无论是城市层面还是个人层面的回归结果均显示：聚集经济效应使人力资本的积累更快、劳动力技能提高和生产者效率更高；因此，较大人口规模的城市具有更高的劳动生产率，城市规模的扩大对劳动生产率的提高具有显著的促进作用。即与人口规模较小的城市相比，以劳动力的平均产出和劳动力工资度量的人口规模较大城市的劳动生产率更高（Sveikauskas，1975）。

由于是以要素价格和劳动力产出来度量劳动生产率，因此，得出的结论"相对于小城市，大城市的劳动生产率更高"，实际上揭示的是城市人口规模与劳动力工资水平，或者是与城镇居民收入之间的关系，即相对于人口规模较小的城市，大城市的平均工资水平或居民的收入更高。

关于大城市对劳动力工资或居民收入水平的影响机理，可以由就业机制来解释，即"大城市中更高的工资水平和劳动生产率水平暗含着其后更多的就业机会"[①]。

一方面，劳动力的就业机会或就业概率由劳动力市场的供给力量和需求力量共同决定，人口和经济活动的集聚过程中，通过资源的整合与分享、生产要素匹配和知识、技术外溢，带来劳动生产率的提高，从而引起劳动力市场上需求曲线的向右平移（高虹，2014）。在劳动力市场供给曲线不变的情况下，劳动力需求曲线的外移，将带来就业数量和均衡工资水平的同时上升，从而使城镇居民的收入增加。

另一方面，"就业的乘数效应"（Moretti，2010），即可贸易品部门就业机会的外生增长，将会为非贸易部门带来更多就业机会的增加。人口和产业活动的集中过程中，新企业创造了新的就业机会或现有企业面临的产品需求增加，这种外生增长将会给本地劳动力带来更多的就业机会和更高的工资水平。这是因为，一方面集聚经济通过投入品分享、人力资本和技术的外部效应等，提高了可贸易品部门的劳动生产率，引起可贸易品部门对劳动力需求量的增加，从而增加该部门或产业的就业数量和工资水平。另一方面，人口规模的增长，以及可贸易部门就业和工资水平的上升，增加了对非贸易品的需求，进而又促进了非贸易品部门的工资水平和就业，从而整个城市的就业水平和工资水平上升，城市的总收入得以提高。这一状况又会引起消费市场对非贸易品需求量更大幅度的增加，从而进一步带来非贸易品部门就业数量更大幅度的增长，以及均衡工资水平的进一步提高。正如 Moretti（2010）利用美国 1980 年、1990 年和 2000 年的人口普查数据，实证研究所发现的：制造业部门每增加一个就业机会，将会为非贸易品部门带来 1.59 个就业机会；并且，该就业乘数的大小与部门的技术类型有关，可贸易品部门的高技能就业

---

① 陆铭，高虹，佐藤宏. 城市规模与包容性就业[J]. 社会科学研究，2012，12.

和非贸易品部门劳动密集型就业意味着更大的乘数效应,即高科技制造业部门每增加一个就业机会,将会为非贸易品部门带来 4.9 个就业机会,可贸易品部门的一项额外熟练技术制造工作将会为非贸易品部门增加 2.52 个工作岗位。

2.2.4 城市化对居民收入的影响机制

关于城市化对城镇居民收入增长的作用机制,即城市化通过什么样的方式或途径作用于城镇居民收入增长,已有研究主要集中在以下两个方面:

(1)就业机制。

根据国家的统计口径,我国城镇居民的收入来源有工薪收入、经营性收入、财产性收入和转移性收入(苏东坡,2013)。其中,工薪收入/工资性收入是城镇居民收入的普遍和主要来源,而就业则是获得工薪收入/工资性收入的唯一途径。因此,城市化/城市规模扩大可以通过影响城镇居民就业作用于城镇居民收入增长。关于城市化/移民对本地居民就业的影响,很多学者都进行过相关研究,例如杨宜勇(2000)、Card(2001)、Borjas(2003)、廖丹清和郭慧伶(2004)、李国友(2006)、Mazzolari 和 Ragusa(2007)、张建国(2007)、Clark 和 Drinkwater(2009)、Enrico Moritte(2010)、陆铭等(2012)、李凤梧(2014)等,其中,研究较为深入的是陆铭等(2012)的研究。

陆铭等(2012)建立了以就业概率为被解释变量,以城市人口规模,性别、受教育程度、经验、民族等城镇居民个人特征,以及产业结构、固定资产投资等样本城市特征为解释变量的就业决定模型,利用 2002 年和 2007 年的中国家庭收入调查数据,实证分析了城市规模对城镇居民就业的影响。工具变量估计结果显示:城市规模扩大显著提高了城镇居民的就业概率,且较低技能组劳动力从中受益最高。也就是说,城市化/城市规模扩大,对城镇居民就业和收入水平的提高具有正向促进作用。其作用机制为:一方面,城市化过程中,人口和经济活动聚集,带来了消费和投资的增加,并促进了社会分工和职业细化,从而增加了社会就业总量（杨宜勇，2000；张炳申，2002；廖丹清和郭慧伶，2004；李国友，2006；陆铭等，2012），提高了城镇居民的就业概率和收入水平。另一方面，城市化提高了就业者的素质（廖丹清和郭慧伶，2004；李国友，2006），从而提高了劳动者个人以及整个社会的劳动生产率（Enrico Moritte，2010；Glaeser 和 Resseger，2010），进而提高了城镇居民的就业概率和收入水平。

（2）人力资本的外溢效应。

作为企业和劳动力的聚居地，城市使劳动力在地理空间上相互靠近。因此，企业家和劳动力都能更好地通过模仿和学习来积累人力资本，从而提高了劳动生产率和人均产出水平（Lucas，1988；Glaeser 和 Mare，2001；Enrico Moritte，2004；Glaeser 和 Resseger，2010）。Glaeser 和 Mare（2001）的研究也表明技能积累在大城市地区的运作速度更快。Glaeser 和 Resseger（2010）的研究发现劳动力之间的相互学习效果在更成熟的大城市地区是最强的；并且，在成熟的大城市中工人能够更快地相互学习；同时，大城市技术变革的速度也更快。这些结果表明技能、城市规模和学习之间存在很强的互补性，即在人口和经济活动向城市聚集的过程中，知识外溢就成为必然，城市成为知识积累、传播和创造的中心。由人口和经济活动聚集带来企业家之间、劳动力之间的相互学习和人力资本的外溢效应，一方面提高了劳动力的个人单位产出水平，直接增加了城镇居民的收入水平；另一方面，则是促进了整个社会劳动生产率的提高和社会总产出水平的增加，带来国民经济的增长，即城市化的推进是其运行过程中各要素之间相互作用、相互影响的过程，城市化通过刺激人力资本提升作用于经济增长，构成了城市化驱动经济增长的机制（张景华，2007；马远，2012）。同时，知识积累和知识外溢成为内生经济增长的基础（Hendrson，2005；谢小平和王贤彬，2012）。人口和经济活动向区域中心和城市的聚集过程中，人力资本的积累和外溢效应推动力了国民经济增长，从而也带来了城镇居民收入的不断增加。

2.2.5 城市化对居民收入影响的研究评述

目前，关于城市化对居民收入增长影响的研究，主要集中在实证领域。研究的问题主要关注于两个方面：一是城市化/移民对本地居民收入水平的影响，二是城市化对居民收入差距的影响。现将学者们的研究方法、研究过程和研究结论进行归纳总结，见表 2.2 和表 2.3。

如表 2.2 所示，关于城市化或移民流入对当地居民收入水平的影响研究，国内外学者大多采用的是实证的研究方法，建立的收入模型其本质上也是一致的。可能是由于所使用的经验数据来自不同的国家区域，或所处的时间段有很大差异，因此，得出了非常不一致、甚至是完全相反的研究结论。基于中国经验数据的研究结论虽然也出现了看似完全相反的结果，但其本质上却是一致的，其作用机理并没有出现相悖的情况，即城市化/城市人口规模的扩大总体上来讲，对当地居民的收入是有积极的影响和作用的，但对于低技能劳动者/城镇居民的收入增长影响却是消极的，而现有的文献研究并没有意识到这一点。

表 2.2 城市化对居民收入增长影响的研究归纳

派别	研究方法	研究数据	研究结论
消极影响	对样本分组，建立工资方程，并运用工具变量估计进行实证分析	微观调查数据	移民流入或城市化增加了城市劳动力市场的供给，降低了当地居民特别是低技能劳动力的收入水平
积极影响	建立城市化或移民流入对当地居民收入的非线性方程，运用工具变量估计进行实证分析	微观调查数据或宏观统计数据或两者相结合	移民流入或城市化促进了专业化分工和劳动生产率的提高，显著提高了当地居民的收入水平

续表

派别	研究方法	研究数据	研究结论
影响不确定	对样本分组，建立工资方程，并运用工具变量估计进行实证分析	微观调查数据	移民对居民收入的影响作用不确定，即没有足够的证据证明移民流入对本地居民收入有显著的负（正）影响；或不同城市规模下，进入城市的外来劳动力与本地市民既可能形成分工合作关系，促进本地市民收入增长，又可能形成竞争替代关系，导致本地市民收入下降

资料来源：根据文献梳理归纳总结得出。

如表 2.3 所示，在城市化或移民流入对居民收入差距的影响研究中，关于城市化对城乡居民收入差距的影响研究非常丰富。无论是研究方法、研究数据，还是作用机理方面，学者们都进行了较为深入和全面的分析和探讨，例如张克俊（2005）、马骊（2007）、魏发凡（2010）、胡荣才和冯昶章（2011）、王培暄（2013）、高新才和程艳（2014）、黄华继和樊静（2014）、肖向东和罗能生（2014）等，并在不同的研究理论框架下基于不同的经验证据，得出了符合中国国情和发展现实的结论和政策建议。但关于城市规模对城镇内部居民收入差距的影响研究，总体上还比较薄弱[研究得比较深入的有范红忠等（2013）和高虹（2014）]，这可能是城镇内部居民收入差距对经济社会发展的影响作用，不如城乡差距对经济社会发展的影响作用显著造成的。魏后凯（1994）、陈宗胜和周云波（2000）、李实和罗楚亮（2007）等的研究已经证实：城乡收入差距是全国居民总收入差距过大的主要内容和原因，其对全国居民总收入差距的贡献率达到了三成以上。也可以说，正是由于城乡居民之间收入的这种显著差距，转移或遮挡了关注城镇内部居民收入差距的视线，因而导致关于城市化/城市人口规模扩大对城镇内部居民收入差距影响的研究关注度不够。

表 2.3 城市化对居民收入差距影响的研究归纳

研究对象	派别	研究方法	研究数据	研究结论
城乡居民收入差距	差距扩大	建立城乡收入差距的计量模型，运用最小二乘法或工具变量估计，进行实证分析	宏观经济统计数据或微观调查数据与宏观数据相结合	城市化过程中的聚集效应和规模效应，以及知识和技术的外溢效应，都极大地提高了城市居民的劳动生产率和农村经济收入水平，同时投资的偏向性和需要牺牲农村地区的空间转移，知识和技术向农村地区的空间转移，都促进了农村部门劳动生产率和居民收入水平的提高，从而使城乡居民收入差距不断缩小
	差距缩小	建立城乡收入差距的计量模型，运用最小二乘法或工具变量估计，进行实证分析	宏观经济统计数据	城市化过程中的扩散效应加速了城乡之间的要素流动和迁移，知识和技术向农村地区的空间转移以及产业向农村和居民收入水平的提高，从而使城乡居民收入差距不断缩小
	不同阶段作用不同	建立生产函数或工资方程，进行实证分析	宏观经济统计数据	在不同的城市化发展阶段或发展水平上，城市化对城乡居民收入差距的作用的是不同的
城镇内部居民收入差距	差距扩大	建立收入方程，运用工具变量估计计算进行实证分析	宏观经济统计数据或微观调查数据与宏观数据相结合	一方面，城市化过程中的聚集效应使得所有者从集中获益很大收益；另一方面，生产者或资本拥有者能不等或低技能的劳动者从人口聚集的生活成本，聚集成本，同时导致随着城市规模的不断扩大，最终导致城市规模越来越大。此外，工业化和城镇化推进引起各产业市场化程度和行业自主性提高，从而导致城镇内部居民收入差距扩大

资料来源：根据文献梳理归纳总结得出。

如表 2.4 所示，城市化对城镇居民收入增长的影响，可能存在的机制和途径主要有两个方面，即就业机制和人力资本的外部效应。这两个可能存在的影响机制和途径中，就业机制对城镇居民收入的影响作用最为直接；人力资本的外部效应则是通过提高单个劳动者的产出水平和社会劳动生产率，作用于城镇居民的收入增长。从研究方法上看，对就业机制的研究，是在理论分析的基础上，进行经验数据检验；并且，研究中所使用的经验数据除了运用宏观经济统计数据进行实证检验外，还综合利用了微观调查数据；对人力资本外部效应的研究则主要侧重于理论分析和解释。在这些研究中，以陆铭等（2012）的研究为代表的就业机制研究最为深入和全面，为城市化/城市规模对城镇居民/劳动力就业的影响研究提供了微观证据。

表 2.4 城市化对城镇居民收入影响机制的研究归纳

影响机制	研究方法	数据	结论
就业	理论分析+实证研究	微观调查数据+宏观经济统计数据	城市化通过增加社会就业总量、提高就业者素质和劳动生产率，提高城镇居民的就业概率，促进居民收入增长
人力资本的外部效应	理论分析	—	城市化通过知识外溢提高劳动者的单位产出和社会劳动生产率，从而作用于居民收入增长

资料来源：根据文献梳理归纳总结得出。

2.3 研究要点

综合 2.1 和 2.2 中对于"城市最佳人口规模，以及城市规模/城市化对居民收入增长的影响"已有研究文献的梳理和评述，本研究的重点内容包括以下五个方面。

（1）以城镇居民收入最大化作为最佳城市规模的判定标准：提出假设并实证检验。

根据 2.1.5 的分析，已有的关于城市最佳人口规模的众多研究，基本上都隐含着一个经典的假设：城市或城市体系是一个独立的经济主体或经济生产单位。因此，投入-产出的经济学经典分析方法也就成为研究最佳城市规模问题的首选，在投入既定的情况下，产出/收益最大，或在产出既定的情况下，投入/成本最小，或投入产出比最大。因此，判断和衡量城市最佳人口规模的现有标准主要集中在"聚集效应达到最佳状态或净聚集效应最大""对经济增长的拉动作用最大或总产出最大""城市效率最佳"和"成本最小"四个方面，其本质都是经济学经典研究方法"投入-产出法"（或成本-收益法）在城市规模问题探讨中的实践和应用。并且，从这些衡量标准和 2.1.5 的分析中可以看出，除了 Henderson（1974）以及陈晓旭和陶小马（2013）等几个研究以外，已有研究大多数都是从"城市"这一宏观主体角度去探讨和考察城市最佳人口规模的，例如王小鲁和夏小林（1999）、陈伟民和蒋华园（2000）、金相郁（2004）、Chun-Chung Au 和 Henderson（2006）、金相郁（2006）、高鸿鹰和武康平（2007）等。社会主义生产的目的之一是增进民生福祉，而城镇居民收入增长是民生福祉增进的一个重要表现。城市规模扩张同时带来聚集经济效应和拥挤效应。城市规模扩张带来的聚集经济和规模经济效应，通过提高全要素生产率和产业结构优化升级推动了国民经济增长，以及城镇居民收入的增加。但城市规模过度扩张（拥挤效应大于聚集效应）又会对经济社会发展，从而对城镇居民收入带来负面影响。因此，从理论上来讲，能够使城镇居民收入最大化的城市最佳人口规模是存在的。鉴于此，本书研究的第一个重点内容就是尝试从"城镇居民"这一微观主体的新视角，去探讨和实证检验使城镇居民收入最大化的中国城市最佳人口规模或规模区间，为最佳城市规模研究提供参考。

（2）调研收集贵州省城镇居民和家庭收入数据，并以此为样本实证检验经济欠发达地区城市规模对城镇居民收入增长影响与经济较发达地区的异同。

根据 2.1.5 的分析，现有的文献中，关于城市化/城市规模对中国城镇居民收入影响的实证研究中，所采用的经验数据大多数都是经济发展水平和城市化发展水平相对较高的城市或地区的相关统计或调查数据（毛雁冰和张恒龙，2014；周密等，2014；高虹，2014；潘文轩，2010；

孙业亮，2013；等等），经济发展和城市化建设比较落后地区得到的研究关注度相对欠缺。但对于中国地域面积广阔资源禀赋差异大的国情来说，对经济欠发达地区城市规模及其对居民收入影响的研究，对城市化进程和实现全体人民共同富裕目标同样重要。因此，本研究的第二个重点内容就是聚焦经济发展和城市化建设都比较落后、得到的研究关注度相对欠缺的贵州省，对贵州省的 6 个地级及以上城市和 7 个县级市进行城镇居民个人和家庭收入状况调查，收集贵州省城镇居民和家庭收入数据；以收集到的微观数据为样本，实证检验城镇居民收入最大化的最佳城市规模在经济欠发达地区是否存在；利用收集到的微观数据，实证分析经济欠发达地区城市规模对城镇居民收入增长影响与经济较发达地区的异同。以期为学术研究提供较独特的数据资料和较新的分析视角。

（3）从城市规模的角度探索缩小中国城镇内部居民收入差距的有效途径。

根据 2.2.5 的分析，已有的文献中，关于城市化/城市规模对中国城镇内部居民收入差距的影响研究，总体上还比较薄弱。在这方面的研究中，只有范红忠等（2013）和高虹（2014）的研究比较突出和有针对性。城镇内部居民收入差距是我国居民收入差距的一个重要组成部分，缩小城镇内部居民收入差距是实现社会分配公平的一个重要方面。因此，这也是本书研究的重点内容之一，即在控制个人特征变量和城市特征变量的基础上，考察城市人口规模扩大对城镇内部居民收入差距的影响，以期从城市规模角度寻求缩小中国城镇内部居民收入差距、实现社会分配公平的有效途径。

（4）用经验数据实证分析城市人口规模对城镇居民收入增长的影响机制：人力资本的外部性和技术的外溢效应。

根据 2.2.5 的分析，已有的文献中，学者们都认同聚集经济中，人力资本和技术的外溢效应（或外部性）是居民（或劳动者）生产率提高和收入增长的关键因素。但对这一作用途径的研究大多数都是从理论逻辑的角度进行分析和说明的（Glaeser，1999；Peri，2002；张景华，2007；Glaeser 和 Resseger，2010；马远，2012；谢小平和王贤彬，2012；等等），通过实证研究和阐述的还比较少，只有 Enrico Moritte（2004）的研究较深入。因此，本书研究的另一个重点工作就是：综合利用微观调查数据和宏观经济统计数据，运用最小二乘估计和工具变量估计实证分析和检验城市规模通过知识的外部性和技术的外溢效应，作用于城镇居民名义收入和实际收入的增长。

（5）从劳动密集度、垄断程度和贸易开放度的视角，对行业进行分组，并利用 CHIP2013 数据实证分析城市规模对不同行业城镇居民收入增长的影响。

行业收入差距是理解中国居民收入差距的重要视角，是城镇内部居民收入差距的重要组成部分。根据 2.2.2 的分析，从垄断程度（罗楚亮和李实，2007；张原和陈建奇，2008；任重和周云波，2009；岳希明等，2010；叶林祥等，2011；强林飞等，2011；余东华和陈晓丹，2013；邱兆林，2014）、人力资本差异（蔡昉，1996；岳昌君和吴淑姣，2005；罗楚亮和李实，2007；史先诚，2007；张原和陈建奇，2008；甘小霞，2010；强林飞等，2011；邱兆林，2014；王迪等，2014；孙敬水和于思源，2014）、制度因素（山西省城市社会经济调查队课题组，1998；刘小玄和曲玥，2008；姜玮，2010；曹永栋，2012；孙敬水和于思源，2014）等方面对导致我国行业收入差距的原因进行分析的研究较丰富。但从城市化的角度，分析行业收入差距形成原因的研究则很少，只有薛继亮和李录堂（2010）等几个。因此，本书研究的另一个重点工作，就是从劳动密集度、垄断程度和贸易开放度的视角，对行业进行分组，并利用 CHIP2013 数据实证分析城市规模对不同行业城镇居民收入增长的影响。

3 城市规模对居民收入影响的理论分析

3.1 居民收入与最佳城市规模

城市的形成是人类劳动大分工的产物。两次人类劳动大分工促进了城市的形成：以农业和畜牧业为内容和标志的第一次劳动大分工产生了人类的固定居民点；以商业和手工业从农牧业中分离为标志和内容的第二次劳动大分工，直接导致了城市的出现和形成。可以说，最早的城市是第二次人类大分工的直接产物，城市是商业和手工业在地理空间上的聚集。

分工和专业化生产是提高劳动生产率的根本途径，而劳动生产率的提高和工业技术的进步又密不可分、互相促进。一方面，分工和专业化生产通过技术积累和创新促进了工业技术的进步；另一方面，工业技术的进步又通过增加单位产出进一步提高了劳动生产率，并促进了专业化生产。可以说，劳动大分工和城市的形成促进了工业技术的进步，而工业技术的进步和工业经济的产生又反过来促进了劳动的进一步分工、城市发展和新兴城市的形成。城市是社会分工和劳动生产率提高的产物；城市的形成和发展又促进了工业技术的进步和社会劳动生产率的进一步提高。从这个层面上来说，城市的发展和人类社会的城市化进程与工业经济发展和工业化进程密切相关、相互促进。

工业化和工业经济发展对城市化的促进作用主要体现两个方面：一是工业技术的进步及其在农业生产上的应用大大提高了农业部门的劳

动生产率，农村大量的劳动力从农业生产中解放出来，形成农村剩余劳动力；另一方面，工业技术的进步和工业经济的发展，在城市创造了大量的就业岗位，为庞大的农村剩余劳动力提供了就业机会，吸引农村剩余劳动力不断向城市转移。从这个意义上讲，建立在工业化基础上的经济发展是城市发展和城市人口规模扩大的根本动力。城市化对工业化和经济发展的促进作用则是通过聚集经济效应和规模经济效应实现的。一方面，城市化带来的聚集经济和规模效应通过提高一国或地区的全要素生产率促进了该国或地区的工业化进程和经济发展；另一方面，城市化又通过促进农村剩余劳动力向城市的迁移，促进了该国或地区城乡非农产业的发展和产业结构的优化升级，从而推动了该国或地区的工业化进程和经济社会发展。

综上所述，从城市的形成和发展来看，一国或地区的城市化过程和该国或地区的工业化过程密切相关、相辅相成。一方面，一国或地区的工业化发展促进了该国或地区的城市化进程；另一方面，一国或地区的城市化进程则对该国或地区的工业化和经济增长有着正面影响。但过度城市化又会通过聚集不经济或拥挤效应对该国或地区的经济社会发展带来负面影响，比如，会导致城市贫民窟现象普遍、城市污染严重、生态环境恶化、社会秩序混乱、犯罪率上升等问题。因此，城市化过程中城市发展规模适度性问题便成为一个重要的理论探讨和政策实践问题。如 2.1 所述，国内外学者围绕着"最佳城市规模的判断和衡量标准"和"适合中国发展的最佳或合理城市规模究竟落在什么样的区间上"两个问题进行了大量的研究。从理论上来讲，由于聚集经济效应和规模经济效应的存在，人口和经济活动向城市的进一步集中和城市规模的扩大，可以通过提高一国或地区的全要素生产率和促进该国或地区城乡非农产业的发展以及产业结构的优化升级，从而推动该国或地区的经济社会发展。但这种聚集经济效应的产生是有条件的，只有在一定的城市人口规模范围内，聚集经济效应才能给经济社会发展带来促进作用。因此，聚集经济对经济社会发展产生的正外部经济效益是以其适度性为前提的，只有将城市人口规模和产业活动的聚集控制在"适度"的范围内，城市化才会促进经济社会发展。如果集聚经济超过了"适度"的规模，那么聚集经济将会对经济社会发展产生负的外部性。这是因为，如果城市人口规模和产业活动的聚集超过了"适度"规模，那么城市要素的投入成本将不断上升，社会发展成本也会随之不断增加，聚集不经济或城市拥挤效应的增强将逐步削弱，直至完全抵消、甚至超过聚集经济的正面作用，从而对经济社会发展带来不利影响，导致交通拥挤、城市污染严重、生态环境恶化、社会秩序混乱、犯罪率上升等问题。

因此，由于聚集经济和拥挤效应的存在，城市人口规模从理论上来讲是存在一个最佳状态或最佳发展区间的。如 2.1 所述，国内外许多学者的研究都证实了这一点。并且，这些研究的共同特点是将城市或城市体系看作了一个经济生产单位，从"城市"这一宏观主体的投入-产出角度去考察和分析最佳城市规模究竟落在什么样的区间上，即将生产单位/主体的投入-产出比最大化（或经济主体的经济效益最大化）作为衡量和判断中国最佳城市规模的标准。这些衡量标准的不足之处在于没有直接体现发展的根本目的。社会主义经济发展的根本目的是满足人民日益增长的物质文化需求，是为了增进民生福祉。诚然，经济主体的投入-产出比最大化（或经济效益最大化）是满足人民日益增长的物质文化需求的保障，是民生福祉增进的物质基础。但民生福祉的增进最终需要落实到微观主体（居民）的层面上，落实到城镇居民的收入水平上。因为，在劳动是谋生手段的现阶段，城镇居民收入水平的提高是民生福祉增进的一个直接体现和主要指标。因此，从微观主体——城镇居民收入的角度考察和探讨中国城市的最佳人口规模，是实现经济社会发展根本目的的直接体现。

从城镇居民收入最大化的视角探讨中国城市的最佳人口规模或规模区间，其理论基础仍然是聚集经济效应和拥挤效应。其作用机理如图 3.1 所示。在城市化的进程中，随着人口和产业活动向中心区域或城市的空间集中，一方面，城市人口规模扩大并形成城市产业体系或产业集群。人口的集中以及产业体系的建立和发展，一是通过人力资本的外部性和技术的外溢效应，提高劳动力的个人产出水平和劳动生产率，从而促进城镇居民的收入增长；二是通过增加劳动力的就业机会，从而直接促进城镇居民的收入增长；同时，聚集形成的规模经济和带来的制度效率又提高了城市的整体劳动生产率，从而间接推动了城镇居民的收入增长。总之，城市人口规模的扩大促进和推动了城镇居民的收入增长。另一方面，随着城市人口规模的不断扩大，人口和产业活动的过度聚集，使得拥挤效应对经济社会发展的消极作用或聚集经济带来的负外部性越来越显著；当城市人口规模超出一定的水平后，城市的发展成本和企业的生产成本上升，导致对劳动力的需求下降，从而降低或阻碍了城镇居民的收入增长；同时，由于拥挤效应的存在又导致城镇居民的通勤成本、居住等生活成本上涨，也抑制了城镇居民收入的增长。因此，从理论上看，应该存在一个最佳的城市人口规模或规模区间，能够使城镇居民的收入最大化。鉴于此，笔者提出本书理论假设一：使城镇居民收入最大化的最佳城市规模是存在的。

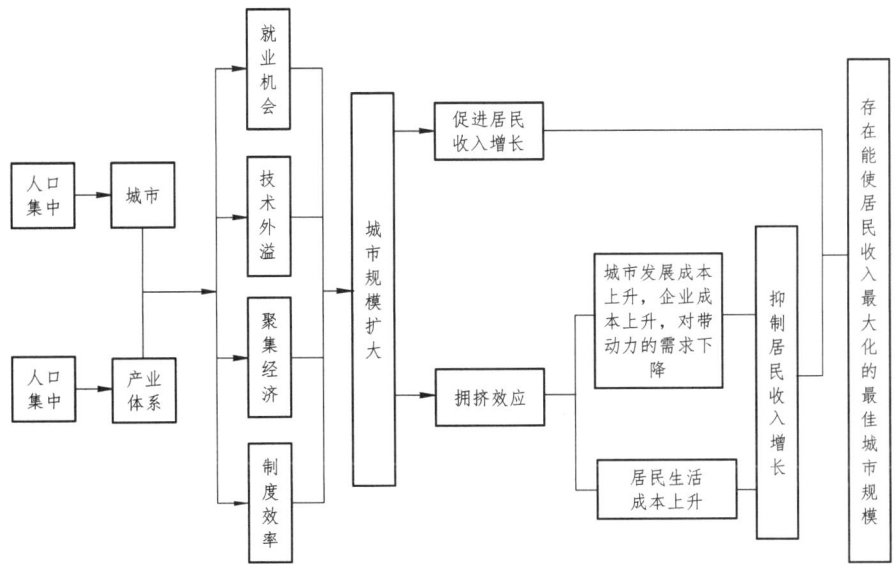

图 3.1　城市规模对城镇居民收入增长影响的作用机理

3.2　城市规模影响居民收入的机制

要理解城市规模扩大对城镇居民收入增长的影响，一个必须要思考的问题是，城市规模扩大是通过什么样的方式或途径作用于城镇居民收入增长的。从理论上讲，可能存在的机制主要有以下七个方面。

3.2.1 就业机制

城市规模扩大的过程实际上就是农村劳动力或人口向城市的集中和迁移的过程。从微观主体的角度来考虑，居民或劳动力之所以会向城市，特别是大城市集中或迁移，其根本原因就是追求更高的经济福利，而收入增加则是经济福利提高的一个重要和直接体现。根据国家的统计口径，我国城镇居民的收入来源有工薪收入、经营性收入、财产性收入和转移性收入（苏东坡，2013）。其中，工薪收入/工资性收入是城镇居民收入的普遍和主要来源，而就业则是获得工薪收入/工资性收入的唯一途径。从工业化促进城市发展的动力机制来看，工业技术和工业经济的发展，一方面通过提高农业部门的劳动生产率创造了大量的农业剩余劳动力，更重要的是其在城市中通过促进第二产业和第三产业的发展创造了大量的就业岗位。正是大量的就业岗位，吸引着农业剩余劳动力和农村人口不断向城市集中和迁移，从而促进了城市人口规模扩大和城市化进程。劳动力或居民个人主观上对更高福利水平的追求，客观上促进了城市人口规模的扩大和城市化进程。另一方面，城市人口规模的扩大又反过来创造了更多的就业岗位。这是因为根据就业乘数理论，人口或劳动力向城市集中所带来的聚集经济效应和规模经济效应，通过投入品分享和知识、技术外溢等，提高了可贸易品部门的劳动生产率，引起可贸易品部门对劳动力要素的需求增加和工资水平的上涨；进而，随着可贸易品部门就业和工资水平的上涨，经济体对非贸易品部门的需求也相应增加，从而又促进了非贸易品部门以及整个经济体就业和工资水平的上升。同时，劳动力或人口向城市的迁移，直接形成了更大的商品和劳务消费市场，带来了更多的非贸易品市场需求。更大的消费市场意味着更多的生产需求和生产要素需求，也意味着更多的就业岗位和就业机会。因此，城市规模扩大和就业从理论上来讲是一个良性互动的循环过程。根据就业乘数理论，城市规模扩大可以通过影响城镇居民就业作用于城镇居民收入增长。也就是说，城市规模扩大对城镇居民就业和收入水平的提高具有正向促进作用。其作用机制可以概括为以下三个方面：一是，城市化过程中，人口和经济活动在地理空间上的进一步集中所带来的聚集经济，通过投资品分享，以及人力资本和技术的外溢效应，提高了社会劳动生产率，从而促进了城镇居民收入的增加；二是，人口和经济活动的进一步聚集和城市规模的扩大，带来了消费和投资的增加，并促进社会分工和职业细化，从而增加社会就业总量，提高城镇居民的就业概率和收入水平；三是，人口在地理空间上的集聚，使得劳动力可以通过知识和技术的外溢效应，以及潜移默化的学习提高自身的素质，从而提高劳动者个人以及整个社会的劳动生产率，进而提高城镇居民的就业概率和收入水平。

鉴于此，笔者提出本书理论假设二：城市规模可以通过就业机制作用于城镇居民收入增长。

3.2.2 聚集经济效应

聚集经济是人口和经济活动在地理空间上集中对经济社会发展所带来的外部性。其本质上是一种外部经济。如 3.1 所述，聚集经济既可能会对经济社会发展产生正的外部效应（适度聚集经济条件下），也可能会对经济社会发展产生负的外部效应（过度聚集经济条件下）。那么，城市规模扩大是如何通过聚集经济效用作用于城镇居民收入增长的呢？其作用机理如下：随着农村人口和剩余劳动力向区域中心或城市的空间转移，一方面，在农业总产出不变的情况下，农业生产的劳动生产率提高，农村居民收入增加；另一方面，农村剩余劳动力的产出贡献成为经济增长的净增加部分，直接推动力国民经济增长；同时，大量农村劳动力进入城市，替代效应促使产业经济活动分工和专业化程度提高，与之相伴随的是社会劳动生产率的提高和第二、三产业，特别是第三产业发展迅速，产业结构不断优化，从而间接促进了国民经济的增长；另外，人口规模的增加和经济活动的聚集引发城市地理空间上的扩张和商品消费市场的进一步扩大，从而刺激了社会总投资和总消费，直接带来国民经济的增长；此外，随着人口和产业经济活动向区域中心或城市的进一步集中，聚集经济的结果是城市基础设施和服务功能得以被共享；

与此同时，规模经济效应，以及企业和生产者接近消费市场降低了产品生产和贸易的交易费用，社会资源利用效率提高，社会资源配置得以优化，这也必然会带来国民经济增长；伴随着劳动生产率提高、社会资源优化配置和国民经济增长，城镇居民收入增加，或者说城镇居民收入的增长是经济增长的一个直接表现和必然结果。可以说，城市规模扩大可以通过聚集经济的正外部性促进国民经济增长，从而作用于城镇居民收入增加。

但如果人口和经济活动进一步的聚集超过了聚集经济的适度范围，即城市人口规模扩大超过了一定范围，则会对城镇居民收入增长带来不利影响。这是因为人口和产业活动的过度集中，一方面会导致城市发展成本和企业的生产成本上升，对劳动力的需求下降，从而会降低或阻碍城镇居民的收入增长；另一方面，由于拥挤效应的存在导致城镇居民的通勤成本、居住等生活成本上涨，这也会抑制或阻碍城镇居民收入的增长。因此，可以说，城市规模扩大可以通过聚集经济的负外部性抑制或阻碍城镇居民收入增长。

综上所述，城市规模扩大可以通过聚集经济的正外部性促进城镇居民收入增长，也可以通过聚集经济的负外部性（聚集不经济或拥挤效应）抑制或阻碍城镇居民收入增长。

3.2.3　人力资本的外部性

人力资本是指劳动者对教育、培训学习、实践学习等方面的投资而获得的知识和技能的积累。由于知识与技能可以为其拥有者带来经济收益和更多的回报，因而形成了一种特定的非物质资本（或非物力资本）——人力资本。简单来说，人力资本就是凝聚在劳动者身上的，且能够为其拥有者带来经济收益或报酬的知识、技能及其所表现出来的能力。

根据人力资本理论，人力资本投资与国民收入成正比，人力资本在经济增长中起着至关重要的作用。而人力资本对劳动者和经济社会的作用，是通过内部效应和外部效应共同作用实现的。人力资本的内部效应指的是人力资本能够提高其拥有者自身的劳动生产率,从而可以提高劳动者的个人经济收益。人力资本的外部效应或外部性则包含两个方面,一方面指的是平均人力资本的增加能够提高所有生产要素的生产率,这需要通过团体中的互动和相互学习而产生;另一方面是通过人力资本所有者之间的交往和交流而产生的知识和能力的外溢。之所以说这是一种外部性的表现,是因为这种知识和能力的外溢不是通过主动性的学习得到的,而是劳动力之间在交往过程中实现的一种不自觉的、自然而然的人力资本积累。平均人力资本积累越高的地区或行业,其知识和能力的密集度就越大,通过各成员之间的交流和互动,知识和能力的这种外溢作用就更容易产生。因此,经济活动主体之间的交流和互动会促使人们通过潜移默化性的人力资本积累而获得更多收益;并且,在平均人力资本积累水平越高的空间区域或行业中,这种知识和能力的外溢效应作用则越强。由于人力资本的这种外溢效应能够提高单个劳动者以及整个行业或社会的劳动生产率,因此,人力资本的外溢效应对提高整个行业或经济体的工资水平具有正向促进作用。

城市规模扩大的直接体现就是劳动力和人口进一步向城市集中,而劳动者和人口是人力资本的载体。因此,城市规模扩大可以通过人力资本外溢效应作用于城镇居民收入增长,其机理为:随着劳动力进一步向城市集中和城市人口规模扩大,该城市或行业人口密度增加,其知识和能力的密集度也不断增大,人力资本所有者之间的交往和互动更容易,劳动者也更容易从相互交流中不自觉地获得人力资本的积累,从而提高劳动者个人的劳动生产率,以及该城市、行业或经济体的社会劳动生产率,从而带来劳动者工资水平和收入的增加。

鉴于此,笔者提出本书理论假设三:城市规模可以通过人力资本外溢效应作用于城镇居民收入增长。

3.2.4 技术外溢

根据创新增量方程式,社会创新增量与进行有效创新的人口数量有关。同理,技术创新是有效技术创新人口数量的函数,与城市人口规模和技术工人的数量成正相关关系。因此,人口规模越大的城市,其技术创新的可能性或技术创新增量值就越大。这里的基本逻辑是：与大规模城市相伴随的是产业和产业工人的集聚，城市人口规模越大，相同或相似产业技术工人的数量就越多，有效技术创新的工人数量就越多，技术创新的可能性或技术创新增量值就越大。也就是说，人口数量更大规模的城市拥有更多的技术工人，从而使城市具备了技术创新的基础条件。另外，产业在空间地理区位上的聚集，形成了更大规模的产业集群，产业集群雄厚的资本实力和先进的技术设备，为技术创新提供了强大的物质保障。同时，产业集群中相同和相似产业之间资源共享的同时，相互之间的竞争强度也不断加大，技术创新成为企业或生产者生存与发展的决定因素，企业或生产者面临的竞争压力和对利润最大化的追求为技术创新提供了经济激励。总之，随着城市人口规模的扩大，技术创新的可能性和增量值越大，技术创新带来人均工人产出水平和社会劳动生产率的提高，从而促进了产业工人和城镇居民收入水平的提高。

此外，大规模城市是信息化发展的有效依托，是信息高效生产和高速传递的载体。技术信息在大规模城市的高效传递，提高了产业技术工人的学习能力和学习速度，从而提高了产业工人的技术水平和劳动生产率，直接带来了城镇居民收入的增长。同时，大量产业技术工人在空间区位上聚集，并借助信息化工具，进行技术信息和思想的交流和碰撞，这种知识和技术的外溢会对整个经济产生很强的正外部性，使每个产业技术工人都能从中获益，并从更大程度上增加了技术创新的可能性。另外，从经济增长的角度看，知识和技术外溢产生的正外部性不仅是横向的，其在纵向上仍然起作用，即上一时期知识和技术外溢产生的正外部性和技术创新，影响着当期的技术进步和创新，进而影响了当期的国民经济增长和城镇居民收入的提高。

综上所述，城市人口规模扩大，一方面通过技术创新和技术外溢提高了单个劳动力的技术水平和劳动生产率，直接带来了城镇居民收入的提高和增加；另一方面，通过技术创新及其所产生的正外部性提高了整个社会的劳动生产率，促进了国民经济增长，从而提高了城镇居民的收入水平。基于此，笔者提出本书理论假设四：城市规模可以通过技术的外溢效应作用于城镇居民收入增长。

3.2.5 最小成本理论

根据最小成本理论，随着人口和经济活动的集聚，不可避免地会对城市的发展成本产生影响。并且，由于聚集经济和规模经济效应的存在，随着人口、经济活动的集聚和城市规模的扩大，城市发展的成本将会逐渐变小，但当城市规模超过一定的界限或范围后，拥挤效应将明显增加城市的发展成本。从城市和社会的角度来看，在长期中，如果鼓励人口和经济活动向处于最优规模或将要达到最优规模的城市或中心移动，那么将会使得这一地区提供公共设施的成本最小化。退一步来讲，如果存在一个使得公共服务的成本或生产成本最小的最佳城市规模，那么在达到最佳规模之前，人口和经济活动的集聚，即使没有使该地区公共服务和生产成本达到最小化，但资源共享的机制将至少使这些成本都随着城市规模扩大而不断减少和下降。

正是由于资源的共享，使得城市提供公共服务的平均成本下降，市场经济主体参与经济活动的费用和成本也将随之降低，企业生产成本的降低会引起企业供给曲线向右平移，总产量增加，企业生产规模的扩大，对劳动力的需求量也相应增加，劳动力市场的需求曲线向右平移，均衡工资水平上升，城镇居民的收入增加。这也是城市规模促进城镇居民收入增长的途径和机制，但这一机制，实质上是通过就业机制来实现的。

此外，人口和经济活动的集聚，为知识和技术外溢提供了条件，技术外溢为企业带来技术创新和生产率的提高，从而使生产成本降低，产出增加，生产规模扩大，进而对劳动力的需求量增加，城镇居民的就业概率和均衡工资水平上升，城镇居民的收入也会增加。通过这种机制，也可以带来城镇居民收入的增长，但这一机制，实质上是就业机制和技术外溢共同作用的结果。

3.2.6 城市体系的外部性

对于一个国家或者地区来说，不同人口规模城市的空间分布构成了该国或地区的城市体系。在不同的城市体系中，城市的人口规模分布是有差异的。城市人口规模分布的差异将导致整个城市体系外部性作用发挥程度的差异，从而影响国民经济增长，并将最终影响城镇居民收入的增加。如果城市的规模分布过度集中，就意味着城市体系中存在着显著处于优先和主导地位的城市，这些处于优先和主导地位的城市拥有非常大的都市区域和人口规模，居民的通勤/交通成本和住房成本非常高，生活成本显著增加，抑制了城镇居民实际收入的增长和购买力的增强；同时，由于这些高昂的通勤/交通成本、环境成本和公共服务成本的存在，导致城市系统中知识、技术和信息生产、积累和传递部门社会资源的配置效率被降低，这不利于国民经济增长和城镇居民收入的提高；而对于城市体系中的小城市，由于人口和经济活动的聚集程度不够，规模经济效应以及人力资本和技术的外溢作用难以充分发挥，社会资源不能够被充分和有效利用，这也限制了国民经济和城镇居民收入的有效和持续增长。此外，城市规模分布过度集中，或过度主导/优先地位城市的存在，影响了城市系统整体作用或效率的发挥，损害了国民经济的增长。这是因为，主导或优先地位城市的存在，会吸收那些可能流向其他城市的资源，用于公共基础设施的投资或提供高成本的公共服务，以控制这些主导/主要城市存在的拥堵和环境成本，这就导致了城市系统中其他城市居民生活环境的严重恶化和生活质量的显著下降，整个城市体系的作用或运行效率显著下降，不利于国民经济和城镇居民生活水平的增长。

另一方面，如果城市体系中各城市的人口规模分布比较均匀，则整个城市体系的作用和效率就不能充分发挥。这是因为，人口规模的均匀分布使得各个城市都普遍存在经济活动的集聚不足，这会严重影响规模经济的作用，以及知识、技术的外溢效应，不利于国民经济和城镇居民收入的增长。

综上所述，城市规模扩大可以通过城市体系规模分布存在的外部性作用于城镇居民收入增长。但城市规模过大或城市规模分布的过度集中，则会通过掠夺其他城市的发展资源，以及增加通勤/交通和生活成本等，降低社会资源的配置效率，以及城市体系的整体作用和效率，从而不利于国民经济增长和城镇居民收入水平的提高。

3.2.7 制度效率

根据新制度经济学的理论观点，交易费用的高低是衡量制度有效性或效率的重要指标。在给定制度目标或效果的情况下（即设定制度效果相同），制度形成和运行的交易费用越高，制度效率就越低；反之，制度形成和运行的交易费用越低，制度效率就越高。

由于制度效率递减规律的存在，制度会随着时间推移和社会发展而逐渐由高效变得低效。而人口和经济集聚则在一定程度上加快了城市制度效率递减的速度。随着人口和经济活动的进一步集聚，旧的制度出现了明显的不适应性，即旧的制度供给已经不能满足人口和经济集聚后对制度的需求，这就需要新的制度供给，制度的变革和变迁由此产生。制度变迁的本质就是由适应经济社会发展的新制度代替不适应经济社会发展的旧制度的过程。既然新制度更适应经济社会的发展，那么与原来的旧制度相比，新制度将更有效率，从交易费用的角度来说，就是新制度比旧制度的交易费用或成本更低。交易费用本质上是对稀缺的社会资源的损耗，交易费用的降低就意味着经济社会发展（或城市发展）对社会稀缺资源的损耗减少。在资源和生产技术水平既定的情况下，作为交易费用的资源损耗减少，用于生产的资源将会增多，社会总产出也将变大，这就意味着社会对劳动力的需求增加，城镇居民的就业概率增加，收入水平提高。

如果从投入产出比的角度来衡量制度的效率，城市规模带来制度效率的提升，进而使城镇居民收入增长的机制也是解释得通的。从投入产出比的角度衡量制度效率有两种方式：一是投入既定，产出最大，即制度的资源投入或成本既定，制度带来的效益或收益最大化；二是产出既定，投入最小，即制度的收益或目标、效果既定，制度的资源损耗或成本投入最小化。

假定制定制度的目的或其要实现的功能是实现经济社会的健康稳定发展和居民收入水平的提高，即制度的收益既定，如果人口和经济活动的集聚能够使制度投入的成本变小，那么就可以说，城市规模能使制度的效率提高。城市规模能不能促进制度效率的提高，关键在于人口和经济集聚能不能降低制度的投入成本。一般而言，正式制度是由公共部门提供和产生的，那么制度的成本将由制度的产生成本和运行成本两部分共同组成，我们可以用制度产生和运行过程中投入的所有资源的总量来衡量制度的总成本。由于规模经济和聚集效应的存在，随着城市人口数量的增加，制度产生和运行所依托的公共部门提供的商品与服务的总成本将会降低，因此，制度产生和运行的交易费用也会相应减少，这意味着制度产生和运行所需要投入和损耗的社会资源减少，社会产出增加，对劳动力的需求增加，进而城镇居民的就业概率提高，居民的收入水平也将相应提升。

总之，城市规模可以通过提高制度的效率从而促进城镇居民收入的增长，但这一机制的实质仍然是就业机制。

3.3 本章小结

本章着重从理论上阐述了两个方面的问题：一是为什么将城镇居民收入最大化作为衡量最佳城市规模的标准，即以城镇居民收入最大化作为最佳城市规模衡量标准的原因及其逻辑机理；二是城市规模是如何作用于城镇居民收入增长的，即城市规模扩大对城镇居民收入增长的影响途径或作用机制。

首先，从城市的形成和发展出发，阐述了城市化和工业化、经济社会发展之间相互促进的密切联系。由于聚集经济效应和拥挤效应的存在，城市人口规模在"适度"范围内，聚集经济通过其正外部性作用于经济社会发展；如果人口规模超过了"适度"范围，拥挤效应或聚集不经济将不利于经济社会发展。因此，城市人口规模从理论上来讲是存在一个最佳状态或最佳发展区间的。社会主义经济发展的目的是满足人民日益增长的物质文化需求，是为了增进民生福祉。而在劳动是谋生手段的现阶段，城镇居民收入水平的提高是民生福祉增进的一个直接体现和主要指标。因此，从微观主体——城镇居民收入的角度考察和探讨中国城市的最佳人口规模，是实现经济社会发展根本目的的直接体现。鉴于聚集经济效应和拥挤效应的存在，城市人口规模在"适度"范围内，聚集经济通过其正外部性有利于促进城镇居民收入增长；如果人口规模超过了"适度"范围，拥挤效应或聚集不经济将抑制和阻碍城镇居民收入增长。因此，提出理论假设一：使城镇居民收入最大化的最佳城市规模是存在的。

其次，从理论上阐述城市规模扩大如何作用于城镇居民收入增长。城市规模扩大对城镇居民收入增长的影响机制主要包括七个方面：就业机制、聚集经济效应、人力资本的外部性、技术外溢、最小成本理论、制度效率和城市体系的外部性。其中，就业机制、人力资本的外部性和技术外溢是基本影响机制。

城市规模扩大通过集聚效应、人力资本的外部性和技术外溢，提高了城镇居民的劳动生产率，从而可以直接促进城镇居民收入水平的提高；城市规模扩大通过促进社会分工和职业细化，提高了城镇居民的就业概率，从而可以带来城镇居民收入水平的增长。城市规模扩大带来的集聚经济和规模经济效应通过促进经济增长，从而间接提高了城镇居民的收入水平：一方面劳动力向城市迁移通过促进产业结构优化升级和社会进一步分工间接促进了国民经济增长；另一方面人口和经济活动的集聚通过扩大市场和投资，以及通过资源共享节约了企业的生产成本和市场交易费用，从而直接促进了国民经济增长；经济增长带来居民就业概率的提高，从而间接提高了城镇居民的收入水平；城镇居民收入的增长是经济增长的一个直接表现和必然结果。人力资本的外部性通过增加平均人力资本和人力资本外溢，提高了劳动生产率，从而直接带来了城镇居民收入的增加。城市规模扩大通过技术创新和技术信息的高效传递，提高了居民和全社会的劳动生产效率，从而直接或间接带来了城镇居民收入的增长。人口和经济活动的集聚（城市规模扩大），通过资源共享、知识和技术外溢，降低了企业的交易费用和生产成本，提高了城镇居民的就业概率和劳动生产率，从而带来了城镇居民收入的增加。城市规模扩大可以通过城市体系规模分布存在的外部性，提高社会资源的配置效率，促进国民经济增长，从而间接作用于城镇居民收入增长。城市规模扩大可以通过制度变迁，降低交易费用和社会资源损耗，扩大劳动力市场的需求，从而提高城镇居民的就业概率和收入水平。

综上所述，就业机制、人力资本的外部性和技术外溢是城市规模扩大影响居民收入增长的基本作用机制。通过对就业机制的理论分析，提出理论假设二：城市规模可以通过就业机制作用于城镇居民收入增长。通过对人力资本外溢效应的理论分析，提出理论假设三：城市规模可以通过人力资本外溢效应作用于城镇居民收入增长。通过对技术外溢作用的理论分析，提出理论假设四：城市规模可以通过技术的外溢效应作用于城镇居民收入增长。

4 城市规模对城镇居民收入影响的实证分析

根据 3.1 的理论分析可知,从理论上讲,城镇居民收入最大化的有效城市规模或规模区间是存在的。本部分的主要内容就是综合利用 CHIP2013 微观调查数据和样本城市的宏观统计数据,实证检验理论假设一,即探讨和考察使城镇居民收入最大化的有效城市规模或规模区间是否存在;如果存在,该最佳规模应落在什么水平上或区间内。同时,实证分析和考察城市人口规模对城镇居民,以及不同技能、不同行业、不同产业、不同收入水平城镇居民收入增长的影响。本章的研究思路是:构建以城镇居民收入水平为被解释变量,城市人口规模(包括城市人口规模的平方项)为主要解释变量,包含城镇居民的个人特征、样本城市的城市特征的城镇居民收入决定模型;对 CHIP2013 微观调查数据和样本城市的宏观统计数据给予说明,并进行剔除处理,对城镇居民收入决定模型中所包含的各个变量指标含义给予界定,并进行描述性统计;综合利用 CHIP2013 微观调查数据和样本城市的宏观统计数据,对城镇居民收入决定模型进行最小二乘估计和工具变量估计,并根据估计结果确定城市人口规模对城镇居民收入增长的影响,以及是否存在能使城镇居民收入最大化的城市最佳人口规模(检验理论假设一);按照城镇居民的技能水平,所从事行业的劳动密集程度、垄断程度和贸易开放度,所从事工作的产业属性,以及收入水平对城镇居民进行分组,并利用最小二乘法和工具变量估计,以及分位数回归方法,实证分析城市人口规模对不同技能水平、不同行业、不同产业、不同收入水平城镇居民收入增长的影响。关于城市人口规模对城镇居民收入增长的影响机制和途径，将在第五章进行实证检验和详细阐述。

4.1 模型构建

本部分所构建的模型为城镇居民收入决定模型。该模型的构建基础为 Mincer 收入方程。Mincer 收入方程（又叫收入函数或工资方程）是由经济学家明瑟（Mincer，1974）根据人力资本理论推导出的研究收入决定和收入差异的函数①，该模型最初的基本形式是：

$$\log y = \log y_0 + r_s + b_1 x + b_2 x^2 + u \qquad (4.1)②$$

其中，y 代表劳动者的收入，s 为劳动者受教育年限，x 为劳动者的工作经验（年限），u 为随机误差项。其基本思想是考察个人收入的变异有多少可以通过人力资本的差异解释（方芳，2006）。因此，该函数其实是一个研究收入决定的模型。

Mincer 收入（或工资）方程是经济学经验研究的奠基石，直接影响了经济学家对工资收入问题的认知（Heekman et al.，2006）。而在经验研究中，研究者通常会根据自己的研究目的，除了纳入教育、经验这两个基本变量外，还在该收入决定模型中加入其他变量，如性别、年龄、地区、部门等。利用 Mincer 收入方程研究收入决定和收入差异的经验研究主要包括以下这些。

戴原晨和黎汉明（1995）利用 1994 年关于企业职工的统计数据，以人均年收入为被解释变量，以所有制、地区、年龄、性别、学历和行业为解释变量，分析了不同所有制企业的性别工资差异情况。

Meng 和 Kidds(1997)利用 1981 年和 1987 年社科院专项调查数据，以月基本工资加奖金为因变量，以性别、年龄、教育、经验、职业和行业为自变量，分析得出结论：中国性别工资差别按国际标准衡量相当小。

---

① 孙志军. 中国教育个人收益率研究：一个文献综述及其政策含义[J]. 中国人口科学，2004，10.
② 方芳. 明瑟尔人力资本理论[J]. 教育与经济，2006，02.

Gustafsson et al.（2001）利用 1989 年城镇家庭收入调查数据，以税后货币收入为因变量，以性别、年龄、教育和职业为自变量，实证得出：中国的性别工资差异较大，可能存在性别歧视，也可能是由其他与性别相关的不可测特征变量造成的。

Dong 和 Boowles（2002）以月收入和小时收入为被解释变量，以学习年限、工作年限、户口、性别、工会身份、企业外贸、所有制、财务状况和所在地为解释变量，分析了城乡户口工资差异，不同所有制企业的工资差异和性别工资差异。

王美艳（2005）利用 2001 年城市劳动力调查数据，以月收入为因变量，以工龄、政治面貌、培训、配偶、健康、所有制、家庭规模、岗位类型和城市为自变量，实证分析了城市劳动力的性别工资差异及其原因。

李荻等（2005）以年工资为被解释变量，以年龄、性别、教育、经验、居住地、所有制和产业为解释变量，分析了不同所有制部门的工资差异。

Chen et al.（2005）利用 1995 年的 CHIP 数据，以个人总收益为因变量，以性别、年龄、经验、教育、居住地、个人工作时长和所有制为自变量，实证分析了教育和经验对不同所有制企业职工的回报率，以及造成不同所有制企业工资差异的原因——所有制差异工时差异。

罗楚亮和李实（2007）利用 2004 年全国经济普查数据，以工资与补贴水平为因变量，以教育、职称、资本结构、经营绩效、规模、行业地区和经营时间为自变量，研究发现：2003 年至 2005 年行业间的收入差距急剧扩张，人力资本对收入有显著影响。

夏庆杰等（2009）以教育、经验、性别、政治面貌、民族、所有制和工作岗位为解释变量，分析了不同所有制企业的工资差异。

岳希明等（2010）利用 2005 年全国 1%人口抽样调查，以小时工资为被解释变量，以性别、教育、年龄、城市生活费、地区和职业为解释变量，研究指出：垄断行业教育回报率低于竞争行业，垄断行业工资收入随年龄增长幅度比竞争行业大，两类行业的工资收入差距中不合理部分超过了 50%；行业垄断是仅次于教育造成职工收入差距的第二重要因素。

陈钊等（2010）利用 1988、1995 和 2002 年的 CHIP 数据，以年劳

动所得为被解释变量,以第二职业、全职、性别、年龄、政治面貌、民族、教育、所有制、职业和城市为解释变量,实证发现:行业差距对工资差异的贡献逐渐增大。

综上所述,Mincer 收入方程已被广泛地应用到了对城镇居民收入或工资的影响因素及差异分析当中。

本部分以 Mincer 收入方程为基础,根据研究目的,设定本研究中城镇居民个人层面的收入方程为:

$$\ln(income_{ij}) = \beta_0 + \beta_1 \ln(population_{jt}) + \beta_1 \ln(population_{jt}^2) \\ + \phi X_{ij} + \varphi M_{jt} + \upsilon \quad (4.2)$$

方程 4.2 即为城镇居民收入决定模型。本部分就用该模型来实证研究城市人口规模对城镇居民收入增长的影响,并实证检验理论假设一。设定城镇居民的收入水平由方程 4.2 决定,方程中的 X 和 M 分别是可能影响城镇居民 i 收入的个人特征向量和城市特征向量(陆铭等,2012),下标 i 和 j 表示城市 j 中的个人 i,t 表示年份。借鉴已有研究,方程 4.2 中的被解释变量为城镇居民月收入(王美艳,2005;杨涛和盛柳刚,2007;刘宏等,2013),并对其取自然对数(刘宏等,2013)。对于被解释变量城镇居民的月收入,该研究将考察两个量,一个量是名义收入,一个量是实际收入。而解释变量中,核心解释变量为城市人口规模(金相郁,2004;张应武,2009;孙浦阳和武力超,2010;陆铭等,2012),并纳入了其平方项,即城市人口规模的平方项(金相郁,2004;张应武,2009;孙浦阳和武力超,2010),用以考察城市人口规模与城镇居民收入之间是否存在非线性关系。

可能影响城镇居民收入的个人特征变量 X 中,本研究纳入的主要变量有:性别变量 Male(陈宗胜,1997;陈宗胜和周云波,2002;夏庆杰等,2009;陈钊等,2010;陆铭等,2012)、年龄变量 Age(陈宗胜,1997;陈宗胜和周云波,2002;李荻等,2005;陈钊等,2010)及其平方 Age^2[陆铭等(2012)用的是经验的平方项]、民族变量 Han(杨涛和盛柳刚,2007;夏庆杰等,2009;陈钊等,2010;陆铭等,2012)、健康变量 Health(王美艳,2005)、是否有配偶变量 Spouse(王美艳,2005;陆铭等,2012;

刘宏等，2013）、受教育程度变量 Education（陈宗胜和周云波，2002；薛守刚和周云波，2005；夏庆杰等，2009；周云波和余泳泽，2010；陈钊等，2010；孙浦阳和武力超，2010；陆铭等，2012）、工作经验变量 Experience（陈宗胜和周云波，2002；李荻等，2005；夏庆杰等，2009；陆铭等，2012）。

可能影响城镇居民收入水平的城市特征向量 M 中，本研究纳入的变量主要有：行业变量 Industry（孙浦阳和武力超，2010、徐清和陈旭，2013）、第二产业占 GDP 的比重（邵挺，2010；魏发凡，2010）、第三产业产值占 GDP 的比重（沈坤荣和蒋锐，2007；邵挺，2010；魏发凡，2010）、固定资产投资变量 Investment（陆铭等，2012）、外商直接投资变量 FDI（邵挺，2010；孙浦阳和武力超，2010；陆铭等，2012）、城市道路变量 Road（邵挺，2010；陆铭等，2012；徐清和陈旭，2013）、公共交通变量 Public Transport（陆铭等，2012；刘宏等，2013）、病床变量 Sickbed（邵挺，2010；刘宏等，2013）、绿化率变量 Rate of Afforest（邵挺，2010；孙浦阳和武力超，2010；高虹，2014），其中第二产业占 GDP 的比重、第三产业产值占 GDP 的比重这两个变量共同构成产业结构变量。最后，本研究在城市特征向量中纳入了直辖市和省会城市哑变量（邵挺，2010；陆铭等，2012）。被解释变量和各解释变量的借鉴情况如表 4.1 所示。

本研究所构建的城镇居民收入决定模型与已有研究的不同之处在于以下两点。

（1）纳入城市特征向量。

与戴原晨和黎汉明（1995）、Meng 和 Kidds（1997）、Gustafsson 等（2001）、王美艳（2005）、杨涛和盛柳刚（2007）、夏庆杰等（2009）、岳希明等（2010）等研究中收入决定方程的应用相比，本研究构建的收入决定模型除了考察居民个人特征对收入的影响外，还将可能影响居民收入的城市特征向量（例如产业结构等）纳入了被解释变量中。本研究综合利用微观调查数据和宏观经济统计数据来考察城市规模扩大对城镇居民收入的影响。

（2）纳入城市规模变量的平方项。

本研究在梳理已有研究的基础上提出了"城镇居民收入最大化的最佳城市规模是存在的"的理论假设。为验证该理论假设，并探索城镇居民收入最大化的有效城市规模区间，本研究将城市规模变量的平方项作为解释变量纳入了收入决定模型中。

表 4.1　被解释变量和各解释变量的情况

变量类型	变量名称	借鉴	变量名称	借鉴
被解释变量	城镇居民的月收入	王美艳（2005）、杨涛和盛柳刚（2007）、刘宏等（2013）		
核心解释变量	城市规模	金相郁（2004）、张应武（2009）、孙浦阳和武力超（2010）；陆铭等（2012）	城市规模的平方项	金相郁（2004）、张应武（2009）、孙浦阳和武力超（2010）
个人特征向量	性别	陈宗胜（1997）；陈宗胜和周云波（2002）；夏庆杰等（2009）；陈钊等（2010）；陆铭等（2012）	民族	杨涛和盛柳刚（2007）；夏庆杰等（2009）；陈钊等（2010）；陆铭等（2012）
	年龄	陈宗胜（1997）；陈宗胜和周云波（2002）；李荻等（2005）；陈钊等（2010）	教育	陈宗胜和周云波（2002）；薛守刚和周云波（2005）；夏庆杰等（2009）；周云波和余泳泽（2010）；陈钊等（2010）；孙浦阳和武力超（2010）；陆铭等（2012）
	年龄的平方项	陆铭等（2012）用的是经验的平方项	健康	王美艳（2005）

续表

变量类型	变量名称	借鉴	变量名称	借鉴
个人特征向量	是否有配偶	王美艳（2005）；陆铭等（2012）；刘宏等（2013）	经验	陈宗胜和周云波（2002）；李荻等（2005）；夏庆杰等（2009）；陆铭等（2012）
其他城市特征向量	行业	孙浦阳和武力超（2010）、徐清和陈旭（2013）	人均道路面积	邵挺（2010）；陆铭等（2012）；徐清和陈旭（2013）
	第二产业比重	邵挺（2010）；魏发凡（2010）	公共交通	陆铭等（2012）；刘宏等（2013）
	第三产业比重	沈坤荣和蒋锐（2007）；邵挺（2010）；魏发凡（2010）	医院床位数	邵挺（2010）；刘宏等（2013）
	外商直接投资	邵挺（2010）；孙浦阳和武力超（2010）；陆铭等（2012）	绿化	邵挺（2010）；孙浦阳和武力超（2010）；高虹（2014）
	固定资产投资	陆铭等（2012）		
哑变量	直辖市	邵挺（2010）；陆铭等（2012）	省会城市	邵挺（2010）；陆铭等（2012）

资料来源：根据文献资料整理所得。

4.2 变量与数据 CHIP2013 说明

关于个人和家户信息的数据库，目前国内主要有 5 个，分别是中国家庭收入调查（CHIP）、中国综合社会调查（CGSS）、中国家庭追踪调查（CFPS）、中国劳动力动态调查（CLDS）和中国家庭金融调查（CHFS）。其中，中国综合社会调查（CGSS）和中国家庭追踪调查（CFPS）所形成的数据库中，关于个人和家户归属地的信息只公开到了省级层面，因此，无法将个人样本和具体城市相匹配，且中国综合社会调查数据中还尚未收集有关个人工作的行业和经验信息，所以这两个数据库均不能满足本论文研究的需要；中国劳动力动态调查（CLDS）则对公布的区县编码进行了随机化处理，统计数据中的区县编码并不能和现实的区县行政编码对应，这就导致无法区分数据库中关于县级市和行政县的个人样本，地级市个人样本数据缺失，所以该数据库也不能满足本论文研究的需要；中国家庭金融调查（CHFS）则更为关注县份和村（居）委会层面有关家庭金融微观层次的相关信息，也不适合本论文的研究。中国家庭收入调查（CHIP）所形成的数据库不仅包含了个人样本的性别、年龄、婚姻、民族、教育、健康、工作所属的行业、工作经验和月收入等本论文研究所需要的所有个人信息，还能将个人样本的属地清晰地归属到县级市层面，非常契合本论文的研究要求。鉴于此，本研究选用中国家庭收入调查（CHIP）所收集到的城镇居民样本数据来进行第 4 章和第 5 章的实证分析，以检验和反映城市规模对城镇居民收入影响的一般理论规律。

中国家庭收入调查（CHIP）是为了追踪中国收入分配的动态情况，由中国收入分配研究院联合国内外专家共同完成的。目前，中国家庭收入调查（CHIP）已经相继在 1989 年、1996 年、2003 年、2008 年和 2014 年进行了五次入户调查，进行调查的时间间隔为 5 至 7 年，分别收集了 1988、1995、2002、2007 和 2013 年的收支信息，以及其他家庭和个人信息，所形成的数据分别编号为 CHIP1988、CHIP1995、CHIP2002、CHIP2007 和 CHIP2013[①]。

本研究所使用的数据就来自中国家庭收入调查（CHIP）的第五次入户调查，即 2014 年进行的中国家庭收入调查的城市住户调查数据，调查数据编号为 CHIP2013。目前，CHIP2013 是公开的、最新的中国家庭收入调查（CHIP）数据。根据中国家庭收入调查（CHIP）的调查规律，该数据的适用时间为 5 至 7 年。

---

① 来自中国收入分配研究院对 CHIP 数据的介绍。

CHIP2013 城镇住户部分的调查数据涵盖了北京、山西、辽宁、江苏、安徽、山东、河南、湖北、湖南、广东、重庆、四川、云南和甘肃 14 个省级行政单位的 117 个地级及以上城市、8 个县级市和 2 个行政县，包含了 19 887 个自然人。CHIP2013 的城镇住户样本由项目组采用系统抽样方法，从国家统计局 2013 年国家统计局城乡一体化常规住户调查大样本库中抽取得到。调查数据涵盖了大量个人层面的经济社会和人口信息，有利于在控制个人特征的基础上，识别城市人口规模对城镇居民收入的影响[①]。

为更好地考察和识别城市人口规模对城镇居民收入的影响，在最终的回归分析时，笔者对样本进行了如下删减处理：由于县级市的城市特征数据严重缺失，本研究主要提取了 CHIP2013 调查中 117 个地级及以上城市的城镇住户调查数据；本研究主要提取了 CHIP2013 调查中处于劳动力年龄范围内的受访样本，即男性年龄介于 16 周岁到 60 周岁之间，女性年龄介于 16 周岁到 55 周岁之间；但鉴于随着社会进步、居民生活水平和医疗水平的不断提高，人们的寿命普遍延长，因此，对于 60 周岁以上仍处于劳动或经营状态并获得收入的男性样本和 55 周岁以上仍处于劳动或经营状态并获得收入的女性样本，本研究仍然给予了保留；而对于不处于劳动力范畴的无收入样本则进行了剔除处理，主要包括离休、退休、离岗、丧失劳动能力等人员和在校学生、待分配人员等尚未进入劳动年龄的样本。经过剔除处理后的样本情况见表 4.2。

表 4.2 经剔除处理后的样本情况　　　　单位：个

省/直辖市	样本数	男性样本	女性样本	劳动力年龄内样本	超过劳动力年龄样本
北京	938	537	401	912	26
山西	825	511	314	787	38
辽宁	580	325	255	547	33
江苏	1 067	601	466	1 035	32

① 陆铭，高虹，佐藤宏. 城市规模与包容性就业[J]. 社会科学研究，2012，12.

续表

省/直辖市	样本数	男性样本	女性样本	劳动力年龄内样本	超过劳动力年龄样本
安徽	585	329	256	560	25
山东	701	374	327	664	37
河南	724	405	319	682	42
湖北	551	313	238	521	30
湖南	602	343	259	582	20
广东	951	518	433	910	41
重庆	759	406	353	720	39
四川	603	335	268	570	33
云南	350	195	155	338	12
甘肃	468	253	215	438	30
合计	9 704	5 445	4 259	9 266	438

资料来源：根据 CHIP2013 统计整理得到。

由于影响城镇居民收入的因素多种多样，既有居民个人微观层面的影响因素，也有城市特征方面的影响因素，因此，本研究中所设定的城镇居民个人层面的收入方程 4.2 中，除了被解释变量城镇居民收入和核心解释变量城市人口规模以外，还控制了可能影响城市城镇居民 i 收入的个人特征向量 X 和城市特征向量 M。方程 4.2 中所包含的各个变量的定义如下。

被解释变量为城镇居民收入，该收入指的是城镇居民获得的正常收入，不包括任何非法或者非正常收入（陈宗胜，1994），用城镇居民月收入的自然对数衡量。对于城镇居民的月收入，该研究将考察两个量，一个量是名义收入，一个量是实际收入。因此，在不同的情况下，该被解释变量具有不同的内涵，在考察名义收入时，该被解释变量为城镇居民的名义月收入 Income，在考察实际收入时，该被解释变量为城镇居民的实际月收入 Real Income。城镇居民的实际月收入，用城镇居民的名义月收入与居民所在城市当年的居民消费价格指数之比来衡量。

解释变量中，核心解释变量为城市人口规模变量 Population，用 2013 年末样本城市市辖区总人口的自然对数来衡量。另外，计量模型中还纳入了城市人口规模的平方项，用以考察城市人口规模与城镇居民收入之间是否存在非线性关系，即检验能够使城镇居民收入最大化的城市最佳人口规模是否存在。

可能影响城镇居民收入 i 的个人特征变量 X 中，本研究纳入的主要变量有：性别变量 Male，其中，男性赋值为 1，女性赋值为 0；年龄变量 Age，年龄是城镇居民在接受访问时的周岁年龄；民族变量 Han，其中，汉族赋值为 1，其他民族赋值为 0；健康变量 Health，是城镇居民自评的以同龄人为参照的健康状况，赋值为 1~5 的整数，对应的居民健康状况分别为"非常好""好""一般""不好""非常不好"；是否有配偶变量 Spouse，有配偶样本赋值为 1，没有配偶的样本赋值为 0；受教育程度变量 Education，是城镇居民接受学校正规教育的年数；工作经验变量 Experience，用截至 2013 年底居民从事当前工作的年数来衡量。

可能影响城镇居民收入水平的城市特征向量 M 中，本研究纳入的变量除了核心解释变量城市人口规模变量外，还主要包括以下变量。

行业变量 Industry，用样本所从事行业的从业人员数与样本所在城市全部行业从业人员总数的比值来衡量。之所以控制该变量，是因为该变量反映了样本所从事行业的劳动力供给情况，其变动可能会引起行业均衡工资水平的变动，从而影响城镇居民收入的增长。

产业结构变量，该变量实际上由两个变量共同构成，即第二产业占 GDP 的比重和第三产业占 GDP 的比重，分别以样本城市市辖区第二产业生产总值和第三产业生产总值占样本城市市辖区生产总值的比重（%）来衡量。之所以将该指标纳入进来，是因为不同的产业具有不同的资本密集度和技术密集度，因而对劳动力的吸纳能力和吸引力也会有所不同，这样就有可能通过影响居民的就业概率间接影响城镇居民的收入水平或收入增长。

固定资产投资变量 Investment，用样本城市市辖区全社会固定资产投资与样本城市市辖区生产总值的比值（%）来衡量。固定资产投资的增长有可能会增加对劳动力的需求，从而带动城市劳动力市场需求曲线向右平移，在劳动力市场供给曲线不变的情况下，会导致劳动力市场的均衡工资上涨，从而促进城镇居民收入水平的提高；如果劳动力市场的供给曲线也发生变动，同样可能会对劳动力市场的均衡工资水平产生影响，但影响方向不确定，既有可能提高均衡工资，也可能降低均衡工资，还有可能不对均衡工资产生影响，具体会是哪种结果，取决于劳动力供给和需求曲线相对平移的幅度——如果供给曲线向右平移的幅度大于需求曲线的右移幅度，均衡工资水平下降；如果供给曲线向右平移的幅度小于需求曲线的右移幅度，均衡工资水平上涨；若二者的右移幅度相等，则均衡工资水平不变。

外商直接投资变量 FDI，用样本城市市辖区所获得的外商直接投资额与样本城市市辖区生产总值的比值（%）来衡量。外商直接投资对城镇居民收入及其增长的影响与全社会固定资产投资的作用类似，不同之处在于外商直接投资还可能通过技术溢出效应促进劳动生产率的提高和城镇居民收入的增长。

本研究纳入的其他城市特征变量还有病床变量 Sickbed，用 2013 年样本所在城市每万人拥有医院、卫生院床位数量（张）来衡量；绿化率变量 Rate of Afforest，用 2013 年样本城市建成区绿化覆盖率（%）来衡量。病床变量和绿化率变量是用来衡量各样本城市生活福利水平的变量。不同的城市福利水平，一方面给城镇居民带来不同的效用水平，从而影响其流动意愿、对当前收入水平的接受程度，以及其对更高工资水平的欲望，即较高的生活福利水平有可能对城镇居民的收入预期和收入倾向产生影响，使居民更容易接受较低的收入水平；另一方面，不同的城市福利水平对外来人口的吸引力也会有所不同，一般而言，生活福利水平高的城市更容易吸引外来人口的流入，从而引起人口的快速集聚以及城市规模的扩张。本研究纳入的影响城镇居民收入的各个变量及其定义，见表 4.3。

表 4.3 变量列表

变量列表	
变量	定义
个人特征（X）	
收入	ln[月收入（元）]
实际收入	ln[月收入（元）]/样本所在城市的居民消费价格指数
性别	"男性"赋值为 1；否则为 0
是否有配偶	"有配偶"赋值为 1；否则为 0
民族	"汉族"赋值为 1；否则为 0
教育	接受正规教育的年数
健康	"非常好"赋值为 1；"好"赋值为 2；"一般"赋值为 3；"不好"赋值为 4；"非常不好"赋值为 5
经验	截至 2013 年末从事本职业的年数
城市特征（M）	
人口规模	ln（2013 年样本所在城市市辖区年末总人口）
行业	2013 年样本所从事行业的从业人员数/样本所在城市 2013 年所有行业从业人员数
第二产业的比重	2013 年样本所在城市市辖区第二产业生产总值/2013 年样本所在城市市辖区的 GDP
第三产业的比重	2013 年样本所在城市市辖区第三产业生产总值/2013 年样本所在城市市辖区的 GDP
外商直接投资	2013 年样本所在城市市辖区实际利用外资额/2013 年样本所在城市市辖区的 GDP
全社会固定资产投资	2013 年样本所在城市市辖区全社会固定资产投资额/2013 年样本所在城市市辖区的 GDP
医院床位数	2013 年样本所在城市市辖区每万人拥有医院、卫生院床位数
绿化	2013 年样本所在城市建成区绿化覆盖率

本书中所使用的数据中，衡量城镇居民个体特征的数据均来源于

CHIP2013；衡量城市特征的数据均摘自 2014 年中国城市统计年鉴，以及各样本城市 2013 年国民经济和社会发展统计公报。表 4.4 中体现了各个变量的描述性统计结果。

表 4.4　各变量的描述性统计结果

变量	观测值	平均值	标准差	最小值	最大值
月收入的对数	9 704	7.804	0.804	3.135	11.918
实际月收入的对数	9 704	7.778	0.804	3.135	11.894
人口规模	9 704	5.549	1.093	3.339	7.488
性别	9 702	0.561	0.496	0	1
年龄	9 703	40.530	10.351	16	80
是否有配偶	9 704	0.868	0.339	0	1
民族	9 702	0.968	0.177	0	1
教育	9 700	15.154	3.075	0	19
健康	9 699	1.872	0.756	1	5
经验	9 616	11.972	10.105	0	66
行业	9 704	9.795	12.796	0	71.025
第二产业占比	9 704	47.081	11.730	19.3	76.43
第三产业占比	9 704	49.010	13.058	20.73	77.26
外商直接投资	9 704	3.797	2.666	0.001	14.626
固定资产投资	9 704	68.519	28.057	17.248	205.441
病床	9 704	76.768	24.439	20	205
绿化	9 704	40.424	6.428	1	60.58

4.3　城市规模对城镇居民收入影响的统计回归分析

4.3.1　最小二乘法

最小二乘法（简称 OLS），又叫最小平方法或高斯-莫卡夫定理，是一种通过最小化误差的平方和寻找数据的最佳函数匹配的方法[①]。这种方法最初运用在天体轨道的预测和估计中，高斯于 1829 年提供了最小二乘法的优化效果强于其他方法的证明，此后，该方法逐渐被社科研究所普遍接受和应用。利用最小二乘法，可以通过大量的样本数据简便地求得未知的数据，并使得这些求得的数据与实际数据之间误差的平方和为最小[②]；利用最小二乘法还可以通过大量的样本数据对曲线进行拟合，且样本数据量越大，所确定的曲线与真实情况越接近（赵晓岗等，2014）。例如：研究两个变量（x, y）之间的相互关系时，就可以用 OLS 方法拟合，具体步骤如下：

将样本点（即观察到的关于 x 和 y 数值的组合）(x_1, y_1)、(x_2, y_2)、(x_3, y_3)…(x_n, y_n)，描绘在直角坐标系中，若发现这些点都落在一条直线附近，就可以假定这条直线方程为

$$Y_j = a_0 + a_1 X \tag{4.3}$$

其中，a_0、a_1 是任意实数。为建立这直线方程就要需确定 a_0 和 a_1 的值，应用最小二乘法原理，将实测值 Y_i 与利用公式计算值（$Y_j = a_0 + a_1 X$）的离差（$Y_i - Y_j$）的平方和 $\sum (Y_i - Y_j)^2$ 最小作为"优化判据"。

令

$$\phi = \sum (Y_i - Y_j)^2 \tag{4.4}$$

把公式 4.3 代入公式 4.4 中得

$$\phi = \sum (Y_i - a_0 - a_1 X_i)^2 \tag{4.5}$$

当 $\sum (Y_i - Y_j)$ 平方最小时，可将函数 ϕ 分别对 a_0、a_1 求偏导，并令这两个偏导数等于零。即得

$$na_0 + (\sum X_i a_1) = \sum Y_i \tag{4.6}$$

$$a_0 \sum X_i + a_1 \sum X_i^2 = \sum X_i Y_i \tag{4.7}$$

从而得到的两个以 a_0、a_1 为未知数的方程，将其组成方程组，并

[①] 郝小亮. 最小二乘法原理在既有线测量中的应用[J]. 中国西部科技，2010, 18.
[②] 王辛. 改进的灰色遗传算法模型在价格预测中的应用[D]. 吉林大学，2010.

解得：

$$a_0 = (\sum Y_i)/n - (\sum X_i)/n \quad (4.8)$$

$$a_1 = [n\sum X_i Y_i - (\sum X_i \sum Y_i)] / [n\sum X_i^2 - (\sum X_i)^2] \quad (4.9)$$

这时把 a_0、a_1 的值，即公式（4.8）和（4.9）代入公式（4.3）中，此时的公式（4.3）就是回归得出的一元线性方程，即利用最小二乘法得出的两个变量（x, y）之间的相互关系。

4.3.2 估计结果及其分析

本部分使用最小二乘法（OLS）回归估计了城镇居民收入决定模型4.2，结果体现在了表4.5中。在具体回归时，笔者首先只在方程中纳入了城市规模变量，然后再逐次纳入城镇居民个人特征向量和城市特征向量。

表4.5中第（1）~（3）列体现了对收入方程的回归结果，其被解释变量为城镇居民的名义月收入。其中，城市人口规模的回归系数均在1%的显著性水平上为正，说明城市人口规模显著地提高了城镇居民的名义收入。这一实证结果与前文中的理论预期是一致的。这是因为随着人口在空间上的不断积聚，城镇居民能更好地通过交流、模仿和学习来积累人力资本，从而提高劳动生产率（Lucas，1988）和收入水平，即人口集聚带来的正外部性、知识和技术的外溢效应，使得城镇居民的劳动生产率提高，进而名义收入水平得以增长。城市规模对城镇居民名义收入不仅有显著的影响，并且该影响还呈现先上升后下降的倒"U"型轨迹，这一结果和前面部分论述的理论预期也是一致的，即城市规模不是越大越好，城市的发展存在着一个最佳边界。理论假设一得以证实——"城镇居民收入最大化的有效城市规模是存在的"。并且，该倒"U"型的拐点为7 259.02 万人[①]，也就是说，在其他影响因素不变的情况下，促进

---

① 该数据是根据规模变量和规模变量的平方的系数计算得出的，即当 ln（population）=城市规模变量的系数/（2*城市规模变量平方的系数）时，ln（income）达到最大值。

城镇居民名义收入最大化的城市规模约为 7 259.02 万人。

城镇居民个人特征也显著地影响了城镇居民的名义收入水平。其中，男性比女性具有更高的名义收入，这是由男性和女性的生理和心理特点决定的，且一些特殊行业对女性有较强的限制。年龄变量对城镇居民的收入增长具有显著的负影响，这意味着随着年龄的增长，城镇居民的名义收入增长呈现下降的发展态势；这可能是因为根据我国的教育体制，劳动力居民接受学校教育和职业培训的时间基本集中在工作之前和工作前期，这段时间也是居民人力资本迅速积累的时期；但随着年龄的增长，城镇居民人力资本积累的速度会越来越慢，或对新知识、新技能的接受空间会越来越小；因此，就导致了年龄对城镇居民收入增长的负向影响。是否有配偶变量对城镇居民的名义收入的影响也很显著，有配偶的城镇居民，其名义收入要高于单身城镇居民的名义收入。接受教育是居民进行人力资本积累的主要途径，因此，教育水平或受教育程度是影响城镇居民收入水平的一个非常重要的因素，这一点也在回归结果中得到了证实：受教育的年数对城镇居民名义收入增长具有显著的正影响，即受教育的时间越长，其收入水平越高。一般而言，健康状况越差的城镇居民，其名义收入水平也会相应越低；反之，健康状况越好，城镇居民的收入水平就越高。这是因为健康状况是决定劳动生产率的一个重要因素，健康状况与劳动生产率成正比，即健康状况越好，劳动生产率越高；而在竞争性劳动力市场上，城镇居民的收入水平又由他们的边际劳动生产率来决定；因此，就出现了健康状况越好，城镇居民名义收入水平越高的结果。工作经验的增长对城镇居民收入水平的提高也有显著的影响，即工作的时间越长，城镇居民的名义收入越高；这是因为工作经验积累的增加意味着更高的劳动生产率和收入水平。

与个人特征变量对城镇居民名义收入有显著的影响类似，表格中大多数城市特征变量对城镇居民名义收入的影响也同样具有显著作用。其中，外商直接投资和固定资产投资对城镇居民名义收入的提高具有显著的反作用，而行业、第三产业占比、病床和绿化率变量对城镇居民名义收入水平的提高则有显著的正向促进作用。7 个城市特征变量中，只有第二产业占比变量没有通过显著性检验。城市特征变量对城镇居民收入增长影响的分析如下。

固定资产投资和外商直接投资的增加显著地降低了城镇居民的名义收入。这和"投资增加会加大对劳动力的需求，从而提高劳动力的均衡工资和收入水平"的理论预期相悖，但也是可以被解释的：这一结果说明依赖于固定资产投资和外商投资来实现经济增长的城市，其劳动生产率和居民收入水平，比依赖消费实现经济增长的城市低。

行业从业人员比重增加会使该行业城镇居民的名义收入上升。对这一结果的解释是：从业人员比重增加意味着该行业对劳动力的需求增加，在劳动力市场供给不变或供给增长幅度低于需求增加幅度的情况下，该行业的均衡工资上升，进而促进了该行业城镇居民名义收入的增长。

第三产业占 GDP 比重的增加会促进城镇居民收入的增长。这可能是因为第三产业占 GDP 比重的上升意味着经济体产业结构的不断优化、劳动生产率的不断提高和经济增长，这在城镇居民身上的直接体现就是名义收入水平的不断提高。

病床变量和绿化率变量对城镇居民名义收入具有正向促进作用，即每万人拥有医院、卫生院床位数的增加或城市绿化率的提高会增加城镇居民的名义收入。造成这一结果的原因可能是：随着社会福利水平的提高，城镇居民的健康状况得以不断改善，居民个人劳动生产率和社会劳动生产率也会随之不断上升，这将直接和间接促进城镇居民名义收入水平的提高。

表 4.5 中的第（4）~（6）列展示了被解释变量为实际收入的收入方程的回归结果。与被解释变量为名义收入的收入方程的回归结果相类似，城市规模对城镇居民实际收入的影响显著。第（4）、（5）、（6）列中，城市规模变量的回归系数均在 1% 的显著性水平上为正，说明城市规模对城镇居民实际收入具有显著的拉动和促进作用。并且，从系数值大小比较来看，城市规模扩大对城镇居民实际收入增长的促进作用比对居民名义收入的影响更大，其原因可能是在城市规模扩张过程中，城镇居民收入增长的速度大于了物价上涨的速度。城市规模扩大对城镇居民实际收入的影响也呈现先上升后下降的倒"U"型轨迹，理论假设一再次得到证实：城镇居民收入最大化的有效城市规模是存在的。并且，该倒

"U"型的拐点约为 6 374.11 万人，也就是说，从促进城镇居民实际收入最大化的意义上来说，在其他影响因素不变的情况下，城市发展的最佳规模约为 6 374.11 万人。这和前面部分确定的最佳城市规模 7 259.02 万人相比要小一些。其原因可能是由于与城市规模的进一步扩大所带来的物价上涨相比，聚集经济和规模经济对城镇居民收入增长的促进作用更大。

个人特征变量对城镇居民实际收入的影响都很显著。一般而言，男性的月实际收入比女性的月实际收入高；有配偶城镇居民的实际月收入比单身城镇居民的高；健康状况越差的城镇居民，其实际月收入水平也会相应越低；城镇居民受教育的年数或工作经验的年数越长，其月实际收入则越高；随着年龄的增加，城镇居民实际收入的增长呈现下降的发展态势。

大部分城市特征变量对城镇居民月实际收入同样具有显著的影响，且只有第二产业占比变量没有通过显著性检验。其中，外商直接投资和固定资产投资变量对城镇居民月实际收入的提高具有显著的反作用，而行业、第三产业占比、病床和绿化率变量对城镇居民月实际收入水平的提高则具有显著的正向促进作用。

个人特征变量和城市特征变量对城镇居民实际收入影响结果的解释，与个人特征变量和城市特征变量对城镇居民名义收入影响结果的解释类似，这里不再赘述。

表 4.5　城市规模对城镇居民名义收入和实际收入的影响：OLS 估计

	被解释变量为 ln(income)			被解释变量为 ln(rincome)		
	（1）	（2）	（3）	（4）	（5）	（6）
城市规模	0.135 4***	0.402 0***	0.224 1***	0.134 4***	0.408 5***	0.229 5***
	（0.007 2）	（0.072 1）	（0.073 6）	（0.007 2）	（0.072 1）	（0.073 6）
城市规模的平方		-0.023 6***	-0.012 6*		-0.024 3***	-0.013 1**
		（0.006 4）	（0.006 6）		（0.006 4）	（0.006 6）
性别		0.269 7***	0.259 2***		0.269 6***	0.259 0***
		（0.015 8）	（0.015 5）		（0.015 8）	（0.015 5）

续表

	被解释变量为 ln(income)			被解释变量为 ln(rincome)		
	(1)	(2)	(3)	(4)	(5)	(6)
年龄		-0.005 0***	-0.004 8***		-0.005 0***	-0.004 8***
		(0.000 9)	(0.000 9)		(0.000 9)	(0.000 9)
是否有配偶		0.085 0***	0.090 0***		0.085 5***	0.090 4***
		(0.024 2)	(0.024 0)		(0.024 2)	(0.024 1)
民族		0.040 6	0.092 1**		0.042 1	0.092 3**
		(0.045 3)	(0.045 8)		(0.045 3)	(0.045 8)
教育		0.011 2***	0.010 9***		0.011 2***	0.010 9***
		(0.002 9)	(0.002 8)		(0.002 9)	(0.002 8)
健康		-0.153 6***	-0.154 1***		-0.153 8***	-0.154 2***
		(0.010 6)	(0.010 5)		(0.010 6)	(0.010 5)
经验		0.013 0***	0.012 5***		0.013 0***	0.012 5***
		(0.000 9)	(0.000 9)		(0.000 9)	(0.000 9)
行业			0.004 1***			0.004 1***
			(0.000 6)			(0.000 6)
第二产业比重			0.003 7			0.003 6
			(0.002 9)			(0.002 9)
第三产业比重			0.009 1***			0.008 8***
			(0.002 8)			(0.002 8)
外商直接投资			-0.014 7***			-0.014 5***
			(0.003 8)			(0.003 8)
固定资产投资			-0.001 3***			-0.001 4***
			(0.000 4)			(0.000 4)

续表

	被解释变量为 ln（income）			被解释变量为 ln（rincome）		
	（1）	（2）	（3）	（4）	（5）	（6）
医院床位数			0.001 1***			0.001 1***
			（0.000 4）			（0.004）
绿化			0.005 1***			0.005 3***
			（0.001 5）			（0.001 5）
R^2	0.0338	0.1220	0.1482	0.0334	0.1217	0.1475
F 值	349.44	136.49	105.56	345.06	136.17	104.81
观测值	9704	9609	9609	9704	9609	9609

注：***、**、*分别表示在1%、5%和10%的显著性水平上显著。

4.4 城市规模对城镇居民收入影响的工具变量估计

4.4.1 工具变量回归

工具变量是用来解决内生变量偏差的变量。在OLS估计中，解释变量可能会和扰动项相关，即不满足前定变量的假设或不满足经典假设条件。这时候，无论样本容量有多大，OLS估计量也不能收敛到真实的总体参数，即使得样本估计得到的参数和总体参数产生不一致，造成内生变量偏差。由于这种偏差是由内生变量与扰动项相关引起的，因此可以将内生变量分为两部分：一部分与扰动项相关，一部分与扰动项不相关，这样与扰动项不相关的部分将得到与总体参数一致的估计。为了分离内生变量，解决内生变量偏差，可以引入和借助一个新的变量，这个新变量被称为工具变量（Instrumental Variable，简记为IV）。

一个有效的工具变量必须同时满足两个条件：一是相关性，即工具变量与内生解释变量相关；二是外生性，即工具变量与扰动项不相关[1]。

---

[1] 李坤望，刘健. 金融发展如何影响双边股权资本流动[J]. 世界经济，2012，08；刘健，宋文文. 制度差距如何影响FDI与FPI流动[J]. 经济与管理评论，2013，01.

利用工具变量的这两个性质,就可以得到和总体参数一致的样本估计量,具体做法是运用二阶段最小二乘法(Two Stage Least Square,简记为2SLS或TSLS),即通过两个回归来完成。

第一阶段回归:用内生解释变量对工具变量回归,并得到内生解释变量的拟合值。

第二阶段回归:用响应变量对第一阶段回归得到的拟合值进行回归(王必好和黄浩洁,2013),得到与总体参数一致的样本参数估计值。

在具体的计量中,二阶段最小二乘法估计的结果是否真的有效还需要进一步的检验,其原因是弱工具变量问题的存在。所谓的弱工具变量问题指的是如果工具变量与内生解释变量的相关性很弱,就会导致估计量的渐近方差变得过大。直观上来说,就是由于工具变量中包含的关于内生解释变量的信息很少,因此利用这部分信息进行的工具变量法估计结果就不准确,即使样本容量很大也很难收集到足够的信息从而收敛到真实的参数值,致使推断失效。因此,必须对工具变量的有效性进行检验,消除弱工具变量问题,这样才能保证工具变量估计的结果有效。判断弱工具变量的方法主要有两种。

方法一:使用"偏R^2"。假设回归模型为:$y = x_1\beta_1 + x_2\beta_2 + \varepsilon$。其中,只有$x_2$为内生解释变量,记工具变量为$z_2$,第一阶段回归中,$x_2$—OLS—$x_1$,$z_2$,由于$R^2$包含了内生变量$x_2$与工具变量$z_2$相关性的信息,但也可能是由于$x_2$与$x_1$的相关性造成的,因此应该使用滤去$x_1$影响的"偏$R^2$"。若该"偏$R^2$"很低,则工具变量$z_2$即为弱工具变量,无效;否则,工具变量$z_2$有效(陈强,2010)。

方法二:在第一阶段回归中,$x_2 = x_1\gamma_1 + x_2\gamma_2 + error$,检验原假设"$H_0: \gamma_2 = 0$"。在随机扰动项同方差的情况下,可以直接运用线性约束的F检验,如果是异方差,则可以采用沃尔德检验。一个经验原则是:如果此检验F统计量大于10,则可拒绝"存在弱工具变量"的原假设,即不存在弱工具变量问题;如果F统计量小于10,则说明z_2为弱工具变量,无效。(王志刚,2008)

4.4.2 估计结果及其分析

在考察城市规模对城镇居民收入影响的过程中，由于可能存在着未被列入的变量，同时城市规模和城镇居民收入之间可能存在着交互作用，因此就需要找到一个城市规模的合理工具变量，使用工具变量估计方法来克服回归方程中可能存在的内生性偏差。

本研究选择使用样本城市市辖区 1982 年到 1990 年的人口数量增长，作为城市规模变量的工具变量，该数据来源于第三次和第四次全国人口普查的主要数据报告。一方面，从理论上来讲，历史人口与未来的人口规模正相关，因此，样本城市市辖区 1982 年到 1990 年的人口数量增长会影响到该城市 2013 年的人口规模，即两个变量相关；另一方面，样本城市市辖区 1982 年到 1990 年的人口数量增长很难对城镇居民 2013 年的收入造成直接影响，即样本城市市辖区 1982 年到 1990 年的人口数量增长和个人收入决定模型中的干扰项不相关。样本城市市辖区 1982 年到 1990 年的人口数量增长满足作为工具变量的基本条件。

表 4.6 考察了城市规模对城镇居民名义收入和实际收入的影响，其中第（1）~（2）列展示了城市规模和可能影响城镇居民收入的、个人特征变量的估计系数，第（3）~（4）列则展示了其他可能影响城镇居民收入的、城市特征变量的估计系数。

第一阶段的估计结果在 1%的水平上显著为正。由于本研究衡量城市规模采用的指标是样本城市市辖区 2013 年年末的人口数，因此，第一阶段的估计结果显著为正，说明样本城市市辖区 1982 年到 1990 年的人口数量增长对该城市 2013 年的人口规模具有显著的正影响；并且，所选择的工具变量不存在明显的弱工具变量问题，是有效的。

第二阶段估计结果显示，城市规模变量对城镇居民名义收入和实际收入的回归系数都在 1%的水平上显著为正，说明城市人口规模对城镇居民名义收入和实际收入的增长都具有显著的拉动作用。同时，城市人口规模对城镇居民名义收入和实际收入的拉动作用都呈现倒"U"型轨迹，即城市规模对城镇居民名义收入和实际收入的拉动作用都呈现先上升再下降的态势，且其拐点分别约为 3 197.10 万人和 3 010.92 万人。这意味着，在控制了其他特征变量的情况下，城市规模在达到拐点规模之前，随着人口数量的不断增加，城镇居民的名义收入和实际收入都将不断上升；但达到拐点规模之后，随着城市人口数量的增长，城镇居民的名义收入和实际收入不仅不会继续上升，反而会下降。这也可以说明，从促进城镇居民名义收入和实际收入最大化的角度来讲，最佳城市规模是存在的，这与前面部分的理论预期以及OLS回归结果都是一致的，理论假设一再次得到了证实——"城镇居民收入最大化的有效城市规模是存在的"。

表 4.6 城市规模对城镇居民名义收入和实际收入的影响：工具变量估计结果

变量	（1）被解释变量为 ln（income）	（2）被解释变量为 ln（rincome）	变量	（3）被解释变量为 ln（income）	（4）被解释变量为 ln（rincome）
第一阶段					
工具变量	0.013 0***	0.013 0***			
	（0.000 3）	（0.000 3）			
第二阶段					
城市规模	0.825 0***	0.840 9***			
	（0.185 2）	（0.185 1）			
城市规模的平方	-0.051 1***	-0.052 5***			
	（0.015 0）	（0.015 0）			
性别	0.264 9***	0.264 8***	行业	0.004 7***	0.004 7***
	（0.015 5）	（0.015 5）		（0.000 6）	（0.000 6）
年龄	-0.004 7***	-0.004 7***	第二产业比重	0.003 3	0.003 1
	（0.000 9）	（0.000 9）		（0.003 0）	（0.003 0）
是否有配偶	0.093 5***	0.093 8***	第三产业比重	0.004 2	0.003 9
	（0.024 1）	（0.024 1）		（0.002 9）	（0.002 9）
民族	-0.023 3	-0.023 7	外商直接投资	-0.045 2***	-0.045 3***
	（0.048 9）	（0.048 9）		（0.006 2）	（0.006 2）

续表

变量	（1）被解释变量为 ln(income)	（2）被解释变量为 ln(rincome)	变量	（3）被解释变量为 ln(income)	（4）被解释变量为 ln(rincome)
教育	0.011 8***	0.011 8***	固定资产投资	0.000 8	0.000 8
	(0.002 8)	(0.002 8)		(0.000 5)	(0.000 5)
健康	−0.162 0***	−0.162 1***	医院床位数	0.003 5***	0.003 5***
	(0.010 5)	(0.010 5)	绿化	0.003 3**	0.003 6**
经验	0.011 9***	0.011 9***		(0.001 5)	(0.001 5)
	(0.000 9)	(0.000 9)		(0.000 6)	(0.000 6)
R^2				0.150 9	0.150 2
F 值				107.65	106.89
观测值				9 609	9 609

注：***、**、*分别表示在 1%、5%和 10%的显著性水平上显著。

与 OLS 的估计结果类似，工具变量估计结果显示：绝大多数的个人特征变量对城镇居民的名义收入和实际收入的增长都具有显著影响。一般而言，男性的名义收入和实际收入水平都高于女性；有配偶城镇居民的名义收入和实际收入都高于单身城镇居民；受教育或工作的年数越长，城镇居民的名义收入和实际收入也都越高；随着年龄的增长，由于人力资本积累速度减缓，以及对新知识和新技能接受空间的限制，城镇居民的名义收入和实际收入的增长速度将会不断下降。身体健康状况越好，城镇居民的名义收入和实际收入水平越高；随着身体健康状况的恶化，城镇居民的名义收入和实际收入也越低。各个人特征变量对城镇居民收入影响结果的解释，与 OLS 估计结果的解释类似，这里不再赘述。值得注意的是，在工具变量实证中，民族变量没有通过显著性检验，这意味着民族身份对城镇居民的收入增长不具有显著影响。

关于城市特征变量对城镇居民收入增长的影响，工具变量估计结果显示：行业、外商直接投资、医院床位数和绿化率变量对城镇居民的名义收入和实际收入都具有显著的影响。各城市特征变量对城镇居民收入的影响情况，分析如下。

行业变量对城镇居民收入增长具有显著的正向促进作用，即随着居民所在行业从业人员占比的增加，城镇居民的名义收入和实际收入都将会上升。这可能是因为行业从业人员比重增加意味着该行业对劳动力的需求增加，在劳动力市场供给不变或供给增加幅度低于需求增加幅度的情况下，该行业的均衡工资上升，进而促进了该行业城镇居民名义收入和实际收入的增长。

外商直接投资占 GDP 比重的增加显著地降低了城镇居民的名义收入和实际收入水平，这和"投资增加会加大对劳动力的需求，从而提高劳动力的均衡工资和收入水平"的理论预期相悖，但也是可以被解释的：一方面，这一结果说明依赖于外商投资来实现经济增长的城市，其劳动生产率和居民收入水平，比依赖消费实现经济增长的城市，可能要低一些；另一方面，伴随着城市规模的不断扩大，外商直接投资对城市经济和社会状况改善所带来的收入效应，可能在短期中尚未显现出来。

城市福利的代理变量医院床位数和建成区绿化覆盖率变量对城镇居民名义收入和实际收入都具有正向促进作用。这可能是因为随着社会福利水平的提高，城镇居民的身体和心理健康状况，以及居住环境都不断改善，居民个人劳动生产率和社会劳动生产率也会随之不断上升，由此直接和间接带来了城镇居民名义收入和实际收入水平的提高。

值得注意的是，从理论上讲第二产业及第三产业占 GDP 的比重的增加，将会促进城镇居民名义收入和实际收入的增加。但工具变量的实证结果并没有证实这一点。这可能是因为，伴随着城市人口规模的扩大，大量低技能劳动力进入城市劳动力市场，产业结构优化和劳动生产率提高对城镇居民收入带来的正向效应被城市劳动力市场供给量大幅度增加所带来的收入负向效应所抵消，从而导致第二产业及第三产业占比变量没有通过显著性检验。

综上所述，以城镇居民名义收入和实际收入为被解释变量，以城市规模为核心解释变量的 OLS 估计和工具变量估计，其结果都显示：在控制个人特征和城市特征的情况下，城市规模变量的估计系数都显著为正，说明城市规模对城镇居民的名义收入和实际收入都具有显著的拉动和促进作用。估计结果进一步显示：城市人口规模对城镇居民名义收入和实际收入的拉动作用都呈现倒"U"型轨迹，即城市规模对城镇居民名义收入和实际收入的拉动作用都呈现先上升再下降的态势，其拐点分别约为 3 197.10 万人和 3 010.92 万人。这意味着，在控制了其他特征变量的情况下，城市规模在达到拐点规模之前，随着人口数量的不断增加，城镇居民的名义收入和实际收入都将不断上升；但达到拐点规模之后，随着城市人口数量的增加，城镇居民的名义收入和实际收入则会逐渐下降。这也可以说明，从促进城镇居民名义收入和实际收入最大化的角度来讲，最佳城市发展规模是存在的，理论假设一（即基础理论假设）得到了证实——"城镇居民收入最大化的有效城市规模是存在的"。并且，在其他影响因素不变的情况下，使得城镇居民收入最大化的城市规模约落在 3 010.92 万人 ~ 3 197.10 万人的区间上。

4.5　城市规模对城镇居民收入影响的差异性分析

前一部分的回归结果，反映了城镇居民名义收入和实际收入对城市规模的平均响应。但城市人口规模的扩张对城镇居民收入增长的影响，很可能存在着异质性。这是因为城镇居民收入水平的高低受到多种因素的影响，例如：个人特征因素，即城镇居民在个人经验、技能等方面存在着差异；劳动力市场上存在的制度性和非制度性进入壁垒；城镇居民所从事行业的特点不同等。这些影响因素的存在，可能会导致不同特征城镇居民从城市规模扩大过程中获得的收益大小或面临的冲击程度会有所不同。鉴于此，本部分内容将从城镇居民的个人特征因素——受教育的程度或技能水平，城镇居民所从事行业的差异——劳动密集度、垄断程度和行业开放度等出发来考察城市规模对不同特征城镇居民收入增长的影响[①]。

---

① 本部分的实证分析中，解释变量部分不包含城市规模的平方项。

4.5.1 对不同技能组城镇居民收入的影响

城市规模在为所有劳动者带来收益的同时，不同技能水平的劳动者从中获益的大小可能并不相同。这种差异性主要来自两个方面：一是由于拥有较低技能水平的劳动者，其就业更多地集中在低技能服务业，而低技能服务业又是非贸易品部门的一个重要组成部分；因而，与中、高技能劳动者相比，低技能劳动者可能从人口和经济集聚中获得的好处更多（陆铭等，2012）。二是因为知识和人力资本存在外部效应，与中、低技能行业相比，由于高技能行业对知识和人力资本的依赖性更强，因此，该类行业劳动生产率的提高，受知识和人力资本溢出的影响也将会更大；同时，高技能劳动力具有相对更强的学习能力；因此，从事高技能行业的高技能劳动力从人口和经济聚集中可能获益很大。

鉴于此，本部分将实证分析和考察城市规模对不同技能水平城镇居民收入增长的影响：低技能劳动者和高技能劳动者从经济聚集和城市规模扩张中哪方获益更大。本部分将受教育程度作为衡量城镇居民技能水平高低的指标，并以城镇居民接受学校正规教育的年数为标准，将城镇居民分为了三个组：受学校正规教育的年数小于等于 12 年的为低技能组；受教育年数为 12 年以上 16 年以下（包括 16 年）的为中等技能组；受教育年数大于 16 年的为高技能组。在分组的基础上，以城镇居民收入为被解释变量，以城市人口规模为主要解释变量，在控制居民个人特征和样本城市特征的情况下，分别对上述各组样本进行回归估计，以检验城市规模扩张对不同技能组城镇居民收入增长的影响是否存在差异。

表 4.7 和表 4.8 中展示了对不同技能组城镇居民样本的回归结果。结果显示：在以城镇居民名义收入为被解释变量的回归中，城市规模变量对各技能组城镇居民样本的 OLS 估计系数和工具变量估计（2SLS）系数都显著为正，说明城市规模对不同技能水平城镇居民的名义收入增长都具有显著的正向影响。工具变量估计结果还进一步显示：随着技能水平的提高，城市规模变量对城镇居民名义收入的影响系数越来越大，说明城市规模对城镇居民名义收入的拉动作用，随个人技能水平的上升而逐渐增大。由此可见，城市规模扩张对高技术水平城镇居民名义收入

增长的影响最大,其次是中等技能水平的居民,对低技能水平城镇居民名义收入增长的影响最小,即城市规模对城镇居民名义收入的促进作用,随个人技能水平的提高而增大,高技能水平城镇居民从人口和经济活动聚集中获益最大。这可能是因为:一方面,人口和经济活动的集聚带来了更多的市场需求和机会,增加了城镇居民的名义收入;另一方面,低技能型居民之间存在着较高的替代关系,这将会降低该组城镇居民的名义收入。而在人口和经济集聚过程中,低技能型居民对中等技能水平和高技能水平城镇居民的替代关系较小,且随着技能水平的提高,这种替代关系将变得越来越弱。并且,随着低技能型居民的增加,将进一步促使中等技能水平和高技能水平居民与从事的工作更匹配,或使其更专门化地从事高技能水平的工作,技能的更充分地发挥,带来该两组城镇居民名义收入较大幅度上升和提高。因此,虽然城市规模对低技能的城镇居民带来了名义收入的提高,但其提高幅度却相对于中技能组和高技能组要低一些,这是因为有一部分被替代效应抵消掉了。

表 4.7 城市规模对不同技能组城镇居民名义收入的影响

	OLS 估计			2SLS 估计		
	低技能组	中技能组	高技能组	低技能组	中技能组	高技能组
城市规模	0.067 9***	0.054 7***	0.092 4***	0.121 0***	0.172 3***	0.179 6***
	(0.016 5)	(0.014 1)	(0.018 4)	(0.033 9)	(0.029 5)	(0.036 1)
个人特征	控制	控制	控制	控制	控制	控制
城市特征	控制	控制	控制	控制	控制	控制
R^2	0.137 0	0.189 6	0.143 0	0.135 7	0.193 1	0.142 3
F 值	38.59	55.91	29.66	38.38	56.38	29.06
观测值	3 426	3 448	2 735	3 426	3 448	2 735

注:***、**、*分别表示在1%、5%和10%的显著性水平上显著。

与以城镇居民名义收入为被解释变量的回归相似,在以城镇居民实际收入为被解释变量的回归中,城市规模变量的估计系数在对各技能组城镇居民样本的 OLS 估计和工具变量估计(2SLS)中,都显著为正,说明城市规模对不同技能水平城镇居民的实际收入都具有显著的正向影响。工具变量估计的结果进一步显示：随着技能水平的提高，城市规模对城镇居民实际收入增长的影响系数越来越大；这说明，城市规模对城镇居民实际收入的促进作用，也将随个人技能水平的提高而增大。

总之，城市规模对不同技能水平城镇居民收入的增长都具有显著的促进和拉动作用；并且，随着技能水平的提高，城市规模对城镇居民收入增长的这种促进作用越来越大。这一结果也进一步说明，个人技能水平越高，城镇居民从人口和经济集聚中获得的收益越大，而面临的冲击则越小；反之，人技能水平越低，城镇居民从人口和经济集聚中获得的收益越小，而面临的冲击则越大；高技能水平城镇居民从城市规模扩大中获益最大。

表 4.8 城市规模对不同技能组城镇居民实际收入的影响

	OLS 估计			2SLS 估计		
	低技能组	中技能组	高技能组	低技能组	中技能组	高技能组
城市规模	0.067 3***	0.054 3***	0.091 8**	0.119 8****	0.170 7***	0.178 8***
	(0.016 5)	(0.014 1)	(0.018 4)	(0.033 9)	(0.029 5)	(0.036 1)
个人特征	控制	控制	控制	控制	控制	控制
城市特征	控制	控制	控制	控制	控制	控制
R^2	0.136 6	0.188 6	0.142 6	0.135 4	0.192 0	0.141 9
F 值	38.43	55.54	29.58	38.21	56.01	28.98
观测值	3 426	3 448	2 735	3 426	3 448	2 735

注：***、**、*分别表示在1%、5%和10%的显著性水平上显著。

4.5.2 对不同行业城镇居民收入的影响

4.5.2.1 按劳动密集度分组

借鉴张长春（1994）按照生产要素的密集度对工业行业进行分类的方法，用行业人均资金占有量来区别劳动密集型行业和资金密集型行业。具体分类标准和操作步骤为：

首先，计算各行业以及全部行业的人均资金占有量。具体方法是：选取各行业的固定资产投资额作为各行业资金总额的衡量指标，用各行业的固定资产投资额除以各行业从业人员数，其比值即为各行业的人均资金占有量；全部行业的固定资产投资总额除以全部行业从业人员总数，其比值即为全部行业的人均资金占有量（或行业平均人均资金占有量）。

其次，以全部行业的人均资金占有量作为区分劳动密集型行业和资金密集型行业的标准。如果某个行业的人均资金占有量大于全部行业的人均资金占有量，就说这个行业属于资金密集型行业；反之，如果某个行业的人均资金占有量小于全行业的均值（行业平均人均资金占有量），该行业就属于劳动密集型行业。

表4.9展示了各行业和全行业的人均资金占有量，并进行了排序。从中可以看出：根据分类方法，建筑业，金融业，教育，公共管理、社会保障和社会组织，卫生和社会工作，科学研究和技术服务，信息传输、计算机服务和软件业，租赁和商务服务业，批发和零售业，住宿和餐饮业，以及采矿业共11个行业属于劳动密集型行业；而居民服务、修理和其他服务业，制造业，文化、体育和娱乐业，农林牧渔业，交通运输、仓储和邮政业，电力、燃气及水的生产和供应业，水利、环境和公共设施管理业，以及房地产业共8个行业，则属于资金密集型行业。

表4.9 各行业人均资金占有量及排序

序号	行业	人均资金（万元）
1	建筑业	1.208 9
2	金融业	2.309 0
3	教育	3.200 5
4	公共管理、社会保障和社会组织	3.748 4
5	卫生和社会工作	4.075 7
6	科学研究和技术服务	8.079 4
7	信息传输、计算机服务和软件业	9.425 3
8	租赁和商业服务业	13.924 2

续表

序号	行业	人均资金（万元）
9	批发和零售业	14.145 8
10	住宿、餐饮业	19.751 6
11	采矿业	23.014 6
	全行业	24.063 3
12	居民服务、修理和其他服务业	27.585 1
13	制造业	28.069 1
14	文化、体育和娱乐业	35.547 6
15	农、林、牧、渔业	38.674 4
16	交通运输、仓储和邮政业	42.932 4
17	电力、燃气及水的生产和供应业	48.526 3
18	水利、环境和公共设施管理业	145.303 6
19	房地产业	298.045 5

数据来源：根据中国统计年鉴 2014 中的相关数据计算得出。

表 4.10 展示了城市规模对劳动密集型行业和资金密集型行业城镇居民名义收入的影响。结果显示：无论是 OLS 估计，还是工具变量估计，城市规模变量的回归系数都显著为正。这说明城市规模对劳动密集型行业和资金密集型行业城镇居民的名义收入，都具有显著的正向影响。城市规模变量的估计系数值进一步显示，城市规模对劳动密集型行业城镇居民名义收入的促进作用，大于对资金密集型行业城镇居民名义收入的促进作用。这可能是因为劳动密集型行业对于从业人员的技能要求相对要低一些，由于人口和经济活动的进一步集聚和城市规模的扩大，消费品市场需求扩大，特别是劳动密集型非贸易品的市场需求扩大，这就为低技能水平的居民带来了更多的就业机会和更高的均衡工资水平，从而从更大程度上，促使了具有低技能的、从事劳动密集型行业的城镇居民名义收入的增加。相对而言，城市规模对于资金密集型行业的城镇居民的名义收入的促进作用要小一些。

表 4.10　城市规模对劳动密集和资金密集行业城镇居民名义收入的影响

	OLS 估计		2SLS 估计	
	劳动密集型行业	资金密集型行业	劳动密集型行业	资金密集型行业
城市规模	0.1013***	0.0586***	0.2521***	0.1379***
	(0.1242)	(0.0154)	(0.7753)	(0.0316)
个人特征	控制	控制	控制	控制
城市特征	控制	控制	控制	控制
R^2	0.1849	0.1339	0.1886	0.1345
F 值	87.53	42.75	88.66	42.94
观测值	5470	4136	5470	4136

注：***、**、*分别表示在1%、5%和10%的显著性水平上显著。

表4.11展示了城市规模对劳动密集型行业和资金密集型行业城镇居民实际收入的影响。结果显示，OLS估计和工具变量估计中，城市规模变量的回归系数都显著为正。这说明城市规模对劳动密集型行业和资金密集型行业城镇居民实际收入的增长，都具有显著的拉动和促进作用。城市规模变量的估计系数值进一步显示，城市规模对劳动密集型行业城镇居民实际收入的拉动和促进作用，显著大于对资金密集型行业城镇居民实际收入的拉动和促进作用。其主要原因，是由于资金密集型行业对从业人员的技能要求，相对于劳动密集型行业要高一些，对劳动力的需求量也相对更为稳定。人口和经济活动的集聚以及城市规模的扩大，首先大幅度增加的是对低技能水平商品、劳务和劳动力的需求量，从而引起劳动密集型行业城镇居民实际收入较大幅度的增加。而资金密集型行业城镇居民收入的提高，主要来源于高技能水平者更专业化的从事技能水平要求高的工作，从而带来的资金密集型行业劳动生产率的提高。回归结果显示，高技能者专门化从事技能水平要求高的工作，所带来的收入的提高幅度，比劳动密集型行业城镇居民实际收入的增长幅度要小一些。

总之，人口和经济活动的进一步集聚和城市规模的扩大，对劳动密集型行业和资金密集型行业城镇居民收入的增长，都具有显著的促进作用。并且，相对而言，城市规模扩大对从事劳动密集型行业城镇居民收入增长的促进作用要大一些。这一结果也进一步说明，相对于资金密集型行业而言，劳动密集型行业城镇居民从人口和经济集聚中获益更大。

表 4.11 城市规模对劳动密集和资金密集行业城镇居民实际收入的影响

	OLS 估计		2SLS 估计	
	劳动密集型行业	资金密集型行业	劳动密集型行业	资金密集型行业
城市规模	0.1009***	0.0579***	0.2511***	0.1362***
	（0.0124）	（0.0154）	（0.0248）	（0.0316）
个人特征	控制	控制	控制	控制
城市特征	控制	控制	控制	控制
R^2	0.1839	0.1336	0.1876	0.1342
F 值	86.96	42.54	88.07	42.72
观测值	5470	4136	5470	4136

注：***、**、*分别表示在1%、5%和10%的显著性水平上显著。

4.5.2.2 按垄断程度分组

根据最新的行业分类标准《国民经济行业分类》(GB/T 4754—2017)，并按照行业垄断程度，选取电力、热力、燃气及水的生产和供应业，交通运输、仓储和邮政业，金融业，房地产业，信息传输、软件和信息技术服务业，文化、体育和娱乐业，卫生和社会工作，教育，采矿业，以及建筑业共 10 个行业为垄断程度较高行业；选取农、林、牧、渔业，制造业，批发和零售业，住宿和餐饮业，租赁和商务服务业，以及居民服务、修理和其他服务业共 6 个行业为垄断程度较低行业。最新行业分类标准中《国民经济行业分类》(GB/T 4754-2017)，剩余的科学研究和技术服务业，公共管理、社会保障和社会组织，水利、环境和公共设施管理业，以及国际组织共 4 个行业，不纳入分类中。其原因是这四类行业属于公共部门范畴，其活动并没有进入市场，即这四类行业从事的活动是非市场活动。

表 4.12 和表 4.13 展示了城市规模对垄断程度较高行业和垄断程度较低行业城镇居民收入增长的影响。结果显示，无论是 OSL 估计还是工

具变量估计，城市规模变量的回归系数都显著为正。这说明，城市人口规模对垄断程度较高行业和垄断程度较低行业城镇居民收入的增长都具有显著的正向影响。

在以城镇居民名义收入为被解释变量的回归中（表 4.12），在控制了个人特征和城市特征的情况下，城市规模变量回归系数都显著为正，说明城市规模对垄断程度较高行业和垄断程度较低行业城镇居民名义收入的增长，都具有显著的促进作用。城市规模变量的回归系数值进一步说明，城市规模对垄断程度较高行业城镇居民名义收入增长的促进作用，要大于对垄断程度较低行业城镇居民名义收入增长的促进作用。其原因可能是，一方面，中国当前状况下，市场上垄断程度较高行业提供的商品和劳务大多数都是关系到国计民生或是居民生活所不可或缺的商品；随着人口和经济的进一步聚集和城市规模扩大，对该类商品和劳务的需求也将随之增加，从而使得其均衡价格上涨，该行业城镇居民的收入也相应增长。另一方面，从行业特点看，由于垄断程度较高行业存在进入壁垒，其竞争性较弱，随着人口的集聚和市场需求的扩张，垄断程度较高行业的经济利润也将增加，从而会引起垄断程度较高行业垄断利润的增加和该行业城镇居民名义收入的提升。

表 4.12 城市规模对不同垄断程度行业城镇居民名义收入的影响

	OLS 估计		2SLS 估计	
	垄断程度较高	垄断程度较低	垄断程度较高	垄断程度较低
城市规模	0.088 0***	0.086 3***	0.239 0***	0.168 1***
	（0.013 9）	（0.014 9）	（0.028 2）	（0.031 8）
个人特征	控制	控制	控制	控制
城市特征	控制	控制	控制	控制
R^2	0.146 7	0.139 2	0.153 1	0.137 6
F 值	41.21	54.15	42.30	52.70
观测值	3 634	4 731	3 634	4 731

注：***、**、*分别表示在1%、5%和10%的显著性水平上显著。

在以城镇居民实际收入为被解释变量的回归中（表 4.13），在控制了个人特征和城市特征的情况下，城市规模变量估计系数也都显著为正，说明城市规模对垄断程度较高行业和垄断程度较低行业城镇居民实际收入的增长，都具有促进和拉动作用。城市规模变量的估计系数值进一步显示，城市规模对垄断程度较高行业城镇居民实际收入增长的拉动作用，要大于对垄断程度较低行业的拉动作用。其原因可能是：一方面，随着人口和经济活动的集聚，商品和劳务市场，以及生产要素市场的市场需求量都将提高，从而引起需求曲线向右平移，市场均衡价格上涨，均衡数量增加，行业利润增加，城镇居民的实际收入水平提高；另一方面，相对于垄断程度较高行业而言，垄断程度较低行业的竞争性更强，随着市场需求量的增加，会有更多的商品、劳务、生产要素加入供给的行列，引起供给曲线的向右平移，均衡价格下降，行业利润下降，城镇居民的实际收入也相应降低。回归结果显示，从总体上看，由人口和经济活动集聚引起的，对垄断程度较低行业城镇居民实际收入的正向拉动作用，占据着主导地位，但由于这种正向影响和作用受到了来自市场竞争力量的部分抵消，因此城市规模对垄断程度较低行业城镇居民实际收入增长的拉动作用，要小于对垄断程度较高行业城镇居民实际收入增长的拉动作用。

综上所述，城市规模对垄断程度较高行业和垄断程度较低行业城镇居民名义收入和实际收入的增长，都具有显著的拉动和促进作用。由于市场竞争力量的存在，城市规模扩大对垄断程度较低行业城镇居民名义收入和实际收入增长的拉动作用，要小于对垄断程度较高行业城镇居民名义收入和实际收入增长的拉动作用，即与垄断程度较低行业相比，垄断程度较高行业城镇居民从人口和经济活动集聚和城市规模扩大中获益更大。

表 4.13　城市规模对不同垄断程度行业城镇居民实际收入的影响

	OLS 估计		2SLS 估计	
	垄断程度较高	垄断程度较低	垄断程度较高	垄断程度较低
城市规模	0.087 6***	0.085 5***	0.238 1***	0.166 5***
	（0.013 9）	（0.014 9）	（0.028 2）	（0.031 8）
个人特征	控制	控制	控制	控制

续表

	OLS 估计		2SLS 估计	
	垄断程度较高	垄断程度较低	垄断程度较高	垄断程度较低
城市特征	控 制	控 制	控 制	控 制
R^2	0.145 8	0.138 9	0.152 2	0.137 4
F 值	40.86	53.98	41.95	52.55
观测值	3 634	4 731	3 634	4 731

注：***、**、*分别表示在 1%、5%和 10%的显著性水平上显著。

4.5.2.3 按行业的贸易开放度分组

非贸易品部门是国民经济的一个重要组成部分。如果由于某种原因，可贸易品部门中某产业对劳动力的需求量增加，这种冲击将会增加该产业的就业和工资水平（陆铭等，2012），进而提高城市的总收入。而总收入水平的提高则会进一步带来对非贸易品需求量的增加，从而更大程度上增加非贸易品部门的就业数量，提高居民的收入水平。而城市规模的集聚效应，就是引起可贸易品部门对劳动力需求量增加的一个原因。鉴于此，可以考虑从行业的贸易开放度，来考察城市规模对这两个部门或两类行业城镇居民收入增长的影响。

依据我国最新的国民经济行业分类标准《国民经济行业分类》（GB/T 4754—2017），并按照所生产的商品或提供的服务的贸易开放度，我们可以将全部行业分为可贸易品行业和非贸易品行业。其中，可贸易品行业或部门包括农、林、牧、渔业，制造业，信息传输、软件和信息技术服务业，电力、热力、燃气及水的生产和供应业，批发和零售业，租赁和商务服务业，交通运输、仓储和邮政业，文化、体育和娱乐业共 8 个行业；非贸易品行业或部门包括采矿业，建筑业，住宿和餐饮业，房地产业，金融业，居民服务、修理和其他服务业，教育，卫生和社会工作共 8 个行业；而剩余的 4 个行业——科学研究和技术服务业，公共管理、社会保障和社会组织，水利、环境和公共设施管理业，以及国际组织，由于其提供的服务不进入市场交易，因此，不把它们纳入该部分的研究范围。

表 4.14 展示了城市规模对可贸易品行业和非贸易品行业，城镇居民

名义收入增长的影响。回归结果显示，城市规模变量的估计系数，无论是在 OLS 估计还是在工具变量估计中，都显著为正，说明城市规模对可贸易品行业和非贸易品行业城镇居民名义收入的增长，都具有显著的正向影响。这可能是因为：一方面，人口和经济活动的集聚，引起知识和技术外溢，提高了可贸易品部门和行业的劳动生产率，引起就业数量和均衡工资的增加，从而提高了城镇居民的名义收入；另一方面，人口的集聚引致对非贸易品的需求量增加，刺激了非贸易品的生产，为劳动者带来更多的就业机会，从而提高了城镇居民的名义收入。城市规模变量的估计系数值进一步显示，城市规模对非贸易品行业城镇居民名义收入增长的促进作用，大于对可贸易品行业城镇居民名义收入增长的促进作用。这可能是因为可贸易品行业的贸易开放度较高，该类行业生产的商品或提供的服务可以在区域间自由流动；而非贸易品行业的开放度较低，该类行业生产的商品或提供的服务基本不存在外来的竞争压力。因此，可贸易品行业的竞争性，要高于非贸易品行业的竞争力度。由于行业竞争程度不同，因而会导致，由人口和经济集聚所带来的市场需求，引起的可贸易品的价格增长幅度，要小于非贸易品的价格增长幅度，从而使得非贸易品行业城镇居民名义收入的增长幅度，大于了可贸易品行业城镇居民名义收入的增长幅度。

表 4.14　城市规模对不同贸易开放度行业城镇居民名义收入的影响

	OLS 估计		2SLS 估计	
	可贸易品行业	非贸易品行业	可贸易品行业	非贸易品行业
城市规模	0.081 9***	0.084 7***	0.138 9***	0.264 5***
	（0.015 5）	（0.014 2）	（0.031 3）	（0.030 8）
个人特征	控制	控制	控制	控制
城市特征	控制	控制	控制	控制
R^2	0.135 5	0.174 0	0.133 1	0.182 2
F 值	51.44	52.53	49.64	54.34
观测值	4 652	3 713	4 652	3 713

注：***、**、*分别表示在 1%、5%和 10%的显著性水平上显著。

表 4.15 展示了城市规模对可贸易品行业和非贸易品行业城镇居民实际收入增长的影响。回归结果显示，OLS 估计和工具变量估计中，城市规模变量的估计系数都显著为正，说明城市规模对可贸易品行业和非贸易品行业城镇居民实际收入的增长，都具有显著的正向推动作用。城市规模变量的估计系数值进一步显示，城市规模对非贸易品行业城镇居民实际收入增长的拉动作用，大于对可贸易品部门城镇居民实际收入增长的拉动作用。造成这一结果，可能存在的原因与上一部分"城市规模对可贸易品行业和非贸易品行业城镇居民名义收入增长影响"的回归结果原因相似。

总之，城市规模对非贸易品行业和可贸易品行业城镇居民的名义收入和实际收入增长，都具有显著的正向拉动作用；并且，由于可贸易品行业的开放度和竞争性都比非贸易品行业大，因而，非贸易品部门或行业的城镇居民，从人口和经济活动集聚中得到的收益更大。

表 4.15　城市规模对不同贸易开放度行业城镇居民实际收入的影响

	OLS 估计		2SLS 估计	
	可贸易品行业	非贸易品行业	可贸易品行业	非贸易品行业
城市规模	0.081 7***	0.084 3***	0.137 1***	0.263 7***
	（0.015 6）	（0.014 2）	（0.031 4）	（0.030 8）
个人特征	控制	控制	控制	控制
城市特征	控制	控制	控制	控制
R^2	0.134 7	0.173 4	0.132 4	0.181 5
F 值	51.02	52.28	49.25	54.07
观测值	4 652	3 713	4 652	3 713

注：***、**、*分别表示在 1%、5% 和 10% 的显著性水平上显著。

4.5.3　对不同产业城镇居民收入的影响

根据国民经济行业分类标准《国民经济行业分类》（GB/T 4754—2017）和国家统计局对三次产业的划分，第一产业即为农、林、牧、渔业；第二产业包括采矿业，制造业，电力、热力、燃气及水的生产和供应业，以及建筑业；第三产业为除了第一、第二产业的其他行业，包括交通运输、仓储和邮政业，金融业，房地产业，信息传输、软件和信息技术服务业，文化、体育和娱乐业，卫生和社会工作，教育，批发和零售业，住宿和餐饮业，租赁和商务服务业，居民服务、修理和其他服务业，科学研究和技术服务业，公共管理、社会保障和社会组织，水利、环境和公共设施管理业，以及国际组织。

本部分从产业的角度，考察城市规模对不同产业城镇居民收入增长的影响。表 4.16 展示了城市规模对不同产业城镇居民名义收入增长的影响。结果显示：第二产业和第三产业中，城市规模变量的估计系数都显著为正，说明城市规模对第二产业和第三产业城镇居民名义收入的增长，都具有显著的正向影响；第一产业中，城市规模变量没有通过显著性检验，说明城市规模扩大对第一产业城镇居民收入的增长没有显著影响。城市规模变量的工具变量估计系数值进一步显示：城市人口规模对第三产业城镇居民名义收入增长的拉动作用最大，其次是第二产业城镇居民，对第一产业城镇居民名义收入的增长不具有显著的拉动作用。这可能是因为人口和经济活动的进一步聚集和城市人口规模的扩大，极大地提高了对城市基础设施建设的要求，以及对生活消费品、居民服务、金融业、教育、住宿和餐饮业等服务业的市场需求，促进了消费品制造业，电力、热力、燃气及水的生产和供应业，建筑业，以及第三产业的快速发展，从而推动了从事第二产业和第三产业城镇居民名义收入的大幅度增加。

表 4.16　城市规模对不同产业城镇居民名义收入的影响

	OLS 估计			2SLS 估计		
	第一产业	第二产业	第三产业	第一产业	第二产业	第三产业
城市规模	0.0196	0.0861***	0.0845***	−0.0893	0.1135***	0.2367***
	(0.0864)	(0.0178)	(0.0110)	(0.1780)	(0.0382)	(0.0224)
个人特征	控制	控制	控制	控制	控制	控制
城市特征	控制	控制	控制	控制	控制	控制
R^2	0.2034	0.1151	0.1879	0.2039	0.1101	0.1927
F 值	4.01	22.90	112.08	3.99	21.33	114.13
观测值	264	2448	6897	264	2448	6897

注：***、**、*分别表示在 1%、5% 和 10% 的显著性水平上显著。

表 4.17 展示了城市规模对不同产业城镇居民实际收入增长的影响。回归结果显示：第二产业和第三产业中，城市规模变量的估计系数都显著为正，说明城市规模对第二产业和第三产业城镇居民实际收入的增长，都具有显著的拉动作用；第一产业中，城市规模变量没有通过显著性检验，说明城市规模扩大对第一产业城镇居民实际收入的增长没有显著影响。城市规模变量的工具变量估计系数值进一步显示：城市人口规模对第三产业城镇居民实际收入增长的拉动作用最大，其次是第二产业城镇居民，对第一产业城镇居民实际收入的增长不具有显著的拉动作用。

总之，人口和经济活动的进一步集聚和城市规模的扩大，对第二产业和第三产业城镇居民的收入增长，都具有显著的促进作用。随着人口和经济活动的集聚，第三产业城镇居民收入的增长幅度最大，第二产业城镇居民的收入增长幅度居次；城市规模扩大对第一产业城镇居民的收入增长不具有显著的拉动作用。这进一步说明，第三产业城镇居民从人口和经济集聚中获益最大，其次是第二产业城镇居民，第一产业城镇居民从人口和经济集聚中没有显著获益。

表 4.17　城市规模对不同产业城镇居民实际收入的影响

	OLS 估计			2SLS 估计		
	第一产业	第二产业	第三产业	第一产业	第二产业	第三产业
城市规模	0.018 8	0.085 6***	0.084 0***	−0.092 5	0.112 0***	0.235 6***
	(0.086 4)	(0.017 8)	(0.011 0)	(0.177 9)	(0.038 2)	(0.022 4)
个人特征	控制	控制	控制	控制	控制	控制
城市特征	控制	控制	控制	控制	控制	控制
R^2	0.203 4	0.114 6	0.186 9	0.203 9	0.109 6	0.191 7
F 值	4.00	22.74	111.30	3.99	21.18	113.33
观测值	264	2 448	6 897	264	2 448	6 897

注：***、**、*分别表示在 1%、5% 和 10% 的显著性水平上显著。

4.5.4 对城镇内部居民收入差距的影响

4.5.4.1 分位数回归

回归分析的目的在于研究和揭示因变量和自变量之间的关系，回归模型法的核心思想则是模型化和拟合条件均值函数[①]。在理想的条件下，条件均值模型可以提供关于自变量和因变量分布关系的完整的和参数的描述，且通过不同方式的推广，对于特定的自变量，因变量条件均值和条件单位的模型化可以同时进行，因此被广泛应用于社会科学当中。但当方差齐次性假设被违反，仅仅对集中趋势的关注，会带来对关于因变量分布有用信息的忽视，条件均值模型又并不能轻易地扩展到社会科学研究关注的非中心位置时，替代条件均值模型的中位数回归和分位数回归应运而生。

中位数是一个特殊的分位数，表示的是一种分布的中心位置，因此，中位数回归可以作为分位数回归的一种特殊情况——最小一乘回归，而分位数回归则可以看作是中位数回归的推广和一般化，它用几个分位函数来估计整体模型，用对称权重解决残差最小化问题，这也是对以条件均值模型为基础的最小二乘法的延伸。

分位数回归的思想起源于 1760 年的一位数学家、物理学家和哲学家——Rudjer Josip Boscovich，被称为条件中位数模型，它用最小绝对距离估计来代替最小二乘估计，以解决集中趋势测量方法的选择问题。1978 年，Koenker 和 Bassett 将条件分位数模型化为预测变量的函数，首次提出了比中位数回归更为一般化的模型——分位数回归模型（QRM）。分位数回归模型估计了协变量潜在的微小变化对条件分布中各种不同的分位数的影响，并顾及线性回归模型存在的异方差性（郝令昕和丹尼尔 D. 奈曼著，肖东亮译，2012）。20 世纪 90 年代分位数回归模型开始被广泛地应用于社会科学研究当中，并迅速普及。分位数回归模型是线性回归模型的自然扩展，随着协变量的变化，线性回归模型描述了因变量

---

① 李补喜，申京苑. 基于分位数回归的审计费用影响因素研究[J]. 会计之友，2014，03.

条件均值的变化,而分位数回归模型则强调了条件分位数的变化[1],由于所有的分位数都可用,所以对任何预先决定的分布位置进行建模都将变为可能。

根据 Koenker 和 Bassett(1978)的设定,若标准线性回归模型表示为: $y_i = \beta_0 + \beta_1 x_i + \varepsilon_i$,则相对应的分位数回归模型可以表示为: $y_i = \beta_0^{(p)} + \beta_1 x_i^{(p)} + \varepsilon_i^{(p)}$,其中,$0 < p < 1$,表示数值小于第 p 分位数的比例,在特定 x_i 值下的第 p 条件分位数为 $Q^{(p)}(y_i | x_i) = \beta_0^{(p)} + \beta_1^{(p)} x_i$ [2]。这样,第 p 条件分位数就由特定分位数下的参数 $\beta_0^{(p)} + \beta_1^{(p)}$,以及协变量 x_i 的特定值共同决定。Koenker 和 Bassett(1978)设定的分位数回归模型就是由多个这样的条件分位数组成和表示的回归模型,即可以根据响应变量的条件分位数对解释变量进行回归,从而得到所有分位数条件下的回归模型(陈建宝和丁军军,2008;李红梅,2012),其目的是运用偏差绝对值最小(LAD)估计,来解释响应变量在不同分位点上的回归参数的差异。其本质是通过分位数取 0~1 之间的任何值,来调节相应回归平面的转向和位置,用解释变量估计不同分位点上对应的响应变量的变化。因此,分位数回归分析能够在一定程度上刻画和代表所有数据的信息及特征(既包含均值附近的数据信息,又包含尾部数据信息),尤其是对于研究特定区域的数据(如中位数、极端位置值等数据)非常适用和方便(苏瑜和万宇艳,2009;李红梅,2012)。分位数回归的思想如图 4.1 所示。

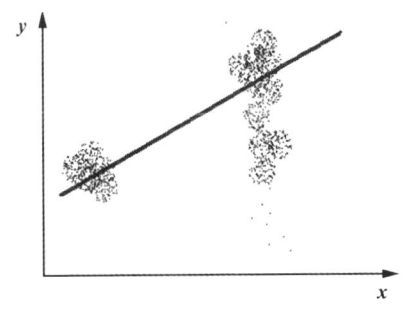

图 4.1 分位数回归的思想

---

[1] 郭小弦,张顺. 中国城市居民教育收益率的变动趋势及其收入分配效应——基于分位数回归模型的分析[J]. 复旦教育论坛,2014,05.

[2] Lingxin Hao & Daniel Q. Naiman,肖东亮,译. 分位数回归模型[M]. 上海:上海人民出版社,2012,7.

由于分位数的取值受异常值或密度函数重尾分布的影响，在实际应用中，如果数据的分布密度函数是偏态的或者无法有效消除数据中的异常值点，那么，运用分位数回归方法则更为有效。与一般线性回归相比，分位数回归方法具有以下优点：

（1）假设条件的约束宽松。

虽然分位数回归很多时候都以参数的形式表示，但它的基本估计方法和逻辑却是非参数的方法与研究思想，与常规的线性回归模型需要较强的经典假设条件相比，分位数回归的假设条件相对较宽松，甚至于分位数回归可以对随机项不做任何形式的假设。假设条件的放松，使得分位数回归方法的研究对经济社会现象的解释可能与现实情况更为接近，尤其是在随机误差项呈现非正态分布的条件下，分位数回归模型将比普通最小二乘法具有更高的效率，其回归结果也将更为有效（李红梅，2012）。

（2）具有稳健的参数估计。

由于在常规的线性回归模型中，条件均值的变化非常容易受到异质性数据的影响，因此，为了保证均值回归结果不受影响或满足绝大多数样本点的特点，通常的做法是将异质点剔除。但剔除异质点的做法对于研究高度偏态分布的经济社会现象时，可能会造成回归结果的失效，这是因为，高度偏态分布的样本中异质点的剔除，对数据分析结果将会产生重要影响，且可能会造成会经济社会现象事实解释的偏离。分位数回归模型则弥补了这一缺憾，显示出其稳健性的优势。由于分位数回归模型考察的是响应变量的某个特定分位数的变化，因而更加能够代表某一特定区域的数据信息和特征，所以分位数回归不容易受到异质性样本数据的影响（李红梅，2012），或者说样本异质点对估计结果的影响在分位数回归模型中是非常有限的，比如，当样本数据中存在明显的离群点时，用中位数度量位置参数的结果仍然是有效的——关于分位数回归的这一特性，胡宏昌（2004）等学者的研究已给予了证明。

（3）能够全面反映变量特征。

由于分位数回归模型涵盖和代表了所有样本数据的信息，因此，可以更加全面和充分地反映和描述变量的分布特征。与普通最小二乘回归只能反映和描述解释变量对响应变量条件均值变化的影响不同，分位数回归模型既可以反映样本均值及其附近分布函数的变化，又能够表示和描述分布函数的尾部样本数据信息和特征，尤其是当解释变量对响应变量分布的同部分的影响程度不同时（陈建宝和丁军军，2008；李红梅，2012）。

（4）渐近优良性。

当样本量足够大时（满足大样本条件），分位数回归参数的估计具有渐近优良的特点和性质[①]，对于这一点叶阿忠（2006）、岳小云（2007）、卢静（2008）、赵越（2010）、黎运发（2011）、Zongwu Cai（2012）等学者的研究都在一定程度上给予了论证和说明。

（5）可以进行单调转换。

在分位数回归模型中，可以对解释变量和被解释变量进行线性的或非线性的函数转换，而条件均值不变。对于常规的条件均值的线性回归模型，可以在保持条件均值不变的情况下，对解释变量和被解释变量进行单调的线性转换，即绝对形式的被解释变量的条件均值可以从线性条件均值中获得；但对于解释变量和被解释变量之间的非线性转换，一般的条件均值的线性回归模型却无能为力，即绝对形式的被解释变量的条件均值不可能从其非线性转换的条件均值中获得，而分位数回归模型则不存在这样的困扰，即对于非线性转换，绝对形式的被解释变量的条件分位数仍然可以从非线性转换后的分位数中获得。分位数回归的这个特性为更好地解释方程和研究经济社会现象提供了方便。

4.5.4.2 城市规模对不同收入水平居民收入的影响

党的十四届三中全会提出"效率优先，兼顾公平"的分配原则，而"公平"问题的重要体现就是居民收入差距的缩小问题，城镇居民内部收入差距的缩小问题就是其中一个很重要的组成部分。纵观学者们的研究，得出的结论基本都是：我国城镇居民收入差距在一定程度上不断扩大（国务院研究室课题组，1997；陈钊和陆铭，2001；原国家计委宏观经济研究院课题组，2001；陈宗胜和周云波，2001、2002；吴得民 2002；

---

① 李红梅. 居民收入的分位数回归与反事实因素分解[D]. 首都经济贸易大学，2012.

杨天宇，2005；王小鲁，2007；陈斌开、杨依山和许伟，2009；马草原、李运达和宋树仁，2010；毛雁冰和张恒龙，2014）。其原因主要表现为：体制改革因素（国务院研究室课题组，1997；陈宗胜和周云波，2001、2002），行业结构及变动，以及所有制和文化水平（陈宗胜和周云波，2002；马草原、李运达和宋树仁，2010），产业结构变迁和技术进步（陈斌开、杨依山和许伟，2009），教育收益率的提高从而带来的人力资本收益率的提高（陈钊和陆铭，2001；陈斌开、杨依山和许伟，2009），非法收入（国务院研究室课题组，1997；吴得民，2002）和灰色收入（国务院研究室课题组，1997；王小鲁，2007），城镇贫困群体扩大和税收对收入差距的调节力度不足（国务院研究室课题组，1997）等。

此外，城市化也是城镇居民内部收入差距不断扩大的一个重要原因。随着城市化率的提高，城市居民收入的差距出现了不断扩大的现象（毛雁冰和张恒龙，2014），即城市化扩大了城镇居民内部的收入差距（李实，1997；杨天宇，2005）。并且，城市人口规模的进一步扩张对城镇居民收入差距具有重要的推高效应（范红忠等，2013）。

城市化对城镇居民收入差距的影响机制主要表现在以下几个方面：

① 随着城市化和工业化的快速发展以及科学技术的不断进步，产业结构不断优化升级，从而引起对高技能或技术性劳动力需求的大幅度增加，城市劳动力市场上高技能或技术性产业工人/劳动力的均衡工资水平不断提高，而低技能或非技术性产业工人的工资水平则普遍较低，或者说相对于低技能或非技术性产业工人来说，高技能或技术性产业工人的工资水平上涨地更快；与此同时，大量农村剩余劳动力向城市的转移和流入，使得城市劳动力市场上低技能或非技术性劳动力的供给量大幅度增加，一方面引起低技能或非技术性劳动力均衡工资水平的下降，另一方面，农村低技能或非技术性劳动力对城市同一层次的劳动力具有很强的替代性，从而引起部分低技能或非技术性城镇劳动力失业，从而降低了低技能或非技术性城镇居民的收入。因此说，城市化拉大了高技术或技术性产业工人与低技能或非技术性产业工人的工资差异，从而扩大了城镇内部居民的收入差距（李实，1997；杨天宇，2005；甘春华，2010）。

② 城市化提高了教育和人力资本的回报率，从而扩大城镇内部居民

的收入差距。这是因为，随着城市化、工业化以及科技的创新发展，对劳动力的人力资本积累要求不断提高，相应地，教育和人力资本的回报率不断上升，而人力资本的积累不是一蹴而就的，因此，受教育程度或人力资本积累不同的劳动力之间的工资差距不断扩大，从而拉大了当期城镇内部居民的收入差距（赵人伟和李实，1999；陈钊和陆铭，2002；傅勇，2004）。

③ 市场主导部门的滞后发展，导致城市内部居民收入差距扩大。随着大量农村人口和农村剩余劳动力向城市的迁移和流入，城市的市场主导部门的劳动力供给增加，这是因为进入城市劳动力市场的农民由于其人力资本积累程度较低，属于低技能或非技术性劳动力，再加上一些户籍制度等政策方面的倾斜和限制，使得这部分劳动力很难进入城市的计划控制部门就业，因此，我国的城市化就主要体现为农民从农村部门向城市的市场主导部门的流动（杨天宇，2005）。而由于人力资本积累程度的差距，以及以户籍为基础的政策倾斜，计划控制部门较高的工资和福利水平被纳入了制度的保护范围内，使得市场主导部门劳动力的收入水平要大大低于计划控制部门。并且，目前我国非正规部门发展滞后、比重有限，其规模尚不足以缩小城镇居民的内部收入差距，因此，目前我国仍处于城市化导致城镇居民内部收入差距单调上升的阶段[①]。

④ 城市化提高了商品房价格和普通居民生活成本，拉大了城镇居民的内部收入差距。随着大量农村人口和农村剩余劳动力向城市迁移，一方面城市的商品房价格上涨，普通城镇居民的生活成本也随之增加；另一方面，在我国现有劳动力市场条件下，由于农民工和普通劳动力的工资水平与其所在城市的房价无关，再加上农村剩余劳动力对城市居民中普通劳动力的替代效应，降低了城镇劳动力市场上普通工人的均衡工资水平，从而导致城市居民中普通劳动力的名义工资与城市房价脱钩，最终的结果是城市的人口规模越大，城市的商品房价格越高，城镇居民的内部收入差距越大（范红忠等，2013）。

本部分将利用分位数回归方法，通过考察城市规模变量对不同收入

---

① 杨天宇. 城市化对我国城市内部居民收入差距的影响研究[J]. 中国人民大学学报，2005，04.

组城镇居民名义收入和实际收入增长的影响,来判断城市规模对城镇内部居民收入差距的影响,具体做法如下。首先选择分位点对城镇居民样本按照收入水平分组,选择 10 分位点、30 分位点、50 分位点、70 分位点和 90 分位点将总体样本分为五个组,五个分位点分别对应的是低收入组、较低收入组、中等收入组、较高收入组和高收入组;然后,分别以城镇居民名义收入和实际收入为被解释变量,用分位数回归方法对不同分位点样本进行回归估计,得到城市规模变量对不同分位点(或收入组)城镇居民样本名义收入和实际收入的影响系数。

表 4.18 展示了城市规模对不同收入组城镇居民名义收入增长的影响。回归结果显示:城市规模变量对不同收入组城镇居民名义收入的估计系数都显著为正,说明城市规模对不同收入组城镇居民名义收入的增长,都具有显著的正向影响。城市规模变量的回归系数值进一步显示:城市规模对低收入组城镇居民名义收入增长的拉动作用最大;城市规模对高收入组城镇居民名义收入增长的拉动作用最小;随着收入水平的不断提高,人口和经济活动的集聚对城镇居民名义收入增长的促进作用呈现反"N"型态势,即随着收入水平提高,城市规模扩大对城镇居民名义收入增长的拉动作用呈现先下降再上升,然后再下降的发展态势;城市规模对低收入组城镇居民实际收入增长的拉动作用,始终大于对较高收入组和高收入组的拉动作用。这一结果进一步说明:人口和经济活动的进一步集聚和城市规模的扩大可以缩小城镇内部居民的名义收入差距。

表 4.18 城市规模对不同收入组城镇居民名义收入的影响

	低收入组	较低收入组	中等收入组	较高收入组	高收入组
城市规模	0.104 8***	0.072 4***	0.073 5***	0.077 6***	0.068 4***
	(0.029 4)	(0.010 7)	(0.007 1)	(0.009 6)	(0.013 2)
个人特征	控制	控制	控制	控制	控制
城市特征	控制	控制	控制	控制	控制
Pseudo R2	0.077 7	0.095 9	0.098 7	0.098 7	0.093 5
观测值	9 609	9 609	9 609	9 609	9 609

注:***、**、*分别表示在 1%、5%和 10%的显著性水平上显著。

表 4.19 展示了城市规模对不同收入组城镇居民实际收入增长的影响。结果显示：城市规模变量对不同收入组城镇居民实际收入的估计系数都显著为正，说明城市规模对不同收入组城镇居民实际收入的增长，都具有显著的正向促进作用。城市规模变量的回归系数值进一步显示：城市规模对低收入组城镇居民实际收入增长的拉动作用最大；城市规模对高收入组城镇居民实际收入增长的拉动作用最小；并且，随着收入水平的不断提高，人口和经济活动的集聚对城镇居民实际收入增长的正向影响程度呈现反"N"型变化态势，即随着收入水平提高，城市规模扩大对城镇居民实际收入增长的拉动程度呈现先下降再上升，然后再下降的变化态势；城市规模对低收入组城镇居民实际收入增长的拉动作用，始终大于对较高收入组和高收入组的拉动作用。这一结果进一步说明：人口和经济活动的进一步集聚和城市规模的扩大可以缩小城镇内部居民的实际收入差距。

表 4.19　城市规模对不同收入组城镇居民实际收入的影响

	低收入组	较低收入组	中等收入组	较高收入组	高收入组
城市规模	0.105 7***	0.072 9***	0.072 7***	0.077 7***	0.070 3***
	(0.033 9)	(0.009 2)	(0.008 9)	(0.011 0)	(0.013 9)
个人特征	控制	控制	控制	控制	控制
城市特征	控制	控制	控制	控制	控制
Pseudo R2	0.077 7	0.095 5	0.098 2	0.098 0	0.092 9
观测值	9 609	9 609	9 609	9 609	9 609

注：***、**、*分别表示在1%、5%和10%的显著性水平上显著。

总之，实证研究结果表明：城市规模扩大对低收入组城镇居民收入增长的促进作用最大；城市规模扩大对高收入组城镇居民收入增长的促进作用最小；并且，随着收入水平的不断提高，人口和经济活动集聚对城镇居民收入增长的影响程度呈现反"N"型变化态势；城市规模对低收入组城镇居民收入增长的拉动作用，始终大于对较高收入组和高收入组的拉动作用；城镇内部居民收入差距的不断扩大不是城市化的必然结果；城市人口规模扩大对城镇居民内部收入差距并不具有推高效应；相反的，人口和经济活动向城镇的进一步集聚，将会缩小城镇居民内部的收入差距。

4.6 本章小结

本部分以 Mincer 收入方程为基础，构建了以城镇居民收入为被解释变量，以城市人口规模为主要解释变量的城镇居民收入决定模型。并且，综合利用 CHIP2013 和样本城市的宏观统计数据对该模型进行回归，实证分析了城市规模对城镇居民收入增长的影响。OLS 回归和工具变量估计结果显示如下。

（1）城市规模对城镇居民收入增长具有显著的正向影响，且这种正向影响呈现倒"U"型轨迹，即使得城镇居民收入最大化的最佳城市发展规模是存在的。这和理论预期一致，理论假设一（即基础理论假设）得到了证实。

（2）由实证研究的结果来看，在控制了个人特征向量和城市特征向量的情况下，使城镇居民收入最大化的最佳城市发展规模将落在 3010.92 万人~3197.10 万人的区间上。

（3）从城市规模对城镇居民收入增长影响的异质性检验结果来看：

① 城市规模对不同技能水平城镇居民收入的增长都具有显著的促进作用；并且，随着个人技能水平的提高，城市规模扩大对城镇居民收入增长的促进作用越来越大。

② 城市规模对劳动密集型行业和资金密集型行业城镇居民收入的增长都具有显著的拉动作用；并且，与资本密集型行业相比，城市规模扩大对劳动密集型行业城镇居民收入增长的促进作用要更大一些，即劳动密集型城镇居民从人口和经济活动聚集中获益更大。

③ 城市规模对垄断程度较高行业和垄断程度较低行业城镇居民收入的增长都具有显著的正向推动作用；并且，城市规模扩大对垄断程度较低行业城镇居民收入增长的推动作用，要小于对垄断程度较高行业城

镇居民收入增长的推动作用；垄断程度较高行业城镇居民从人口和经济活动聚集中获益更大。

④ 城市规模对非贸易品行业和可贸易品行业城镇居民收入的增长都具有显著的正向拉动作用；并且，由于可贸易品行业的开放度和竞争性都较大，所以，城市规模扩大对非贸易品行业城镇居民收入增长的拉动作用要大于对可贸易品行业城镇居民收入增长的拉动作用；非贸易品行业城镇居民从人口和经济活动聚集中获益更大。

⑤ 城市规模对第二产业和第三产业城镇居民的收入增长都具有显著的促进作用；并且，城市规模对第三产业城镇居民收入增长的促进作用最大；城市规模扩大对第一产业城镇居民收入增长的促进作用不显著。

⑥ 城市规模对不同收入水平组城镇居民收入的增长都具有显著的正向推动作用；城市规模对低收入组城镇居民收入增长的推动作用最大；城市规模对高收入组城镇居民收入增长的推动作用最小；并且，随着收入水平的提高，城市规模扩大对城镇居民收入增长的影响程度呈现反"N"型变化态势；城市规模对低收入组城镇居民收入增长的拉动作用，始终大于对较高收入组和高收入组的拉动作用；城镇内部居民收入差距的不断扩大不是城市化的必然结果；城市人口规模扩大对城镇居民内部收入差距并不具有推高效应；相反的，人口和经济活动向城市的进一步集聚，将会缩小城镇居民内部的收入差距。

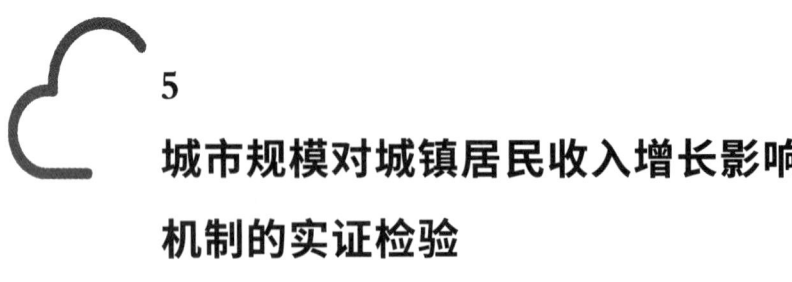

5 城市规模对城镇居民收入增长影响机制的实证检验

本章主要从就业机制、人力资本的外部效应和技术外溢三个方面实证分析和阐述城市人口规模扩大对城镇居民收入的影响机制,即城市规模扩大影响城镇居民收入的具体途径和实现方式。其思路是:首先,构建以就业哑变量为被解释变量,以城市人口规模为主要解释变量,包含居民个人特征向量和城市特征向量的就业方程;综合利用微观调查数据 CHIP2013 和样本城市的宏观统计数据,实证分析城市规模扩大对城镇居民就业概率的影响,检验理论假设二"城市规模可以通过就业机制作用于城镇居民收入增长"。其次,将行业分为人力资本密集型行业和非人力资本密集型行业,运用最小二乘估计和工具变量估计方法,实证分析城市规模对两类行业城镇居民收入增长的影响;如果城市规模变量对人力资本密集行业城镇居民收入增长的影响大于非人力资本密集行业,则判定城市规模扩大通过知识外溢促进了城镇居民收入增长,理论假设三得到证实,即"城市规模可以通过人力资本外溢效应作用于城镇居民收入增长"。最后,将行业分为技术密集型行业和非技术密集型行业,运用最小二乘估计和工具变量估计方法,实证分析城市规模对两类行业城镇居民收入增长的影响;如果城市规模变量对技术密集型行业城镇居民收入增长的影响大于非技术密集型行业,则判定城市规模扩大通过技术外溢促进了城镇居民收入增长,理论假设四得到证实,即"城市规模可以通过技术的外溢效应作用于城镇居民收入增长"。

5.1 就业机制

工薪收入是城镇居民收入最普遍和重要的组成部分。就业是获得工薪收入的主要途径。根据 3.2.1 的理论分析，城市规模扩大可以通过影响城镇居民就业作用于城镇居民收入增长。因此，本部分就重点实证检验理论假设二"城市规模可以通过就业机制作用于城镇居民收入增长"。本研究设定个人层面的就业方程为：

$$Prob(employed_{ij}=1)=\beta_0+\beta_1\ln(population_{jt})+\phi X_{ij}+\phi M_{jt}+\upsilon \quad (5.1)$$

该就业方程为一个 Probit 模型，假定城镇居民的就业概率由方程 5.1 决定，方程中的下标 i 和 j 表示居住在 j 城镇中的个人 i，t 表示年份。方程 5.1 中的被解释变量为就业哑变量。而解释变量中，核心变量为城市规模，用 2013 年末样本所在城市市辖区人口数量的自然对数来衡量。X 和 M 分别是可能影响城镇居民就业概率的个人特征向量和城市特征向量。

可能影响城镇居民就业概率的个人特征向量 X 中，本研究纳入了的主要变量有：性别变量 Male、年龄变量 Age、民族变量 Han、健康变量 Health、是否有配偶变量 Spouse 和受教育程度变量 Education。

可能影响城镇居民就业概率的城市特征向量 M 中，本研究纳入的变量主要有：核心变量人口规模变量 Population、行业变量 Industry、失业率变量 Unemployment Rate、产业结构变量（Industrial Structure）、固定资产投资变量 Investment、外商直接投资变量 FDI、城市道路变量 Road、公共交通变量 Public Transport、病床变量 Sickbed 和绿化率变量 Rate of Afforest。

其中，失业率变量用样本所在城市的城镇登记失业率（%）来衡量。城镇登记失业率等于城镇登记失业人数与从业人员数和登记失业人数之和的比值，其中从业人员数又包括两部分：一是单位从业人员数，二是私营和个体从业人员数。之所以将产业结构指标纳入进来，是因为不同的产业对劳动力的吸纳能力和吸引力也不同，从而可能影响城镇居民的就业概率。从理论上讲，固定资产投资和外商直接投资的增长将会增加对劳动力的需求，从而带动劳动力需求曲线向右平移，增加城镇居民的就业概率。将城市道路基础设施建设和交通状况作为影响城镇居民就业的因素，是因为城市道路基础设施建设和交通状况可以通过影响人与人之间的信息传递效率从而影响劳动力市场的匹配效率和城镇居民的就业概率。病床变量和绿化率变量同样是用来衡量各城市生活福利水平的变量，不同的城市福利水平，给居民带来的效用水平不同，从而对外来人口的吸引力也不同；一般而言，生活福利水平高的城市更容易吸引外来人口的流入，从而引起城市规模的扩张。此外，就业方程在城市特征向量中还纳入了直辖市和省会城市哑变量，这是因为对于直辖市和省会城市而言，它们在对待劳动力的政策和制度可能与其他地级市存在明显差异，进而可能会对居民的就业概率带来影响。

就业方程中，无论是个人特征变量还是城市特征变量，其含义均与城镇居民收入决定模型中的解释变量相同，在此不再重复阐述。但需要指出的是，本研究与陆铭等（2012）研究的不同之处在于：① 本研究的就业方程中没有纳入城镇居民的工作经验变量 Experence；其主要原因是，本研究是以样本居民在接受访问时已从事该职业（包括在其他工作单位从事该职业）的年数来衡量其工作经验的，但这个信息只对那些实现了就业的居民有效；② 本研究的就业方程将城市特征向量失业率变量 Unemployment Rate 纳入了进来；这是因为失业率变量直接反映了劳动力市场上的供给和需求情况，失业率高意味着劳动力供给过剩，这可能会降低城镇居民的就业概率；相反，失业率降低意味着对劳动力的需求增加，城镇居民的就业概率可能会提高。

本部分使用 Probit 回归对就业方程 5.1 进行了估计，结果展示在了表 5.1 中，且回归结果中展示的是各解释变量的边际效应。在具体回归时，同样首先只在方程中纳入了城市规模变量，然后再逐次纳入居民个人特征向量和城市特征向量。其中，城市人口规模仍然是本研究关注的核心解释变量。

在第（1）列中，城市规模变量的边际效应未能通过显著性检验，但在控制了其他可能影响城镇居民就业概率的个人特征变量后，城市规模变量的边际效应在10%的水平上显著为正；在同时控制了其他可能影响城镇居民就业概率的个人特征向量和城市特征向量之后，城市人口规模变量的边际效应在5%的显著性水平上显著为正。这说明城市规模扩大对城镇居民就业概率的提高具有显著的促进作用。

大部分个人特征变量对城镇居民的就业概率有显著影响。其中，男性比女性具有更高的就业概率。这可能是因为男性和女性在生理和心理方面存在一定差异，导致一些行业（或工作岗位）对女性有较强的进入壁垒和限制，但对男性则基本上不存在这方面的限制（或行业限制较弱）。年龄变量对城镇居民的就业概率具有显著的负向效应；这意味着随着年龄的增长，城镇居民的就业概率呈现不断下降的态势；这说明一般而言，针对初次就业的城镇居民来说，随着年龄的增长，参加就业将变得越来越困难；这可能是由于随着年龄的增长和推移，居民的身体状况会不断下滑，且对日新月异的新知识和新技能的接受能力也逐渐减弱，致使居民与岗位的匹配效率下降所导致的。教育对城镇居民的就业概率具有显著的正向影响，即随着接受教育时间的增加，城镇居民的人力资本积累不断上涨，劳动生产率不断提高，城镇居民的就业概率也将不断提高。健康状况也显著地影响了城镇居民的就业概率，即城镇居民的就业概率会随着其健康状况的恶化而降低。

与个人特征变量对城镇居民就业概率的影响类似，大多数的城市特征变量都对城镇居民就业概率的提高具有显著影响。其中，行业变量对城镇居民就业概率的提高具有显著的正向拉动作用；这是因为行业从业人员占全部行业人员的比重上升，意味着该行业对劳动力需求量的增加；而行业劳动力需求的增加在提高了均衡工资水平的同时，增加了城市劳动力市场的均衡数量。失业率变量对城镇居民就业概率的提高具有负效应，即随着失业率的提高，城镇居民的就业概率下降；这一方面可能是因为失业劳动力数量的上升增加了城市劳动力市场的供给，从而给城镇居民带来了更大的就业压力；另一方面，失业率的上升可能是由于经济环境不景气造成的，这对城镇居民就业概率的提高无疑是非常不利的。第二产业占比变量对城镇居民就业概率的提高具有显著的正向促进作用；这是因为一般而言第二产业是城市经济的支柱产业，第二产业的发展会大幅度提高对城市劳动力的需求，从而促进了城镇居民就业概率的提高。同样的，固定资产投资的增加，也将会增加对城市劳动力市场的需求，从而提高城镇居民的就业概率。但外商直接投资的增加却对城镇居民就业概率的提高具有显著的负影响，这与理论预期相悖；这可能是由于外商投资大多倾向于劳动密集型行业，而由此带来的对劳动力需求的缺口被农村大量剩余劳动力所填补，因此导致城镇居民就业概率下降。公共交通变量对城镇居民就业概率的提高具有显著的正向影响，这是由于交通状况的改善提升了劳动力市场的匹配效率，从而促进了城镇居民就业概率的提高。人均道路面积变量对城镇居民的就业概率则具有反向作用，这可能是由于虽然城市基础设施的改善提高了城市劳动力市场的匹配效率，提高了城镇居民的就业概率，但这种正向效应一方面被城市人口规模扩大带来的拥挤效应所部分抵消，另一方面这种城市基础设施状况的改善往往是以交通成本的增加为代价的，从而导致了城镇居民就业成本的提升和就业概率的下降。代表社会福利水平的病床变量和城市绿化率变量对城镇居民就业概率的提高具有显著的正向影响；这可能是由于福利设施的改善和社会福利水平的提高改善了城镇居民的身体状态，从而带来了就业概率的相应提高。

表 5.1　城市规模对城镇居民就业概率的影响：Probit 估计

	被解释变量为 employed		
	（1）	（2）	（3）
城市规模	0.067 0	0.067 4[*]	0.071 6[**]
	（0.051 7）	（0.040 0）	（0.033 4）
性别		0.254 6[***]	0.249 4[***]
		（0.035 2）	（0.032 8）
年龄		-0.005 1[***]	-0.004 8[***]
		（0.001 3）	（0.001 5）
是否有配偶		-0.075 0	-0.067 9
		（0.115 5）	（0.111 0）

续表

	被解释变量为 employed		
	（1）	（2）	（3）
民族		0.226 0**	0.090 6**
		（0.100 5）	（0.044 5）
教育		0.016 7**	0.015 0**
		（0.007 4）	（0.006 4）
健康		-0.246 1***	-0.239 4***
		（0.008 5）	（0.009 5）
行业			0.006 1***
			（0.001 3）
失业率			-0.160 2***
			（0.057 2）
第二产业占比			0.007 3**
			（0.003 5）
第三产业占比			0.000 4
			（0.002 1）
外商直接投资			-0.014 0*
			（0.007 7）
固定资产投资			0.004 1***
			（0.000 2）
人均道路面积			-0.007 1***
			（0.000 06）
公共交通			0.004 2***
			（0.000 04）
病床			0.002 7**
			（0.001 1）
绿化			0.011 5***
			（0.003 1）

续表

	被解释变量为 employed		
	（1）	（2）	（3）
直辖市	控制	控制	控制
省会城市	未控制	未控制	未控制
Pseudo R^2	0.003 2	0.040 2	0.055 1
观测值	9 645	9 643	9 564

注：***、**、*分别表示在1%、5%和10%的显著性水平上显著；括号中报告的数值是稳健性标准差；对于就业方程中的连续变量而言，表中报告的数值是其在均值处的边际效应。

表5.2展示了城市规模对城镇居民就业概率影响的工具变量估计结果。结果显示：选取的工具变量——样本城市1982年到1990年人口数量的增加——的系数在5%的显著性水平上通过了检验，且为正值；说明样本城市1982年到1990年人口数量的增加对该城市2013年的人口规模具有显著的正向影响；并且，研究所选择的工具变量是有效的。

第二阶段回归结果显示：核心解释变量城市人口规模变量的边际效应在1%的显著性水平上通过检验，且为正值；说明城市人口规模扩大对城镇居民就业概率的提高具有显著的正向促进作用。

工具变量估计结果显示，大部分个人特征变量对城镇居民就业概率的提高具有显著影响。其中，男性比女性具有更高的就业概率。年龄变量对城镇居民就业概率的提高具有显著的负影响；这意味着随着年龄的增长，城镇居民的就业概率呈现下降趋势，即随着年龄增长，城镇居民参加就业将变得越来越困难。教育变量对城镇居民就业概率的提高也具有显著的正向影响，即受教育程度越高，其就业概率就越高；这是因为受教育程度越高意味着更加雄厚的人力资本积累和更高的劳动生产率，从而也就意味着更高的就业概率。健康状况也显著地影响了城镇居民的就业概率，即居民的就业概率会随其健康状况的恶化而降低。是否有配偶变量和民族变量在回归中没有通过显著性检验，说明城镇居民是单身还是有配偶对其就业概率的提高没有显著影响；是否是少数民族身份对城镇居民就业概率的提高也没有显著影响。

与个人特征变量对就业概率的影响相似，大多数的城市特征变量对城镇居民就业概率的提高都具有显著影响。其中，行业变量对城镇居民就业概率的提高具有显著的正向促进作用；这是因为行业劳动力需求的增加在提高了该行业均衡工资水平的同时，也增加了劳动力市场的均衡数量，从而提高了城镇居民的就业概率。失业率的上升增加了城镇居民的就业压力，降低了城镇居民的就业概率。第二产业和第三产业的发展和固定资产投资的增加为城镇居民提供了更多的就业岗位和就业机会，增加了城市劳动力市场的需求，从而提高了城镇居民的就业概率。外商直接投资的增长则对城镇居民就业概率的提高具有负效应。公共交通状况的改善可能通过提高城市劳动力市场的匹配效率和降低就业成本，从而提高了城镇居民的就业概率。城市福利设施的改善和社会福利水平的提高，可能通过改善城镇居民的身体和生理状态，以及提高居民的劳动生产率，从而提升了城镇居民的就业概率。

表 5.2　城市规模对城镇居民就业概率的影响：IV Probit 估计

被解释变量为 employed			
第一阶段回归			
工具变量	0.013 6**		
	(-0.000 9)		
第二阶段回归			
城市规模	0.192 7***		
	(-0.015 8)		
性别	0.250 2***	第二产业占比	0.005 6***
	(-0.033 3)		(-0.001 4)
年龄	-0.004 7***	第三产业占比	-0.005 3***
	(-0.001 6)		(-0.001 5)
是否有配偶	-0.070 4	外商直接投资	-0.029 6***
	(-0.113 3)		(-0.005 2)
民族	0.001 9	固定资产投资	0.005 6***

续表

被解释变量为 employed			
	(-0.065 8)		(-0.000 2)
教育	0.016 1**	人均道路面积	-0.003 9
	(-0.006 4)		(-0.002 4)
健康	-0.243 9***	公共交通	0.003 6***
	(-0.011)		(-0.000 4)
行业	0.006 3****	病床	0.003 7***
	(-0.001 4)		(-0.000 5)
失业率	-0.187 9***	绿化	0.009 3***
	(-0.027 8)		(-0.000 5)
直辖市			控制
省会城市			未控制
Pseudo R^2			0.055 9
观测值			9 564

注：***、**、*分别表示在1%、5%和10%的显著性水平上显著；括号中报告的数值是稳健性标准差。

表5.3展示了城市规模对不同技能组城镇居民就业概率的影响。结果显示：无论是在Probit估计还是在工具变量IV Probit估计中，城市规模扩大对中技能组和高技能组城镇居民就业概率的影响系数都显著为正，说明城市规模对中技能组和高技能组城镇居民就业概率的提高具有显著的正向影响；在Probit估计中，城市规模变量对低技能组城镇居民就业概率的影响不显著；在工具变量IV Probit估计中，城市规模变量对低技能组城镇居民就业概率的影响系数显著为负，说明城市规模扩大对低技能组城镇居民就业概率的提高具有显著的负向效应。其原因可能是：随着人口和经济活动的进一步集聚和城市规模的扩大，一方面为中高技能城镇居民带来更多的就业岗位和就业机会，提高了中高技能城镇居民的就业概率；另一方面，低技能劳动力具有较强的替代性；随着城市规模的扩大，大量农村剩余劳动力向城市迁移，并集中进入低技能的

劳动密集型行业,弥补了因城市规模扩大带来的对低技能劳动力需求的缺口,并替代了低技能城镇居民,从而降低了低技能组城镇居民的就业概率(或对低技能组城镇居民就业概率的影响不显著)。从这个意义上来说,中、高技能组城镇居民从人口和经济活动的聚集中获益更大。城市规模对城镇居民就业概率的影响系数进一步显示:高技能组城镇居民从人口和经济活动集聚中获益最大。

表 5.3 城市规模对不同技能组城镇居民就业概率的影响

	Probit 估计			IV Probit 估计		
	低技能组	中技能组	高技能组	低技能组	中技能组	高技能组
城市规模	0.024 2	0.150 6***	0.051 9***	-0.086 1***	0.129 0***	0.400 6***
	(0.053 1)	(0.016 9)	(0.006 8)	(0.010 8)	(0.045 9)	(0.017 5)
个人特征	控制	控制	控制	控制	控制	控制
城市特征	控制	控制	控制	控制	控制	控制
PseudoR^2	0.065 3	0.076 8	0.076 8	0.065 6	0.063 0	0.087 4
观测值	3 412	3 424	2 728	3 412	3 424	2 728

注:***、**、*分别表示在 1%、5%和 10%的显著性水平上显著;括号中的数值是稳健性标准差。

综上所述,总体上来讲,城市规模扩大对城镇居民就业概率的提高具有显著的促进和拉动作用;特别是对高技能组城镇居民而言,人口和经济活动的进一步集聚,为其带来的好处将最大。通过促进就业拉动城镇居民的收入增长,是城市规模影响城镇居民收入增长,特别是高技能组城镇居民收入增长的主要途径。

5.2 人力资本的外部效应

人口和经济活动集聚带来的知识外溢,实质上是人力资本的外部性或外部效应。人口和经济活动的集聚,以及城市规模的扩大,为人力资本的外部效应创造了条件。根据 3.2.3 的理论分析,人力资本密集行业及其城镇居民在人口和经济集聚中获益应当更大。如果可以证实这一点，那么，就可以说，城市规模可以通过知识和能力的外溢，即人力资本的外部效应作用于城镇居民收入增长。本部分将用实证来检验城市规模对城镇居民收入增长的这一影响机制，即理论假设三"城市规模可以通过人力资本外溢效应作用于城镇居民收入增长"。思路是：首先，从人力资本的角度将行业分为人力资本密集型行业和非人力资本密集型行业；其次，以城镇居民收入为被解释变量，以城市规模为核心解释变量，在控制个人特征和城市特征向量的情况下，进行回归估计；最后，根据回归结果，检验和判断城市规模是否通过人力资本的外部效应带来了城镇居民收入的增长。

首先，从人力资本的角度将行业分为人力资本密集型行业和非人力资本密集型行业。具体步骤：① 设定研究生及以上、本科、大专、中专（或高中）、初中及以下学历水平劳动者的受教育年数分别为 19 年、16 年、15 年、12 年和 7.5 年，计算各行业及全行业的平均受教育年数，以此代表各行业及全行业的人力资本水平；② 将各行业及全行业的平均受教育年数按照从高到低排序；③ 将全行业人力资本平均水平以上的行业，界定为人力资本密集行业；将全行业平均水平以下的行业，界定为非人力资本密集型行业。

表 5.4 展示了各行业及全行业平均受教育年数和人力资本水平的排序情况，根据分类标准，信息传输、计算机服务和软件业，金融业，教育，科学研究和技术服务业，公共管理、社会保障和社会组织，文化、体育和娱乐业，卫生和社会工作，批发和零售业，以及租赁和商务服务业共 9 个行业可以归为人力资本密集型行业；其余的 9 个行业电力、燃气及水的生产和供应业，房地产业，交通运输、仓储和邮政业，建筑业，制造业，水利、环境和公共设施管理业，住宿和餐饮业，采矿业，以及居民服务、修理和其他服务业则归为非人力资本密集行业。此外，虽然没有农林牧渔业的统计数据，但根据经验，就中国当前的城市化水平和经济发展水平来看，本研究把该行业归为非人力资本密集行业。

表 5.4　各行业及全行业平均教育年限的排序情况①

序号	行业	平均受教育年数
1	信息传输、计算机服务和软件业	15.60
2	金融业	15.17
3	教育	14.86
4	科学研究和技术服务业	14.85
5	公共管理、社会保障和社会组织	14.35
6	文化、体育和娱乐业	14.28
7	卫生和社会工作	14.05
8	批发和零售业	13.26
9	租赁和商务服务业	12.98
	全行业	12.90
10	电力、燃气及水的生产和供应业	12.54
11	房地产业	12.16
12	交通运输、仓储和邮政业	11.78
13	建筑业	11.75
14	制造业	11.43
15	水利、环境和公共设施管理业	10.88
16	住宿和餐饮业	10.85
17	采矿业	10.84
18	居民服务、修理和其他服务业	10.62

表 5.5 展示了城市规模变量对人力资本密集行业和非人力资本密集行业城镇居民名义收入增长的回归结果。结果显示，城市规模变量估计系数在 OLS 估计和工具变量估计中都显著为正，说明城市规模对人力资本密集行业和非人力资本密集行业城镇居民名义收入的增长，都具有显著的拉动和促进作用。城市规模变量的估计系数值进一步显示，城市规

---

① 根据北京市第二次经济普查详细数据计算得到。

模对人力资本密集行业城镇居民名义收入增长的拉动作用,比对非人力资本密集行业城镇居民名义收入增长的拉动作用要大,这与之前的理论预期一致,因此,可以说明城市规模可以通过人力资本的外部效应,作用于城镇居民名义收入的增长。

表 5.5　城市规模对人力资本密集和非人力资本密集行业城镇居民名义收入的影响

	OLS 估计		2SLS 估计	
	非人力资本密集行业	人力资本密集行业	非人力资本密集行业	人力资本密集行业
城市规模	0.077 5***	0.091 1***	0.151 3***	0.240 9***
	(0.013 0)	(0.014 5)	(0.027 3)	(0.027 6)
个人特征	控制	控制	控制	控制
城市特征	控制	控制	控制	控制
R^2	0.142 0	0.198 6	0.141 1	0.203 0
F 值	57.96	75.20	57.69	75.54
观测值	5 177	4 429	5 177	4 429

注:***、**、*分别表示在1%、5%和10%的显著性水平上显著。

表 5.6 展示了城市规模变量对人力资本密集行业和非人力资本密集行业城镇居民实际收入增长的回归结果。结果显示,无论是在 OLS 估计中,还是在工具变量估计中,城市规模变量的回归系数都显著为正,说明城市规模对人力资本密集行业和非人力资本密集行业城镇居民实际收入的增长,都具有显著的正向拉动作用。城市规模变量的估计系数值进一步显示,城市规模对人力资本密集行业城镇居民实际收入增长的拉动作用,比对非人力资本密集行业城镇居民实际收入增长的拉动作用要大,这也与之前的理论预期一致——相对于非人力资本密集行业而言,人力资本密集行业城镇居民从人口和经济活动集聚中获益更大,城市规模可以通过人力资本的外部效应,促进城镇居民实际收入的增长。

总之,实证检验的结果说明人口和经济活动的进一步聚集,促进了人力资本密集行业和非人力资本密集行业城镇居民名义收入和实际收入的增长，且对人力资本密集行业城镇居民收入增长的拉动作用更大，即人力资本密集行业城镇居民从人口和经济集聚中获得的收益更大，城市规模可以通过人力资本的外部效应和知识外溢，作用于城镇居民收入的增长。人力资本的外部效应是城市规模影响城镇居民收入增长，特别是人力资本密集行业城镇居民收入增长的一个重要途径，理论假设三得以证实。

表 5.6　城市规模对人力资本密集和非人力资本密集行业城镇居民实际收入的影响

	OLS 估计		2SLS 估计	
	非人力资本密集行业	人力资本密集行业	非人力资本密集行业	人力资本密集行业
城市规模	0.076 9***	0.090 7***	0.150 1***	0.239 7***
	(0.013 0)	(0.014 5)	(0.027 4)	(0.027 6)
个人特征	控制	控制	控制	控制
城市特征	控制	控制	控制	控制
R^2	0.141 7	0.197 6	0.140 8	0.202 0
F 值	57.70	74.72	57.44	75.05
观测值	5 177	4 429	5 177	4 429

注：***、**、*分别表示在 1%、5% 和 10% 的显著性水平上显著。

5.3　技术外溢

科学技术是第一生产力，技术对经济社会增长和发展具有促进作用。根据 3.2.4 的理论分析，城市规模扩大通过技术创新和技术的正外部性提高了单个劳动力的技术水平和劳动生产率，以及整个社会的劳动生产率，从而促进了城镇居民的收入增长。因此，本部分将实证检验城市规模是否可以通过技术的外溢效应，作用于城镇居民收入增长，即理论假设四"城市规模可以通过技术的外溢效应作用于城镇居民收入增长"。

具体思路如下：① 首先将行业按技术密集程度分为技术密集型行业和非技术密集型行业；② 以城市规模为核心解释变量，以城镇居民收入为被解释变量，在控制个人特征和城市特征向量的情况下，分别对技术密集型行业城镇居民样本和非技术密集型行业城镇居民样本进行回归；③ 根据回归结果判断城市规模是否通过技术外溢，作用于城镇居民收入增长，如果技术密集型行业城镇居民比非技术密集型行业城镇居民从人口和经济集聚中获得的收益更大，就可以说城市规模可以通过技术外溢，作用于城镇居民收入增长；反之，则说明技术外溢不是城市规模影响城镇居民收入增长的途径。

首先，将行业按技术密集程度分为技术密集型行业和非技术密集型行业。从要素密集型行业定义[①]可知，要素密集型行业的划分是一种相对划分，不存在绝对的划分标准，即要素密集型行业划分并不依据某行业所含要素的绝对量，而是依据该行业所含某类要素占所含总要素的比例与其他行业所含该类要素占总要素的比例的大小来判断[②]。因此，本研究采用 R&D 经费占该行业固定资产投资的比重这一指标来划分技术密集型行业和非技术密集型行业。这里之所以没有采用美国沿用的研发强度，即 R&D 经费占销售额的比重指标，是考虑到有些行业如公共管理、社会保障和社会组织，以及科学研究和技术服务业没有销售额的存在，因此，本研究用行业固定资产投资来代替。

划分技术密集型行业和非技术密集型行业的具体步骤为：首先，根据第二次 R&D 资源清查（2009）和中国统计年鉴 2010 的相关统计数据，计算出各行业和全行业 R&D 费用占该行业和全行业固定资产投资的比重，并根据比重从大到小排序，见表 5.7。其次，将全行业 R&D 费用占比作为区分技术密集型行业和非技术密集型行业的分界线，可以看出：科学研究和技术服务业，教育，建筑业，信息传输、计算机服务和软件业，制造业，以及卫生和社会工作共 6 个行业为技术密集型行业；其余的 14 个行业——租赁和商务服务业，采矿业，金融业，电力、燃气及水

---

① 某要素密集型行业/产业指的是在生产过程中，对该生产要素的依赖大大超过对其他生产要素依赖的行业/产业。
② 张长春. 我国要素密集型行业划分与优势区分布[J]. 中国工业经济研究, 1994, 07.

的生产和供应业,农林牧渔,文化、体育和娱乐业,交通运输、仓储和邮政业,水利、环境和公共设施管理业,居民服务、修理和其他服务业,住宿和餐饮业,房地产业,批发和零售业,公共管理、社会保障和社会组织,以及国际组织——为非技术密集型行业。

表 5.7 各行业按 R&D 费用占该行业固定资产投资的比重排序

序号	行业	R&D 费用占固定资产投资的比重
1	科学研究和技术服务业	94.82%
2	教育	12.82%
3	建筑业	6.78%
4	信息传输、计算机服务和软件业	6.08%
5	制造业	5.06%
6	卫生和社会工作	3.71%
	全行业	2.58%
7	租赁和商务服务业	2.22%
8	采矿业	1.85%
9	金融业	0.30%
10	电力、燃气及水的生产和供应业	0.24%
11	农林牧渔	0.20%
12	文化、体育和娱乐业	0.07%
13	交通运输、仓储和邮政业	0.04%
14	水利、环境和公共设施管理业	0.01%
15	居民服务、修理和其他服务业	
16	住宿和餐饮业	
17	房地产业	
18	批发和零售业	
19	公共管理、社会保障和社会组织	
20	国际组织	

数据来源:根据 R&D 资源清查(2009)和中国统计年鉴 2010 相关数据计算整理得到。

表 5.8 展示了城市规模变量对技术密集型行业和非技术密集型行业城镇居民名义收入影响的回归结果。结果显示，城市规模变量的估计系数在 OLS 估计和工具变量估计中都显著为正，说明城市规模对技术密集型行业和非技术密集型行业城镇居民名义收入的增长都具有显著的拉动和促进作用。城市规模变量的估计系数值（工具变量估计）进一步显示：城市规模对技术密集型行业城镇居民名义收入增长的拉动作用，比对非技术密集型行业城镇居民名义收入增长的拉动作用要大；这就肯定地回答了研究所要探讨的问题，即城市规模可以通过技术外溢，促进城镇居民名义收入，特别是技术密集型行业城镇居民名义收入的增长。

表 5.8　城市规模对技术密集和非技术密集行业城镇居民名义收入的影响

	OLS 估计		2SLS 估计	
	非技术密集行业	技术密集型行业	非技术密集行业	技术密集型行业
城市规模	0.086 7***	0.078 8***	0.189 2***	0.198 6***
	（0.012 2）	（0.015 8）	（0.024 5）	（0.032 8）
个人特征	控制	控制	控制	控制
城市特征	控制	控制	控制	控制
R^2	0.158 2	0.133 5	0.158 4	0.136 3
F 值	85.42	35.60	86.88	35.01
观测值	6 320	3 286	6 320	3 286

注：***、**、*分别表示在 1%、5% 和 10% 的显著性水平上显著。

表 5.9 展示了城市规模变量对技术密集型行业和非技术密集行业城镇居民实际收入增长的影响结果。回归结果显示，在 OLS 估计和工具变量估计中，城市规模变量的估计系数都显著为正，说明城市规模对技术密集型行业和非技术密集型行业城镇居民实际收入的增长都具有显著的拉动和促进作用。城市规模变量的估计系数值（工具变量估计）进一步显示：城市规模对技术密集型行业城镇居民实际收入增长的促进作用，比对非技术密集型行业城镇居民实际收入增长的促进作用要大；这说明城市规模可以通过技术外溢作用于城镇居民实际收入的增长。

总之，实证检验的结果说明，城市规模和经济活动的聚集，促进了技术密集型行业和非技术密集行业城镇居民名义收入和实际收入的增长，且对技术密集型行业城镇居民收入增长的拉动作用更大，即与非技术密集型行业的城镇居民相比，技术密集型行业城镇居民从人口和经济集聚中获得的收益更大，城市规模可以通过技术外溢，作用于城镇居民收入的增长，技术外溢是城市规模影响城镇居民收入增长的重要途径。

表5.9 城市规模对技术密集和非技术密集行业城镇居民实际收入的影响

	OLS 估计		2SLS 估计	
	非技术密集行业	技术密集型行业	非技术密集行业	技术密集型行业
城市规模	0.086 1***	0.078 2***	0.188 4***	0.196 5***
	（0.012 2）	（0.015 7）	（0.024 5）	（0.032 8）
个人特征	控制	控制	控制	控制
城市特征	控制	控制	控制	控制
R^2	0.157 2	0.132 6	0.157 5	0.135 3
F 值	84.72	35.25	86.20	34.66
观测值	6 320	3 286	6 320	3 286

注：***、**、*分别表示在1%、5%和10%的显著性水平上显著。

5.4 本章小结

本章从就业机制、人力资本的外部效应和技术外溢三个方面实证分析和阐述了城市人口规模对城镇居民收入增长的影响机制和途径。研究结果显示：

① 城市规模扩大对城镇居民就业概率的提高具有显著的促进和拉动作用；城市规模扩大通过促进就业拉动了城镇居民收入水平的提高，特别是高技能组城镇居民收入的增长；就业机制是城市规模提高城镇居民收入，特别是高技能组城镇居民收入的主要途径；理论假设二"城市规模可以通过就业机制作用于城镇居民收入增长"得到了证实。

② 人口和经济活动的集聚促进了人力资本密集行业和非人力资本

密集行业城镇居民收入的增长；并且，与人力资本非密集行业相比，城市规模对人力资本密集行业城镇居民收入增长的拉动作用更大；城市规模可以通过人力资本的外部效应和知识外溢作用于城镇居民收入的增长；人力资本的外部效应是城市规模促进城镇居民收入增长的一个重要途径；理论假设三"城市规模可以通过人力资本外溢效应作用于城镇居民收入增长"得到了证实。

③ 城市规模显著促进了技术密集型行业和非技术密集型行业城镇居民收入的增长；并且，与非技术密集型行业的城镇居民相比，城市规模对技术密集型行业城镇居民收入增长的拉动作用更大；城市规模可以通过技术的外溢作用于城镇居民的收入增长；技术外溢也是城市规模促进城镇居民收入增长的一个重要途径；理论假设四"城市规模可以通过技术的外溢效应作用于城镇居民收入增长"得到了证实。

就业机制、人力资本的外部性和技术外溢是城市规模扩大促进城镇居民收入增长的根本机制。

6 城市规模与居民收入：来自贵州省经验数据（GZURICS2013）的检验

6.1 问题的提出

前面章节的研究中，关于城市规模对城镇居民收入增长的影响，以及影响机制的分析和实证，所利用的微观数据都来自2013年的中国家庭住户收入调查数据，即CHIP2013。

CHIP2013的样本数据具有较强的代表性和普遍意义，比如，该调研所选取的样本城市包括北京、山西、辽宁、江苏、安徽、山东、河南、湖北、湖南、广东、重庆、四川、云南和甘肃14个省级行政单位的117个城市；从行政区划上看，样本城市包含了直辖市、省会城市和一般地级市三种行政区划；从区域上看，样本城市涵盖了东部、中部、西部三个梯度。因此，从这个意义上讲，CHIP2013样本城市的选取是比较全面的。

但是，CHIP2013调研所选取的样本城市，又存在着不全面的地方，即没有将一些经济发展落后和城市化水平比较低的省份和城市纳入进来，忽略了经济社会发展层面的全面性。由于CHIP2013样本数据的这一不完全性，主体研究[①]的实证结果和结论，可能与我国现实的经济社

---

① 为了对贵州调研数据和CHIP2013数据进行区别，把前面部分利用CHIP2013数据所做的实证研究，称为主体研究。

会发展和城市化状况存在偏差。同时，对于中国地域面积广阔资源禀赋差异大的国情来说，对经济欠发达地区城市规模及其对居民收入影响的研究，对城市化进程和实现共同富裕同样重要。

因此，为了弥补 CHIP2013 调研数据的不足，笔者对经济社会发展和城市化建设水平都较落后的贵州省①进行了调研，并以收集到的贵州省城镇居民和家庭收入数据为样本，实证分析和考察了经济社会发展和城市化建设水平落后地区，城镇居民收入最大化的有效城市规模是否存在，以及城市规模对城镇居民收入增长影响与经济较发达地区的异同，即检验主体研究结论的普遍适用性。

6.2 数据（GZURICS2013）与模型

本部分使用的数据来自 2014 年贵州省城镇居民收入与消费调查数据，即 GZURICS2013，该数据由本书作者组织的调研团队调研收集。该调研团队共包括 54 名成员（加上作者本人），主要由贵州民族大学商学院 2012 级和 2013 级经济学专业的学生组成。所有的调研队员共分成十四个组，其中有十三个组负责到贵州省的 13 个城市进行问卷调查，收集原始数据，且每组由 4 名队员组成；第十四组则由作者本人和刘伟同学组成，负责试调研和整理所有调研数据。本调研采用的是分层调查的方法，样本城市共有 13 个，包括贵州省的 6 个地级及以上城市（贵阳市、六盘水市、遵义市、安顺市、毕节市和铜仁市），和 7 个县级市（清镇市、仁怀市、兴义市、凯里市、都匀市、福泉市和赤水市）。本调研的具体组织和实施过程为：

（1）设计调查问卷。调查问卷由作者本人根据参加"中国西部省份社会与经济发展检测调查"（由中国科技促进发展研究中心组织实施）、"农民专业合作社与农民增收关系问题调查"（农村农业部农村合作经济

---

① 2013 年，贵州省的人均 GDP 为 22 922 元，在国家统计局统计的 31 个省中排名第 31 位；城市化率为 37.83%，在国家统计局统计的 31 个省中排名第 30 位；2018 年，贵州省的人均 GDP 为 41 244 元，在国家统计局统计的 31 个省中排名第 29 位；城市化率为 47.52%，在国家统计局统计的 31 个省中排名第 30 位。

经营管理总站委托课题"农民专业合作社与农民增收关系问题研究",课题编号0718)和"新寨自然村经济调查"(中央民族大学"985工程"课题"贵州省普定县白岩镇新寨仡佬族自然村经济调查")项目的一手资料收集经验,设计了贵州省"城镇居民收入与消费调查问卷",并在贵阳市进行了试调研。

(2)组织调研团队。按照自愿原则,在贵州民族大学商学院2012级和2013级经济学专业所教授课程的班级学生中选取了53名成员,并根据自身的调研经验对调研团队全体成员进行调研培训,培训内容包括调研对象选取、调查问卷填写技巧、注意事项等。

(3)团队分组。除了作者本人和刘伟同学外,将调研团队其他成员按照所属城市分成13个组,每组4名成员。

(4)实施调研。本调研的实施时间为2014年1月初至2014年2月底,要求每位调研队员完成16份调查问卷,每份调查问卷对应"城镇居民收入与消费调查问卷"第6题(见附录)中的一个行业。

(5)问卷回收及数据整理。该部分工作由刘伟同学和作者两人负责共同完成:先将收回的问卷进行编号,然后将调查问卷中的信息转化成数字信息(例如:调查问卷中第1题"您的性别",如果选择"男",就转换为"1",如果选择"女"就转换为"2"),最后将所有数据录入EXCEL工作表。

本次调研共发放调查问卷850份(含试调研的18份),回收850份,剔除无效问卷67份,得到有效问卷783份,获得的有效调研数据包含了783个城镇居民样本个人及其家庭的基本信息,以及收入和消费信息。

为更好地考察和识别城市规模对城镇居民收入的影响,对样本进行了如下删减处理:本研究主要提取了调查中处于劳动力年龄范围内的受访样本,即男性年龄介于16周岁到60周岁之间,女性年龄介于16周岁到55周岁之间。但鉴于人们寿命的普遍延长,因此,对于60周岁以上仍处于劳动或经营状态并获得收入的男性样本和55周岁以上仍处于劳动或经营状态并获得收入的女性样本,本研究仍然给予了保留;而对于不处于劳动力范畴的无收入样本则进行了剔除处理,主要包括离休、退休、离岗、丧失劳动能力等人员和在校学生、待分配人员等尚未进入劳动年龄的样本。处理后的样本情况见表 6.1。

表 6.1 删减处理后的样本情况　　　　　　单位：个

城市	样本数	男性样本	女性样本	劳动力年龄内样本	超过劳动力年龄样本
贵阳市	85	44	41	85	0
六盘水市	84	46	38	84	0
遵义市	70	41	29	70	0
安顺市	60	34	26	58	2
毕节市	72	40	32	71	1
铜仁市	69	39	30	69	0
清镇市	32	20	12	32	0
仁怀市	49	28	21	49	0
兴义市	32	21	11	32	0
凯里市	78	49	29	75	3
都匀市	60	31	29	60	0
福泉市	43	26	17	42	1
赤水市	49	23	26	46	3
合计	783	442	341	773	10

注：根据贵州省城镇居民收入与消费调查 2014 调研数据计算整理。

本部分仍然沿用第四章中的城镇居民收入决定模型——方程 4.2[①]来考察城市规模扩张对城镇居民收入增长的影响。本部分假定城镇居民的收入水平由方程 4.2 决定，方程中的下标 i 表示城市 j 中的个人 i，本部分中的 t 为 2013 年。

方程中的被解释变量为城镇居民月收入的自然对数，对于居民的月收入，本部分将考察两个量，一个量是城镇居民个人的名义收入，一个量是样本居民家庭的名义收入。因此在不同的情况下，该被解释变量具

---

① $\ln(income_{ij}) = \beta_0 + \beta_1 \ln(population_{jt}) + \beta_1 \ln(population_{jt}^2) + \phi X_{ij} + \varphi M_{jt} + \upsilon$

有不同的内涵，在考察个人名义收入时，该被解释变量为城镇居民个人月收入的自然对数 ln（income）；在考察家庭名义收入时，该被解释变量为样本居民家庭名义月收入的自然对数 ln（income2）。

方程中的 X 和 M 分别是可能影响城市居民和家庭收入的个人特征向量和城市特征向量。可能影响城镇居民收入的个人特征向量 X 中，本部分研究纳入了的主要变量有，性别变量 Male，其中，男性赋值为 1，女性赋值为 0；年龄变量 Age 及其平方 Age^2，年龄是居民在接受访问时的周岁年龄；婚姻状况变量 Spouse，已婚样本赋值为 1，未婚样本赋值为 0；受教育程度变量 Education，是居民接受学校正规教育的年数。

可能影响城镇居民和家庭收入水平的城市特征向量 M 中，本部分研究纳入的变量主要有：核心变量人口规模变量 Population，用 2013 年样本城市年末常住人口的自然对数来衡量；产业结构变量 Industrial Structure，分别以样本城市 2013 年第二产业生产总值和第三产业生产总值占样本城市生产总值的比重（%）来衡量；固定资产投资变量 Investment，用 2013 年样本城市全社会固定资产投资额占样本城市 GDP 的比重（%）来衡量；城市道路变量 Road，用 2013 年样本所在城市市辖区人均铺装道路面积（平方米）来衡量；公共交通变量 Public Transport，用 2013 年样本所在城市每万人拥有公共汽电车数量（辆）来衡量；绿化率变量 Rate of Afforest，用 2013 年样本城市建成区绿化覆盖率（%）来衡量。本部分研究纳入的变量及定义见表 6.2。

表 6.2 变量列表

变量列表	
变量	定义
个人特征（X）	
个人收入	ln[个人月收入（元）]
家庭收入	ln[家庭月收入（元）]
性别	男性赋值为 1；否则为 0
年龄	居民受访时的周岁年龄
婚姻	已婚赋值为 1；否则为 0

续表

变量列表	
教育	接受正规教育的年数
城市特征（M）	
人口规模	ln（2013年末样本城市常住人口）
第二产业的比重	2013年样本城市第二产业生产总值/2013年样本城市的GDP
第三产业的比重	2013年样本城市第三产业生产总值/2013年样本城市的GDP
固定资产投资	2013年样本城市固定资产投资额/2013年样本城市的GDP
道路面积	2013年样本城市市辖区人均铺装道路面积
公共交通	2013年样本城市市辖区每万人拥有公共汽电车数量
绿化	2013年样本城市建成区绿化覆盖率

本部分研究中所使用的数据中，衡量城镇居民个体特征的数据均来源于贵州省城镇居民收入与消费调查2013（GZURICS2013）；衡量城市特征的数据均摘自贵州统计年鉴2014、中国城市统计年鉴2014，以及贵州省各样本城市2013年的国民经济和社会发展统计公报，或根据其中的相关数据计算得到。表6.3中展示了各变量的描述性统计结果。

表6.3 各变量的描述性统计结果

变量	观测值	平均值	标准差	最小值	最大值
个人月收入的对数	783	1.153	0.439	0	2.197
家庭月收入的对数	783	1.505	0.522	0	2.197
人口规模	783	5.014	1.159	3.180	6.483
性别	783	0.567	0.501	0	1
年龄	783	34.266	2.640	10	69
婚姻状况	783	0.603	0.537	0	2
教育	783	2.905	1.243	1	6
第二产业占比	783	0.441	0.098	0.29	0.69
第三产业占比	783	0.448	0.088	0.27	0.59
固定资产投资	783	1.010	0.379	0.45	1.89

续表

变量	观测值	平均值	标准差	最小值	最大值
人均道路面积	783	9.476	3.573	5.07	20.75
公共交通	783	536.021	814.555	18	2811.1
绿化	783	28.639	8.260	13.15	43.50

6.3 城市规模对城镇居民收入影响的实证分析

本部分使用 OLS 回归估计了城镇居民收入决定方程 4.2，结果展示在了表 6.4 中。在具体回归时，首先只在方程中纳入了城市规模变量，然后再逐次纳入居民个人特征向量和城市特征向量。

表 6.4 中第（1）~（3）列报告了对城镇居民个人收入的回归结果，被解释变量为城镇居民个人名义月收入的自然对数。其中，城市规模变量的回归系数都在 10% 的显著性水平上为正，说明城市人口规模的扩大显著地提高了城镇居民的个人收入水平。这一结果与前文中的理论预期和实证研究结果都是一致的。这是因为随着人口和经济活动在空间上的不断积聚，城镇居民能更好地通过交流、模仿和学习来积累人类资本，从而提高劳动生产率（Lucas，1988），增加个人收入水平。回归结果还显示：城市规模对城镇居民个人收入不仅有显著的正向影响，并且该影响还呈现先上升后下降的倒"U"型轨迹，即当城市规模处于拐点规模之前时，城镇居民的个人名义收入会随着城市人口数量的增加而不断上升；但当城市规模超过拐点规模之后，城市人口数量的进一步增长，将会使城镇居民的个人收入不断下降。这也可以进一步说明，城市规模不是越大越好，城市的发展存在着一个最佳边界，理论假设一在经济欠发达地区再次得到了证实，即"城镇居民收入最大化的有效城市规模是存在的"。由于该倒"U"型的拐点约为 289.78 万人，因此，在其他因素不变的情况下，促进城镇居民个人收入增长最大化的城市发展的规模约为 289.78 万人。

居民个人特征也显著地影响了城镇居民的个人收入水平。一般而言，男性比女性具有更高的个人收入。年龄变量对城镇居民个人收入的影响也是显著的，并同样呈现出先上升后下降的倒"U"型轨迹；这意味着随着年龄的增长，城镇居民的个人收入增长速度先上升再下降，其拐点约为 35 岁；这可能是因为根据我国的教育体制，居民接受学校教育和职业培训的时间基本集中在拐点年龄之前，这段时间也是居民人力资本迅速积累的时期；拐点年龄之后，城镇居民人力资本积累的速度会越来越慢，或对新知识、新技能的接受空间会越来越小；因此，就导致了年龄对城镇居民收入影响的倒"U"型状态。城镇居民的婚姻状态对其个人收入的影响也很显著，即已婚城镇居民往往比单身居民的个人月收入要高。城镇居民接受正规学校教育的年数，即受教育程度变量也是影响城镇居民个人收入的一个重要因素，居民受教育的年数越长，其个人月收入水平将越高。对该部分实证结果的解释参见第四章的论述，在此不再重复阐述。

与个人特征变量对城镇居民个人月收入有显著的影响不同，报告中的大多数城市特征变量对城镇居民个人收入的影响并不显著，6 个城市特征变量，只有道路面积这一个变量通过了显著性检验，且为负值。这说明道路面积变量对城镇居民个人收入水平的提高具有显著的负面影响和作用，随着人均铺装道路面积的增加，城镇居民个人月收入将下降，这与交通基础设施状况的改善可以通过提高人与人之间的信息传递效率从而提高劳动力市场的匹配效率和城镇居民收入的理论预期相悖。造成这一结果可能存在的原因是：城市道路基础设施建设是城市人口规模扩大的一个直接结果，城市道路基础设施的改善是城市规模扩大的一个直接表现和必要条件；其一方面可以提高信息传递和劳动力市场的匹配效率，另一方面则可以通过城市建设和发展成本增加城镇居民的负担；当城市人口迁移滞后于基础设施建设和扩张时[①]，城市道路基础设施改善给城镇居民带来的负担可能就会大于当前其给居民带来的收益，直接表现为城镇居民收入水平的下降或增长缓慢。

表 6.4 中的第（4）～（6）列展示了被解释变量为城镇居民家庭收入

---

① 例如，一般各个开发区的发展初期，城市道路基础建设就会领先于人口和经济活动的聚集，直接表现是人口密度小，经济活动不活跃，住宅区则出现空城现象。

的回归结果。其中，第（4）、（5）列中，城市规模变量的系数没有通过显著性检验，但当控制了城镇居民个人特征和城市特征以后，城市规模变量系数在 5%的显著性水平上，通过了检验，且系数为正；这说明城市规模对城镇居民家庭月收入具有显著的正向影响；并且，从回归系数来看，这比城市规模对城镇居民个人收入增长的影响更大，其原因可以理解为"1+1＞2"，即整体效应大于个体效应之和。城市规模对城镇居民家庭收入增长的促进作用也呈现先上升后下降的倒"U"型轨迹，该倒"U"型的拐点约为 483.61 万人；也就是说，在其他影响因素不变的情况下，促进城镇居民家庭收入最大化的城市规模约为 483.61 万人。

与个人特征变量对城镇居民的个人月收入影响显著不同，第（5）、（6）列回归结果显示，大多数的个人特征变量对城镇家庭月收入的影响都不显著，这可能是由于个人的性别、年龄等因素对整个家庭的收入而言，并不起到决定性作用的原因。个人特征向量中，只有教育变量对城镇居民家庭收入具有显著的促进和拉动作用。这是因为，个人受教育的程度及其所代表的技能和劳动生产率，是影响整个家庭收入水平的重要因素。一般而言，城镇居民个人受教育的年数越长，其家庭的月收入水平将则越高。

城市特征变量中，第二产业比重、固定资产投资、人均道路面积、公共交通、绿化率变量均通过了显著性检验。其中，第二产业比重、固定资产投资、公共交通变量都城镇居民家庭收入的增长具有正向的推动作用。这可能是因为对于经济欠发达和城市化水平低的贵州地区来讲，其经济社会发展的主要动力仍来源于政府主导的投资，以及城市基础设施的建设；这就从很大程度上决定了城镇居民家庭收入可能主要来源于第二产业就业所得；此外，公共交通状况的改善有利于提高劳动力市场的匹配效率和城镇居民的劳动生产率；因此，导致第二产业比重、固定资产投资、公共交通变量对城镇居民家庭收入的增长具有正向推动作用。人均道路面积和绿化率变量的系数都显著为负，说明这两个变量对城镇居民家庭收入的增长都具有负向影响。这可能是因为城市道路基础设施改善和城市发展增加了城镇居民家庭的负担，从而导致了家庭收入的下降。以绿化率变量衡量的城市福利状况的改善，则降低了城镇居民家庭成员的就业能动性，同时提高了其对低收入水平的接受能力，因此导致绿化率变量对城镇居民家庭收入产生了显著的负向影响。

综上所述，城市规模对城镇居民个人收入和家庭收入的增长都具有显著的拉动和促进作用；并且，在其他因素不变的情况下，促进城镇居民收入最大化的最佳城市发展规模落在289.78万人～483.61万人的区间上。

表 6.4 城市规模对城镇居民个人收入和家庭收入的影响

	被解释变量为 ln（income）			被解释变量为 ln（income2）		
	（1）	（2）	（3）	（4）	（5）	（6）
城市规模	0.042 2*	0.596 5*	0.580 2*	0.058 6	0.706 2	0.680 5**
	（0.023 3）	（0.304 2）	（0.273 3）	（0.035 0）	（0.397 2）	（0.290 2）
城市规模的平方		-0.056 4*	-0.051 2*		-0.066 2	-0.055 0*
		（0.030 8）	（0.027 9）		（0.040 3）	（0.028 6）
性别		0.108 0***	0.109 6***		-0.033 4	-0.025 6
		（0.030 5）	（0.030 4）		（0.034 0）	（0.034 0）
年龄		0.082 0***	0.078 2***		0.014 6	0.010 2
		（0.026 4）	（0.025 4）		（0.044 9）	（0.043 2）
年龄的平方		-0.001 1***	-0.001 1***		-0.000 1	-0.000 04
		（0.000 4）	（0.000 3）		（0.000 6）	（0.000 6）
婚姻状况		0.085 7*	0.092 5**		0.098 9	0.097 0
		（0.044 9）	（0.041 9）		（0.083 0）	（0.079 7）
教育		0.051 2***	0.048 9***		0.054 3***	0.047 8***
		（0.014 4）	（0.014 9）		（0.015 1）	（0.015 7）
第二产业比重			0.075 4			0.893 1*
			（0.485 7）			（0.433 0）
第三产业比重			0.909 3			0.428 7
			（0.638 1）			（0.743 9）

续表

	被解释变量为 ln（income）			被解释变量为 ln（income2）		
	（1）	（2）	（3）	（4）	（5）	（6）
固定资产投资			0.026 8			0.275 6*
			（0.080 7）			（0.121 8）
人均道路面积			-0.011 0*			-0.024 8**
			（0.005 5）			（0.008 3）
公共交通			-0.000 03			0.000 1**
			（0.000 03）			（0.000 04）
绿化			-0.001 1			-0.012 0***
			（0.003 2）			（0.003 6）
R^2	0.012 4	0.128 7	0.137 6	0.017 0	0.082 9	0.081 2
观测值	783	783	783	783	783	783

注：***、**、*分别表示在1%、5%和10%的显著性水平上显著；括号中报告的数值是经过市区层面聚类修正的稳健性标准差。

6.4 城市规模对城镇居民收入影响的差异化分析

本部分主要以城镇居民个人收入（和家庭收入）为被解释变量，以城市规模为主要解释变量①，实证检验经济欠发达地区城市规模对不同技能水平、不同行业、不同产业、不同收入水平城镇居民收入增长影响与经济较发达地区的异同。

6.4.1 对不同技能水平城镇居民的影响

本部分将实证分析和考察城市规模对不同技能水平城镇居民个人收入和家庭收入的影响。与第四章使用的指标类似，这部分仍然采用接受正规教育的年数来衡量城镇居民的技能水平。并且，定义受教育年数

---

① 解释变量中不包含城市规模的平方项。

小于等于 12 年的城镇居民样本属于低技能水平组，受教育年数大于 12 年的城镇居民样本属于高技能组。

表 6.5 展示了城市规模对不同技能水平城镇居民收入增长的影响结果。估计结果显示，在被解释变量为城镇居民个人收入的回归中，城市规模变量对低技能组城镇居民样本的 OLS 估计系数没有通过显著性检验，说明城市规模大小对低技能组城镇居民的个人收入不具有显著影响；城市规模变量对高技能组城镇居民样本的 OLS 估计系数显著为正，说明城市规模对高技能组城镇居民的个人收入具有显著的促进和拉动作用，城市人口数量的增加，能显著促进高技能组城镇居民的个人收入的增长。这说明，从个人收入增长的角度来看，与低技能组城镇居民相比，较大规模城市对高技能组城镇居民更有利。这可能是由于在其他因素不变的情况下，人口规模越大的城市，其技术外溢效应更明显，高技能城镇居民越容易从中获益。

在被解释变量为城镇居民家庭收入的回归中，城市规模变量对低技能组和高技能组城镇居民样本的 OLS 估计系数都显著为正，说明城市规模对低技能组和高技能组城镇居民的家庭收入都具有显著的正向影响；并且，从回归系数可以看出，城市规模对低技能组城镇居民家庭收入的促进作用，大于对高技能组城镇居民。这说明，从家庭收入增长的角度来看，在其他因素不变的情况下，与高技能组城镇居民相比，较大的城市规模对低技能组城镇居民更有利。这可能是由于对于经济欠发达和城市化发展落后地区的大城市而言，低技能居民还是占据了多数，他们对整个家庭收入的影响可能也更大。

总之，城市规模对高技能组城镇居民个人收入和不同技能水平城镇居民个人收入和家庭收入的增长都具有显著的拉动作用和正向影响。从促进城镇居民个人收入增长的角度来看，大城市规模对高技能组城镇居民收入增长的拉动作用更大；但从促进城镇居民家庭收入增长的角度来看，大城市规模对低技能组城镇居民收入增长的拉动作用则要高于对高技能组城镇居民收入增长的拉动作用。

表 6.5 城市规模对不同技能水平城镇居民收入增长的影响

	被解释变量为 lincome		被解释变量为 lincome2	
	低技能组	高技能组	低技能组	高技能组
城市规模	0.012 6	0.145 4***	0.157 1**	0.150 7*
	(0.047 6)	(0.021 2)	(0.052 2)	(0.061 2)
个人特征	控制	控制	控制	控制
城市特征	控制	控制	控制	控制
R^2	0.133 4	0.187 1	0.115 0	0.086 7
观测值	268	515	268	515

注：***、**、*分别表示在 1%、5%和 10%的显著性水平上显著；括号中报告的数值是经过市区层面聚类修正的稳健性标准差。

6.4.2 对不同行业城镇居民的影响

本部分将从行业的角度，实证分析和考察城市规模对城镇居民收入增长的影响。其思路是：首先，从行业的劳动密集度、行业的垄断程度和行业的开放度三个方面对行业进行分组；其次，分别以城镇居民个人收入和城镇居民家庭收入为被解释变量，以城市人口规模为主要解释变量，在控制居民个人特征和样本城市特征的情况下，对各组城镇居民样本进行 OLS 回归估计；最后，分析回归结果，考察城市规模对不同行业组城镇居民个人收入和家庭收入的影响。

（1）按劳动密集度对行业分组。

表 6.6 展示了城市规模对劳动密集型和资金密集型行业城镇居民个人收入和家庭收入增长的影响结果。结果显示：无论是在被解释变量为城镇居民个人收入的回归中，还是在被解释变量为城镇居民家庭收入的回归中，城市规模变量对劳动密集型行业和资金密集型行业城镇居民样本的估计系数都显著为正。这说明城市规模对劳动密集型行业和资金密集型行业城镇居民的个人收入和家庭收入都具有显著的正向影响。并且，回归系数进一步显示，在其他因素不变的情况下，城市规模对劳动密集型行业城镇居民个人收入和家庭收入的促进作用，都小于对资金密集型行业城镇居民个人收入和家庭收入的促进作用，即与劳动密集型行

业的城镇居民相比，大城市规模对资金密集型行业城镇居民更有利。这与第四章中的研究结论是相悖的[①]，其原因可能是由于样本来源的不同造成的。城市人口数量的增加，相应的也带来了社会资源的集聚，包括资金的流入或投入；对经济社会发展水平和城市化率都较低的贵州省而言，最不缺乏的就是低技能型的劳动力资源，但资金却相对短缺；因此，经济欠发达地区资金的边际效益要远大于劳动力的边际效益，从而使得资金密集型行业城镇居民从人口和经济活动聚集中获得的回报也高于了劳动密集型行业的城镇居民从中获得的回报。

表 6.6　城市规模对劳动密集型和资金密集型行业城镇居民收入增长的影响

	被解释变量为 lincome		被解释变量为 lincome2	
	劳动密集型行业	资金密集型行业	劳动密集型行业	资金密集型行业
城市规模	0.062 4*	0.150 6***	0.136 0**	0.195 5***
	（0.029 7）	（0.035 1）	（0.056 5）	（0.044 8）
个人特征	控制	控制	控制	控制
城市特征	控制	控制	控制	控制
R^2	0.187 7	0.162 5	0.071 7	0.132 2
观测值	491	291	491	291

注：***、**、*分别表示在 1%、5%和 10%的显著性水平上显著；括号中报告的数值是经过市区层面聚类修正的稳健性标准差。

（2）按垄断程度对行业分组。

表 6.7 展示了城市规模对垄断程度较高行业和垄断程度较低行业城镇居民个人收入和家庭收入增长的影响结果。估计结果显示，在被解释变量为城镇居民个人收入和被解释变量为城镇居民家庭收入的回归中，城市规模变量对垄断程度较高行业和垄断程度较低行业城镇居民样本的回归系数都显著为正。这说明，城市人口规模的扩张对垄断程度较高行业和垄断程度较低行业城镇居民个人收入和家庭收入的增长都具有

[①] 第四章中的结论是与资金密集型行业城镇居民相比，城市规模扩张对劳动密集型行业城镇居民收入增长的拉动作用更大，即劳动密集型行业城镇居民从城市规模扩张中获益更大。

显著的促进和拉动作用。估计系数进一步显示：城市人口数量的增加和经济活动的聚集，对垄断程度较高行业城镇居民个人收入和家庭收入的促进作用，都小于对垄断程度较低行业城镇居民个人收入和家庭收入的促进作用；即与垄断程度较高行业的城镇居民相比，大城市规模对垄断程度较低行业城镇居民更有利。这与第四章的研究结论[①]也是相悖的，这可能是因为，与经济社会发展水平较高的城市和地区相比，贵州省的经济社会和城市化发展水平都较低，人口和经济活动的聚集，使得商品和劳务市场以及生产要素市场需求扩大，并刺激了垄断程度较低行业的快速发展，从而导致城市规模扩大对垄断程度较低行业城镇居民个人和家庭收入增长的拉动作用，大于了对垄断程度较高行业城镇居民个人收入和家庭收入增长的拉动作用。

表 6.7　城市规模对不同垄断程度行业城镇居民收入增长的影响

	被解释变量为 lincome		被解释变量为 lincome2	
	垄断程度较高	垄断程度较低	垄断程度较高	垄断程度较低
城市规模	0.099 9***	0.876 1*	0.154 7***	0.178 4**
	(0.017 5)	(0.417 1)	(0.043 0)	(0.063 3)
个人特征	控制	控制	控制	控制
城市特征	控制	控制	控制	控制
R^2	0.146 0	0.215 0	0.075 2	0.178 1
观测值	586	196	586	196

注：***、**、*分别表示在1%、5%和10%的显著性水平上显著；括号中报告的数值是经过城市层面聚类修正的稳健性标准差。

（3）按开放度对行业分组。

表 6.8 展示城市规模对可贸易品行业和非贸易品行业城镇居民个人收入和家庭收入的影响结果。估计结果显示，在被解释变量为城镇居民个人收入和被解释变量为城镇居民家庭收入的回归中，城市规模变量对

---

① 第四章中的结论是城市规模对垄断程度较低行业城镇居民收入增长的拉动作用，要小于对垄断程度较高行业城镇居民实际收入增长的拉动作用。

可贸易品行业和非贸易品行业城镇居民样本的回归系数都显著为正。这说明，城市人口数量的增加和经济活动的聚集，对可贸易品行业和非贸易品行业城镇居民个人收入和家庭收入的增长都具有显著的促进和拉动作用。回归结果还显示：城市人口数量的增加和经济活动的聚集，对可贸易品行业城镇居民个人收入和家庭收入增长的促进作用，都大于对非贸易品行业城镇居民个人收入和家庭收入增长的促进作用；即与非贸易品行业的城镇居民相比，大的城市规模对可贸易品行业城镇居民更有益。这与第四章的实证结论①相悖，这可能是因为对于经济社会和城市化发展都较落后的贵州地区而言，随着城市人口和经济活动的聚集，信息的传输使其他地区对该地区的特有资源有了更为深刻的认识，可贸易品部门商品和服务市场需求扩大，其引起的价格上涨幅度大于了非贸易品部门从中带来的价格增长幅度，从而导致贵州调研数据的实证结果显示：城市人口数量的增加，对可贸易品行业城镇居民个人收入和家庭收入增长的促进作用，都大于对非贸易品行业城镇居民个人收入和家庭收入增长的促进作用，即与非贸易品行业的城镇居民相比，可贸易品行业城镇居民从人口和经济活动聚集中获益更大。

表 6.8　城市规模对可贸易品行业和非贸易品行业城镇居民收入的影响

	被解释变量为 lincome		被解释变量为 lincome2	
	可贸易品行业	非贸易品行业	可贸易品行业	非贸易品行业
城市规模	0.119 6**	0.075 3***	0.191 0***	0.168 8***
	（0.043 1）	（0.023 6）	（0.052 6）	（0.051 3）
个人特征	控制	控制	控制	控制
城市特征	控制	控制	控制	控制
R^2	0.156 2	0.210 2	0.141 7	0.075 9
观测值	303	353	303	353

注：***、**、*分别表示在 1%、5%和 10%的显著性水平上显著；括号中报告的数值是经过城市层面聚类修正的稳健性标准差。

---

① 第四章的实证结论：城市规模对不可贸易部门城镇居民收入的拉动作用，大于对可贸易品部门城镇居民收入的拉动作用。

6.4.3 对不同产业城镇居民的影响

表 6.9 展示了城市规模对第二产业和第三产业城镇居民个人收入和家庭收入增长的影响。估计结果显示,在被解释变量为城镇居民个人收入和被解释变量为城镇居民家庭收入的回归中,城市规模变量对第二产业城镇居民个人收入家庭收入的 OLS 估计系数都没有通过显著性检验,说明城市规模对第二产业城镇居民个人收入和家庭收入的增长都没有显著影响;城市规模变量对第三产业城镇居民个人收入和家庭收入的 OLS 估计系数都显著为正,说明城市规模扩张对第三产业城镇居民个人收入和家庭收入的增长都具有显著的正向影响。城市规模变量的估计系数进一步显示:在其他因素不变的情况下,城市规模扩大对第三产业城镇居民个人收入和家庭收入的促进作用,都大于对第二产业城镇居民的促进作用,即与第二产业城镇居民相比,第三产业城镇居民从人口和经济活动聚集中获益更大。这与第四章的实证结论[①]一致,这可能是由于对于环境资源丰富的贵州而言,随着人口和经济活动的聚集,第三产业特别是旅游业及其相关服务业的发展更为迅速,从而导致该地区人口和经济活动的进一步集聚,对第三产业城镇居民个人收入和家庭收入的促进作用,都大于对第二产业城镇居民个人收入和家庭收入的促进作用,即与第二产业城镇居民相比,较大的城市规模对第三产业城镇居民更有益。

表 6.9 城市规模对第二产业和第三产业城镇居民收入增长的影响

	被解释变量为 lincome		被解释变量为 lincome2	
	第二产业	第三产业	第二产业	第三产业
城市规模	0.036 2	0.104 3***	0.062 1	0.173 0***
	(0.042 6)	(0.026 9)	(0.077 8)	(0.047 0)
个人特征	控制	控制	控制	控制
城市特征	控制	控制	控制	控制

---

① 城市规模对第三产业城镇居民收入增长的拉动作用最大,与其他产业相比,第三产业城镇居民从人口和经济集聚中获益最大。

续表

	被解释变量为 lincome		被解释变量为 lincome2	
	第二产业	第三产业	第二产业	第三产业
R^2	0.251 0	0.140 2	0.145 6	0.082 5
观测值	97	685	97	685

注：***、**、*分别表示在1%、5%和10%的显著性水平上显著；括号中报告的数值是经过城市层面聚类修正的稳健性标准差。

6.5 城市规模对城镇内部居民收入差距的影响

表 6.10 展示了城市规模对不同收入组城镇居民个人收入增长的影响结果。回归结果显示，城市规模变量对各个收入组城镇居民个人收入的估计系数都显著为正，说明城市规模对各收入组城镇居民个人收入的增长具有显著的正向影响。从城市规模变量的估计系数还可以看出：城市规模对高收入组城镇居民个人收入增长的拉动作用最大，对低收入组城镇居民个人收入增长的拉动作用最小；并且，随着收入水平的不断提高，人口数量的增加和经济活动集聚对城镇居民个人收入增长的影响基本上呈现递增的趋势，即收入水平越高，城市规模对城镇居民个人收入增长的拉动作用就越大。这一结果进一步说明，人口和经济活动的进一步集聚拉大了城镇内部居民个人收入的差距。

表 6.10 城市规模对不同收入组城镇居民个人收入增长的影响

	低收入组	较低收入组	中等收入组	较高收入组	高收入组
城市规模	0.000 1**	0.049 2**	0.087 6***	0.071 7**	0.134 2**
	(0.000 04)	(0.023 0)	(0.019 2)	(0.030 6)	(0.053 1)
个人特征	控制	控制	控制	控制	控制
城市特征	控制	控制	控制	控制	控制
Pseudo R^2	0.000 6	0.133 5	0.013 1	0.093 4	0.148 5
观测值	783	783	783	783	783

注：***、**、*分别表示在1%、5%和10%的显著性水平上显著；括号中报告的数值是经过城市层面聚类修正的稳健性标准差。

表 6.11 展示了城市规模对不同收入组城镇居民家庭收入增长的影响结果。回归结果显示，城市规模变量对各个收入组城镇居民家庭收入的估计系数都显著为正，说明城市规模对各收入组城镇居民家庭收入的增长都具有显著的拉动和促进作用。从城市规模变量的回归系数值可以看出：在其他因素不变的情况下，城市规模对较高收入组城镇居民家庭收入增长的拉动作用最大，对高收入组城镇居民家庭收入增长的拉动作用最小；并且，随着收入水平的不断提高，人口数量的增加和经济活动集聚，对城镇居民家庭收入增长的影响程度呈现反"N"型的态势，即先下降再上升，然后再下降。同时，城市规模对低收入组城镇居民家庭收入增长的影响远高于对高收入组城镇居民家庭收入增长的影响。这一结果进一步说明，人口和经济活动集聚可以在一定程度上缩小城镇内部居民家庭收入的差距。其原因可能是城市规模扩大促进了劳动密集型行业的发展，提高了城镇居民的就业概率，增加了低收入家庭成员的就业数量，从而降低了家庭收入差距。

表 6.11 城市规模对不同收入组城镇居民家庭收入增长的影响

	低收入组	较低收入组	中等收入组	较高收入组	高收入组
城市规模	0.1435^{***}	0.0897^{***}	0.1862^{***}	0.2317^{***}	0.0698^{***}
	(0.0421)	(0.0011)	(0.0377)	(0.0415)	(0.0096)
个人特征	控制	控制	控制	控制	控制
城市特征	控制	控制	控制	控制	控制
Pseudo R2	0.0277	0.0350	0.0706	0.0415	0.0082
观测值	783	783	783	783	783

注：***、**、*分别表示在 1%、5% 和 10% 的显著性水平上显著；括号中报告的数值是经过城市层面聚类修正的稳健性标准差。

6.6 城市规模对城镇居民收入的影响机制

本部分主要实证分析和考察经济欠发达地区城市规模是否可以通过人力资本的外部性和技术外溢影响城镇居民个人收入和家庭收入的增长。表 6.12 展示了城市规模变量对人力资本密集行业和非人力资本密集行业城镇居民个人收入和家庭收入增长的影响。估计结果显示：在被解释变量为城镇居民个人收入和被解释变量为城镇居民家庭收入的回归中，城市规模变量的估计系数都显著为正；说明城市规模对人力资本密集行业和非人力资本密集行业城镇居民个人收入和家庭收入的增长都具有显著的拉动和促进作用。城市规模变量的估计系数值还显示：在其他因素不变的情况下，城市规模对非人力资本密集行业城镇居民个人收入和家庭收入增长的拉动作用，比对人力资本密集行业城镇居民个人收入和家庭收入增长的拉动作用要大。因此，可以判定城市规模没有显著地通过人力资本的外部效应来促进城镇居民收入增长，这与第五章的研究结论[①]完全相悖。

本部分实证检验的结果说明城市规模促进了人力资本密集行业和非人力资本密集行业城镇居民个人收入和家庭收入的增长；并且，与人力资本密集行业相比，城市规模扩大对非人力资本密集行业城镇居民收入增长的拉动作用更大，即非人力资本密集行业城镇居民从人口和经济活动聚集中获得的收益更大；城市规模并没有显著地通过人力资本的外部效应和知识外溢作用于城镇居民的收入增长。

表6.12　城市规模对人力资本密集和非人力资本行业城镇居民收入增长的影响

	被解释变量为 lincome		被解释变量为 lincome2	
	非人力资本密集行业	人力资本密集行业	非人力资本密集行业	人力资本密集行业
城市规模	0.094 7**	0.091 2*	0.171 7***	0.153 6**
	(0.037 3)	(0.029 9)	(0.050 8)	(0.053 7)
个人特征	控制	控制	控制	控制
城市特征	控制	控制	控制	控制
R^2	0.159 9	0.178 6	0.123 9	0.073 2
观测值	334	448	334	448

注：***、**、*分别表示在1%、5%和10%的显著性水平上显著；括号中报告的数值是经过城市层面聚类修正的稳健性标准差。

[①] 第五章的研究结论显示：人力资本的外溢效应是城市规模影响城镇居民收入增长的重要途径。

表 6.13 展示了城市规模变量对技术密集型行业和非技术密集型行业城镇居民个人收入和家庭收入增长的影响结果。结果显示，在被解释变量为城镇居民个人收入和被解释变量为城镇居民家庭收入的回归中，城市规模变量的估计系数都显著为正，说明城市规模扩大对技术密集行业和非技术密集行业城镇居民个人收入和家庭收入的增长都具有显著的拉动和促进作用。城市规模变量的估计系数值还显示出：城市规模对非技术密集型行业城镇居民个人收入和家庭收入增长的拉动作用，比对技术密集型行业城镇居民个人收入和家庭收入增长的拉动作用要大。这说明城市规模并没有显著地通过技术外溢，作用于城镇居民收入增长。

实证检验的结果说明，城市人口数量和经济活动的进一步聚集，促进了技术密集型行业和非技术密集型行业城镇居民收入的增长；并且，与技术密集型行业相比，城市规模扩大对非技术密集型行业城镇居民收入增长的拉动作用更大，即与技术密集行业的城镇居民相比，非技术密集型行业城镇居民从人口和经济活动聚集中获得的收益更大。这说明城市规模扩张并没有显著地通过技术的外溢，作用于城镇居民收入增长。

表 6.13　城市规模对技术密集和非技术密集行业城镇居民收入增长的影响

	被解释变量为 lincome		被解释变量为 lincome2	
	非技术密集行业	技术密集型行业	非技术密集行业	技术密集型行业
城市规模	0.103 5**	0.051 0*	0.157 7**	0.144 4***
	（0.035 9）	（0.016 6）	（0.060 2）	（0.025 7）
个人特征	控制	控制	控制	控制
城市特征	控制	控制	控制	控制
R^2	0.141 0	0.227 6	0.102 5	0.109 6
观测值	543	239	543	239

注：***、**、*分别表示在 1%、5%和 10%的显著性水平上显著；括号中报告的数值是经过城市层面聚类修正的稳健性标准差。

总之，人口和经济活动聚集，提高了人力资本密集行业和非人力资本密集型行业，以及技术密集型行业和非技术密集型行业城镇居民的个人收入和家庭收入，但对非人力资本密集行业和非技术密集行业城镇居民收入增长的拉动作用更大，即非人力资本密集行业和非技术密集行业城镇居民从人口和经济活动聚集中获得的收益更大。这说明人力资本和技术的外溢效应不是城市规模提高城镇居民收入增长的重要途径。存在的可能是，对于像贵州这样经济社会发展水平较低、城市化建设比较落后、低技能劳动力资源丰富的地区而言，城市规模的扩大首先主要推动了劳动密集型行业（特别是低技能型服务业）的快速发展，从而对劳动力市场上低技能劳动力的需求大幅度增加，城镇居民的就业概率和均衡工资水平也相应提高。因此，导致知识和技术的外溢效应对城镇居民劳动生产率的提高和收入增长的作用不显著。城市规模可能主要通过提高城镇居民的就业概率和均衡工资水平推动了城镇居民收入的增长，即城市规模可能主要通过就业机制作用于经济欠发达地区城镇居民收入的增长。

6.7　本章小结

综合这一部分的实证结果和分析，可以得出如下结论。

（1）城市规模对城镇居民个人收入和家庭收入的增长都具有显著的拉动和促进作用；并且，城市规模对城镇居民收入的这种促进作用呈现倒"U"型轨迹，说明城镇居民收入最大化的有效城市规模是存在的，理论假设一在经济欠发达地区同样得到了证实。

（2）在其他因素不变的情况下，从促进城镇居民收入最大化的意义上来讲，城市的最佳规模落在289.78万人～483.61万人的区间上。这与第四章实证研究得到的结论[①]相差甚远，这说明基于CHIP2013数据得出的城镇居民收入最大化的有效城市规模区间，对经济发展和城市化较落后地区不适用。

（3）城市规模对不同技能水平城镇居民的个人收入和家庭收入增长都具有显著的拉动作用和正向影响。从促进城镇居民个人收入增长的角

---

① 第四章得到的结论是：在其他因素不变的情况下，促进城镇居民收入最大化的城市规模区间为3010.92万人～3197.10万人。

度来看，城市规模对高技能组城镇居民收入增长的拉动作用，高于对低技能组城镇居民收入增长的拉动作用。这和第四章实证研究的结论相一致，说明该部分结论具有普遍适用性。

但从促进城镇居民家庭收入增长的角度来看，城市规模对低技能组城镇居民收入增长的拉动作用，则要高于对高技能组城镇居民收入增长的拉动作用。这与第四章的实证研究结论相悖，其原因可能是对于经济发展较落后、城市化进程较慢和劳动力资源丰富的贵州地区来讲，城市规模扩大首先主要促进了劳动密集型行业的发展，提高了城镇居民的就业概率，增加了城镇居民家庭就业成员的数量，促进了城镇居民家庭收入的增长。因此，城市规模扩大促进城镇居民家庭收入增长的路径主要是通过就业机制实现的，而不是知识和技术的外溢效应。这与6.6中实证得出的结论"人力资本和技术的外部效应并不是城市规模作用于城镇居民收入增长的主要途径"是一致的。

（4）关于城市规模对不同行业和不同产业城镇居民收入增长的影响，实证结果为：

① 城市规模对劳动密集型行业城镇居民个人收入和家庭收入增长的促进作用，都小于对资金密集型行业城镇居民个人收入和家庭收入增长的促进作用，即与劳动密集型行业的城镇居民相比，资金密集型行业从人口和经济活动聚集中获益更大。

② 城市人口规模对垄断程度较高行业城镇居民个人收入和家庭收入增长的促进作用，都小于对垄断程度较低行业城镇居民个人收入和家庭收入增长的促进作用，即与垄断程度较高行业的城镇居民相比，垄断程度较低行业从人口和经济活动聚集中获益更大。

③ 城市规模对可贸易品行业城镇居民个人收入和家庭收入增长的促进作用，都大于对非贸易品行业城镇居民个人收入和家庭收入增长的促进作用，即与非贸易行业的城镇居民相比，可贸易行业城镇居民从人口和经济活动聚集中获益更大。

该部分结论与第四章利用 CHIP2013 数据得到的实证结果很不一致。这说明基于数据 CHIP2013 得到的该部分相关研究结论，对经济欠发达和城市化建设较落后的地区不适用。可能存在的原因是，贵州省低技能型劳动力资源充足，但资金短缺，资金的边际效益要远大于劳动力的边际效益，从而使得资金密集型行业城镇居民从城市规模扩大中获得的回报高于了劳动密集型行业的城镇居民；由于贵州省的经济发展水平较低，人口和经济活动的聚集，使商品和劳务市场以及要素市场需求扩大，并刺激了垄断程度较低行业的快速发展，从而导致对垄断程度较低行业城镇居民收入增长的拉动作用更大；随着人口和经济活动的聚集，信息的传递使其他地区对贵州地区的特有资源有了更为深刻的认识，可贸易品部门商品和服务市场需求扩大，从而导致可贸易品部门城镇居民收入增长幅度比非贸易部门城镇居民收入增长的幅度更大。

（5）城市规模对第三产业城镇居民个人收入和家庭收入增长的促进作用，都大于对第二产业城镇居民个人收入和家庭收入增长的促进作用，即与第二产业城镇居民相比，第三产业城镇居民从人口和经济活动聚集中获益更大。这是由于贵州省生态环境资源丰富，人口和经济活动的聚集使得第三产业的发展更为迅速，从而导致第三产业城镇居民收入增长幅度更大。这与第四章的研究结论一致，说明该结论具有普遍适用性。

（6）关于城市规模对不同收入水平城镇居民收入增长的影响，实证分析发现：① 从家庭收入的角度看，城市规模对较高收入组城镇居民家庭收入增长的拉动作用最大，对高收入组城镇居民家庭收入增长的拉动作用最小；城市规模对最低收入组城镇居民家庭收入增长的拉动作用，高于对最高收入组城镇居民家庭收入增长的拉动作用；人口和经济活动的集聚，可以在一定程度上缩小城镇居民内部家庭收入的差距，这与第四章的研究结论基本一致；② 从个人收入的角度看，城市规模对高收入组城镇居民个人收入增长的拉动作用最大，对低收入组城镇居民个人收入增长的拉动作用最小，且收入水平越高，人口和经济集聚对城镇居民个人收入增长的拉动作用就越大，人口和经济活动集聚进一步拉大了城镇居民内部个人收入的差距，这与第四章的研究结论完全相反。说明基于数据 CHIP2013 得到的该部分研究结论，对经济欠发达和城市化建设较落后的地区，只在一定程度上适用。其原因可能是城市规模扩大促进了贵州省劳动密集型行业的发展，提高了城镇居民的就业概率，增加了低收入家庭成员的就业数量,从而缩小了城镇居民家庭之间的收入差距。

（7）城市规模提高了人力资本密集型行业和非人力资本型密集行业,以及技术密集型行业和非技术密集型行业城镇居民的个人收入和家庭收入;并且,城市规模扩大对非人力资本型密集行业和非技术密集型行业城镇居民收入增长的拉动作用更大;这说明人力资本和技术的外溢效应不是提高城镇居民收入增长的重要途径,理论假设三和理论假设四在经济欠发达地区没有得到证实。这可能是因为,对于像贵州这样经济社会发展和城市化建设都比较落后的地区而言,目前状况下,城市规模尚没有显著地通过人力资本和技术的外溢效应促进城镇居民收入的增长。对于经济发展和城市化建设都比较落后的地区,现阶段,人力资本和技术的外部效应并不是城市规模作用于城镇居民收入增长的主要途径。这与第五章的研究结论也是相悖的。导致这一结果的原因可能是,对于贵州这样经济发展和城市化建设都比较落后的地区,城市规模的扩大首先主要推动了劳动密集型行业的发展。因此,知识和技术的外溢效应对城镇居民劳动生产率提高和收入增长的促进作用不显著。城市规模可能主要通过提高城镇居民的就业概率拉动了城镇居民收入的增长。

7 结论、政策建议及研究展望

7.1 研究结论

7.1.1 基于CHIP2013的研究结论

利用2013年中国家庭收入调查数据(CHIP2013),运用OLS、工具变量估计和分位数回归方法,实证分析和考察城市规模对城镇居民收入增长的影响及影响机制,得出的研究结论如下。

(1)城市规模对城镇居民收入具有显著的正向拉动作用;并且,城市规模对城镇居民收入的这种拉动作用呈现倒"U"型态势,即促进城镇居民收入最大化的城市规模是存在的,这和理论预期一致,理论假设一得到了证实。

(2)由实证研究的结果来看,在控制了个人特征向量和城市特征向量的情况下,促进城镇居民收入最大化的有效城市规模将落在3 010.92万人~3 197.10万人的区间上。

(3)从异质性检验的结果来看:

① 城市规模对不同技能水平城镇居民收入的增长都具有显著的促进作用;并且,随着技能水平的提高,城市规模对城镇居民收入增长的促进作用越来越大;即个人技能水平越高,城镇居民从人口和经济活动集聚中获得的收益越大,而面临的冲击则越小。

② 城市规模扩大和经济活动的集聚对劳动密集型行业和资金密集

型行业城镇居民收入的增长都具有显著的促进作用；并且，与资本密集型行业相比，城市规模对劳动密集型行业城镇居民收入增长的促进作用要更大一些；即相对于资金密集型行业而言，劳动密集型行业城镇居民从人口和经济集聚中获益更大。

③ 城市规模对垄断程度较高行业和垄断程度较低行业城镇居民收入的增长都具有显著的拉动和促进作用。由于市场竞争力量的存在，城市规模对垄断程度较低行业城镇居民收入增长的拉动作用，要小于对垄断程度较高行业城镇居民收入增长的拉动作用。即与垄断程度较低行业相比，垄断程度较高行业城镇居民从人口和经济集聚中获益更大。

④ 城市规模对非贸易品行业和可贸易品行业城镇居民收入的增长都具有显著的正向拉动作用；并且，由于可贸易品部门的开放度和竞争性都较大，因而，非贸易部门品或行业的城镇居民从人口和经济集聚中得到的收益将更大。

⑤ 城市规模对第二产业和第三产业城镇居民的收入增长都具有显著的促进作用；随着城市规模扩大，以及人口和经济活动的进一步集聚，第三产业城镇居民收入增长的幅度最大，第二产业城镇居民收入增长的幅度居次，即第三产业城镇居民从人口和经济集聚中获益最大，其次是第二产业城镇居民；城市规模扩大对第一产业城镇居民的收入增长影响不显著。

⑥ 城市规模对不同收入组城镇居民收入的增长都具有显著的促进作用；城市规模对低收入组城镇居民收入增长的拉动作用最大；城市规模对高收入组城镇居民收入增长的拉动作用最小；并且，随着收入水平的提高，城市规模对城镇居民收入增长的拉动幅度呈现反"N"型态势；因此，城镇内部居民收入差距的不断扩大不是城市化的必然结果；相反地，城市人口规模的扩张，以及人口和经济活动的进一步集聚将起到缩小城镇内部居民收入差距的作用；城市人口规模扩大是缩小城镇内部居民收入差距、实现社会分配公平的有效途径。

（4）城市规模对城镇居民就业概率的提高具有显著的促进和拉动作用；特别是对高技能组城镇居民而言，人口和经济集聚为其带来的好处将更大，即通过促进就业拉动城镇居民收入的增长，是城市规模影响城镇居民收入增长,特别是高技能组城镇居民收入增长的主要途径。理论假设二得到了证实。

(5)人口和经济活动的集聚促进了人力资本密集行业和非人力资本密集行业城镇居民收入的增长;并且,与人力资本非密集行业相比,城市规模对人力资本密集行业城镇居民收入增长的拉动作用更大,即人力资本密集行业的城镇居民将从人口和经济进一步集聚中获得更大收益;城市规模可以通过人力资本的外部效应和知识外溢作用于城镇居民收入的增长;人力资本的外部效应是城市规模促进城镇居民收入增长,特别是人力资本密集行业城镇居民收入增长的一个重要途径。理论假设三得到了证实。

(6)城市规模显著促进了技术密集型行业和非技术密集型行业城镇居民收入的增长;并且,与非技术密集型行业相比,城市规模扩大对技术密集型行业城镇居民收入增长的拉动作用更大;即与非技术密集型行业的城镇居民相比,技术密集型行业城镇居民从人口和经济集聚中获得的收益更大;城市规模可以通过技术的外溢作用于城镇居民,特别是技术密集型行业城镇居民收入的增长;技术外溢也是城市规模促进城镇居民收入增长的一个重要途径。理论假设四得到了证实。

7.1.2 基于 GZURICS2013 的研究结论

利用 2013 年贵州城镇居民收入与消费调查数据(GZURICS2013),运用最小二乘法,实证分析和考察经济欠发达地区城市规模对城镇居民收入增长的影响及影响机制,得出的研究结论如下。

(1)城市规模对城镇居民个人收入和家庭收入的增长都具有显著的拉动和促进作用;并且,城市规模对城镇居民收入的这种促进作用呈现倒"U"型轨迹,说明城镇居民收入最大化的有效城市规模是存在的,理论假设一在经济欠发达地区同样得到了证实;在其他因素不变的情况下,从促进城镇居民收入最大化的意义上来讲,城市的最佳规模落在 289.78 万人~483.61 万人的区间上。

(2)城市规模对不同技能水平城镇居民的个人收入和家庭收入增长

都具有显著的拉动作用和正向影响。从促进城镇居民个人收入增长的角度来看，城市规模对高技能组城镇居民收入增长的拉动作用，高于对低技能组城镇居民收入增长的拉动作用。从促进城镇居民家庭收入增长的角度来看，城市规模对低技能组城镇居民收入增长的拉动作用，则要高于对高技能组城镇居民收入增长的拉动作用。

（3）关于城市规模对不同行业和不同产业城镇居民收入增长的影响，实证结果为：

① 城市规模对劳动密集型行业城镇居民个人收入和家庭收入增长的促进作用，都小于对资金密集型行业城镇居民个人收入和家庭收入增长的促进作用，即与劳动密集型行业的城镇居民相比，资金密集型行业从人口和经济活动聚集中获益更大。

② 城市人口规模对垄断程度较高行业城镇居民个人收入和家庭收入增长的促进作用，都小于对垄断程度较低行业城镇居民个人收入和家庭收入增长的促进作用，即与垄断程度较高行业的城镇居民相比，垄断程度较低行业从人口和经济活动聚集中获益更大。

③ 城市规模对可贸易品行业城镇居民个人收入和家庭收入增长的促进作用，都大于对非贸易品行业城镇居民个人收入和家庭收入增长的促进作用，即与非贸易行业的城镇居民相比，可贸易行业城镇居民从人口和经济活动聚集中获益更大。

④ 城市规模对第三产业城镇居民个人收入和家庭收入增长的促进作用，都大于对第二产业城镇居民个人收入和家庭收入增长的促进作用，即与第二产业城镇居民相比，第三产业城镇居民从人口和经济活动聚集中获益更大。

（4）关于城市规模对不同收入水平城镇居民收入增长的影响，实证分析发现：① 从家庭收入的角度看，城市规模对较高收入组城镇居民家庭收入增长的拉动作用最大，对高收入组城镇居民家庭收入增长的拉动作用最小；城市规模对最低收入组城镇居民家庭收入增长的拉动作用，高于对最高收入组城镇居民家庭收入增长的拉动作用；并且，随着收入水平的提高，城市规模对城镇居民家庭收入增长的拉动幅度呈现反"N"型态势；人口和经济活动的集聚，可以在一定程度上缩小城镇居民内部家庭收入的差距；②从个人收入的角度看，城市规模对高收入组城镇居民个人收入增长的拉动作用最大，对低收入组城镇居民个人收入增长的拉动作用最小；并且，收入水平越高，人口和经济集聚对城镇居民个人收入增长的拉动作用就越大；人口和经济活动集聚进一步拉大了城镇居民内部个人收入的差距。

（5）城市规模提高了人力资本密集型行业和非人力资本型密集行业，以及技术密集型行业和非技术密集型行业城镇居民的个人收入和家庭收入；并且，城市规模扩大对非人力资本型密集行业和非技术密集型行业城镇居民收入增长的拉动作用更大；这说明人力资本和技术的外溢效应不是提高城镇居民收入增长的重要途径。理论假设三和理论假设四在经济欠发达地区没有得到证实。

7.1.3 基于两组数据回归估值的异同分析

利用 CHIP2013 和 GZURICS2013 两组数据分别对本研究理论假设进行的验证，以及关于城市规模对城镇居民收入增长影响和影响机制的考察，得出的研究结论有相同之处，也有相悖之处。基于两组数据 CHIP2013 和 GZURICS2013 回归估值的异同分析如下。

7.1.3.1 相同之处

（1）理论假设的验证。

关于对理论假设"城镇居民收入最大化的有效城市规模是存在的"的验证，基于两组数据 CHIP2013 和 GZURICS2013 回归估值得出的研究结论：城市规模对城镇居民个人收入和家庭收入的增长都具有显著的拉动和促进作用；并且，城市规模对城镇居民收入增长的这种促进作用呈现倒"U"型轨迹，说明城镇居民收入最大化的有效城市规模是存在的，我们的理论假设一在经济较发达和经济欠发达地区都得到了证实。

（2）城市规模对不同技能水平城镇居民收入增长的影响。

关于城市规模对不同技能水平城镇居民收入增长的影响，基于两组数据 CHIP2013 和 GZURICS2013 回归估值得出的结论：城市规模对不同技能水平城镇居民的收入增长都具有显著的拉动作用和正向影响；并且，从促进城镇居民个人收入增长的角度来看，城市规模对高技能组城镇居民收入增长的拉动作用，高于对低技能组城镇居民收入增长的拉动作用。

（3）城市规模对不同产业城镇居民收入的影响。

利用数据 CHIP2013 得出的关于城市规模对不同产业城镇居民收入影响的研究结论为：城市规模对第三产业城镇居民收入增长的拉动作用最大，对第二产业城镇居民收入增长的拉动作用居次位，对第一产业城镇居民收入增长的影响不显著；即第三产业城镇居民从人口和经济集聚中获益最大，其次是第二产业城镇居民。利用数据 GZURICS2013 得出的关于城市规模对不同产业城镇居民收入影响的研究结论为：城市规模对第三产业城镇居民个人收入和家庭收入增长的促进作用，都大于对第二产业城镇居民个人收入和家庭收入增长的促进作用，即与第二产业城镇居民相比，第三产业城镇居民从人口和经济活动聚集中获益更大。这说明基于数据 CHIP2013 得到的该部分相关研究结论，对经济欠发达和城市化建设较落后的贵州地区也是适用的。

（4）城市规模对不同收入水平城镇居民收入的影响。

关于城市规模对不同收入水平城镇居民收入增长的影响，基于数据 CHIP2013 回归估值得出的结论是：城市规模对低收入组城镇居民收入增长的拉动始终高于对高收入组城镇居民收入增长的拉动作用；并且，随着收入水平的提高，城市规模对城镇居民收入增长的拉动程度呈现反"N"型态势。基于数据 GZURICS2013 回归估值得出的结论是：从家庭收入的角度看，城市规模对最低收入组城镇居民家庭收入增长的拉动作用，高于对最高收入组城镇居民家庭收入增长的拉动作用；并且，随着收入水平的提高，城市规模对城镇居民家庭收入增长的拉动程度呈现反"N"型态势。由此可见，利用两组数据 CHIP2013 和 GZURICS2013 得出的这部分研究结论都一致，这说明：城镇内部居民收入差距的不断扩大不是城市化的必然结果；相反地，城市人口规模的扩张，以及人口和经济活动的进一步集聚将起到缩小城镇内部居民收入差距的作用。

7.1.3.2 相悖之处

（1）最佳城市规模。

利用两组数据 CHIP2013 和 GZURICS2013 得出的城镇居民收入最大化的城市最佳发展规模区间分别为 3 010.92 万人～3 197.10 万人和 289.78 万人～483.61 万人。可以看出，利用两组数据得出的城市最佳发展规模相差甚远，说明第四章关于最佳城市规模的研究结论对于经济欠发达地区不适用。从这一点上看，可能存在的一个原因是：在经济发展和城市化的不同阶段，使城镇居民收入最大化的有效城市规模是不同的。

（2）城市规模对不同技能水平城镇居民收入的影响。

利用数据 GZURICS2013 得出的关于城市规模对不同技能水平城镇居民收入影响的研究结论是：从促进城镇居民家庭收入增长的角度来看，城市规模对低技能组城镇居民收入增长的拉动作用，要高于对高技能组城镇居民收入增长的拉动作用。这与利用数据 CHIP2013 得出的实证研究结论[1]相悖。其原因可能是对于经济发展落后、城市化进程较慢和劳动力（低技能）资源丰富的贵州地区来讲，城市规模扩大首先主要促进了劳动密集型（低技能）行业的发展，提高了低技能组城镇居民的就业概率，增加了低技能城镇居民家庭就业成员的数量，从而促进了低技能城镇居民家庭收入的增长。因此，城市规模扩大促进城镇居民家庭收入增长的路径主要可能是通过就业机制实现的，而不是知识和技术的外溢效应。这与 6.6 中实证得出的结论"人力资本和技术的外部效应并不是城市规模作用于城镇居民收入增长的主要途径"是一致的。

（3）城市规模对不同行业城镇居民收入的影响。

利用数据 CHIP2013 得出的关于城市规模对不同行业城镇居民收入影响的研究结论为：与资金密集型行业、垄断程度较低行业、可贸易品行业相比，城市规模扩大对劳动密集型行业、垄断程度较高行业、非贸易品行业城镇居民收入增长的拉动作用更大。利用数据 GZURICS2013 得出的关于城市规模对不同行业城镇居民收入影响的研究结论为：与劳

---

[1] 城市规模对高技能组城镇居民收入增长的拉动作用，高于对低技能组城镇居民收入增长的拉动作用。

动密集型行业、垄断程度较高行业、非贸易品行业相比，城市规模扩大对资金密集型行业、垄断程度较低行业、可贸易品行业城镇居民收入增长的拉动作用更大。这说明基于数据 CHIP2013 得到的该部分相关研究结论，对经济欠发达和城市化建设较落后的地区不适用。可能存在的原因是：贵州省低技能型劳动力资源充足，但资金短缺，资金的边际效益要远大于劳动力的边际效益，从而使得资金密集型行业城镇居民从城市规模扩大中获得的回报高于了劳动密集型行业的城镇居民；由于贵州省的经济发展水平较低，人口和经济活动的聚集，使商品和劳务市场以及要素市场需求扩大，并刺激了垄断程度较低行业的快速发展，从而导致对垄断程度较低行业城镇居民收入增长的拉动作用更大；随着人口和经济活动的聚集，信息的传递使其他地区对贵州地区的特有资源有了更为深刻的认识，可贸易品部门商品和服务市场需求扩大，从而导致可贸易品行业城镇居民收入增长幅度更大。

（4）城市规模对不同收入组城镇居民收入增长的影响。

关于城市规模对不同收入水平城镇居民收入增长的影响，基于数据 CHIP2013 回归估值得出的结论是：城市规模对低收入组城镇居民收入增长的拉动作用最大；城市人口规模的扩张，以及人口和经济活动的进一步集聚将起到缩小城镇内部居民收入差距的作用；城市人口规模扩大是缩小城镇内部居民收入差距、实现社会分配公平的有效途径。基于数据 GZURICS2013 回归估值得出的结论是：从个人收入的角度看，城市规模对高收入组城镇居民个人收入增长的拉动作用最大，对低收入组城镇居民个人收入增长的拉动作用最小；并且，收入水平越高，人口和经济集聚对城镇居民个人收入增长的拉动作用就越大；人口和经济活动的集聚进一步拉大了城镇内部居民的个人收入差距。之所以出现这种相悖的研究结论，其原因可能是对于经济欠发达和资金、高技能人才短缺的贵州地区而言，城市规模扩大不仅提高了低技能城镇居民的就业概率，同时大量资本的流入使得高技能人才的劳动生产率和收入都出现了更大幅度的提高。高技能意味着高收入，因此，对于贵州地区而言，与低技能劳动者相比，城市规模扩大对高收入城镇居民收入增长的拉动作用更大。

（5）知识和技术的外溢效应。

关于知识和技术的外溢效应，基于数据 CHIP2013 回归估值得出的结论是：城市规模促进了人力资本密集行业和非人力资本密集行业，以及技术密集型行业和非技术密集型行业城镇居民收入的增长；并且，城市规模对人力资本密集行业和技术密集型行业城镇居民收入增长的拉动作用更大；城市规模可以通过人力资本的外部效应和知识外溢作用于城镇居民收入的增长；人力资本的外部效应是城市规模促进城镇居民收入增长，特别是人力资本密集行业城镇居民收入增长的一个重要途径；城市规模可以通过技术的外溢作用于城镇居民，特别是技术密集型行业城镇居民收入的增长；技术外溢也是城市规模促进城镇居民收入增长的一个重要途径。关于知识和技术的外溢效应，基于数据 GZURICS2013 回归估值得出的结论是：城市规模提高了人力资本密集型行业和非人力资本型密集行业，以及技术密集型行业和非技术密集型行业城镇居民的个人收入和家庭收入；并且，城市规模扩大对非人力资本型密集行业和非技术密集型行业城镇居民收入增长的拉动作用更大；城市规模并没有显著地通过知识的外部性或技术的外溢效应作用于城镇居民收入的增长；知识的外部性和技术的外溢效应不是城市规模影响城镇居民收入增长的途径。这说明基于数据 CHIP2013 得到的该部分相关研究结论，对经济欠发达和城市化建设较落后的地区不适用。造成这一结果可能存在的原因是：对于贵州这样经济发展和城市化建设都比较落后、低技能劳动力资源丰富的地区，城市规模的扩大首先主要推动了低技能、劳动密集型行业的发展；因此，知识和技术的外溢效应对城镇居民劳动生产率提高和收入增长的促进作用不显著；城市规模扩大可能主要通过就业机制拉动了城镇居民的收入增长。

7.2 政策建议

综合上述研究发现和结论，我国城市化的进一步发展可以从以下几个方面进行考虑。

（1）加快城市化进程，鼓励和积极推进城市群和都市圈发展模式。

根据 2018 年《国务院关于调整城市规模划分标准的通知》[①]，本研究的实证结论指出，在其他因素不变的情况下，能使城镇居民收入最大化的最佳城市发展规模区间，落在了超大城市的范围内。而就我国当前的城市规模发展状况（见表 7.1）而言，659 个地级及以上城市和县级市中，中等城市和小城市数量最多，共 432 个，约占城市总数的 65.6%；其次是大城市，所占比重约为 47.3%；超大城市和特大城市所占比重都很小，特大城市共有十个，约占城市总数的 1.5%，超大城市则仅有北京、天津、上海和重庆四个，所占比重只有 0.6%。这说明，中国的大城市太少了（王小鲁和夏小林，1999；王小鲁，2010），特别是特大和超大城市，其数量和规模都没有达到最佳状态。加快城市化进程，促进城市规模的进一步扩大和经济社会的高效率发展仍然是未来一段时间我国城市化建设的重点。

根据本研究的研究结果，能使城镇居民收入最大化的城市规模约为 3100 万人左右，而我国绝大多数城市的人口规模距离该规模水平都尚有很大的一段距离。这也意味着我国绝大多数城市的规模效率和集聚效益都尚未达到最佳的水平，城市资源也未得到最优化的配置和最合理的利用，存在着一定程度的闲置或浪费。从另一个角度来说，我国城市的发展潜力很强劲，城市发展和经济成长还有很大的上升空间，如果能够充分提高我国城市的经济效益和规模效率，将会极大地促进和提高我国的城市化、现代化水平，[②]提高社会的劳动生产率和城镇居民的收入水平，促进国民经济的健康、快速和协调发展。而城市群和都市圈的城市化发展模式则是实现社会资源进一步优化配置，提高城市规模效率和集聚效益的一个有效途径。

[①] 该《通知》以城区常住人口为统计口径，将我国城市划分为五类七档：城区常住人口数量在 1000 万以上的城市为超大城市，500 万以上 1000 万以下的城市为特大城市；100 万以上 500 万以下的城市为大城市，50 万以上 100 万以下的城市为中等城市，50 万人以下的城市为小城市（所有下限都包括本数，所有上限都不包括本数）。其中，大城市中，300 万以上 500 万以下的城市为 I 型大城市，100 万以上 300 万以下的城市为 II 型大城市；小城市中，20 万以上 50 万以下的城市为 I 型小城市，20 万以下的城市为 II 型小城市。

[②] 马树才，宋丽敏. 我国城市规模发展水平分析与比较研究[J]. 统计研究，2003，07.

因此，要实现城市化、现代化和国民经济、居民收入水平增长的发展目标，当前和未来较长时期内，需鼓励和大力推进城市群和都市圈的城市化发展模式，即遵循产业聚集和人口聚集的一般经济规律，引导人口和资源进一步向大城市、特大城市和超大城市聚集；并围绕这些大城市、特大城市或超大城市，以经济活动为纽带形成都市圈或城市群，促使大（包括特大、超大）中小城市一体化发展，刺激都市圈和城市群城市经济活动的活跃度，进一步提高其规模效率、聚集效应和经济效率。

表7.1 2017年中国城市规模构成　　　　　　　　　　单位：个

城市类型	合计	超大城市	特大城市	大城市			中等城市	小城市		
				Ⅰ型	Ⅱ型	合计		Ⅰ型	Ⅱ型	合计
地级及以上城市	298	4	10	16	132	148	89	39	8	47
县级市	361	0	0	0	65	65	158	94	44	138
总计	659	4	10	16	197	213	247	133	52	185

数据来源：根据2018年中国城市统计年鉴计算整理得到。

（2）促进大城市和特大城市向超大城市扩张，具体做法：政府引导加市场机制。

政府可以考虑从现有的特大城市甚至大城市中选择一批基础和发展前景良好的城市作为重点建设对象和示范区，并明确对其给予进一步的资金、税收、投资、就业等方面的优惠政策和其他鼓励政策，加速其经济扩张。这些重点建设城市和样板城市的发展，除了能实实在在促进一批特大城市特别是大城市的规模效率、经济社会发展和城镇居民生活水平提高以外，还向市场发出了一个信号：大城市（包括特大市和超大城市）具有强劲的发展潜力，是未来城市化和经济社会发展的重点。这一信号在市场上的传导，市场机制将会引导和促使社会资源和生产要素进一步向大城市和特大，甚至是超大倾斜和集聚，进而进一步提高大（包括特大和超大）城市的规模经济效益，促使城市规模和经济发展形成一个良性的循环机制。

（3）改善市场软环境，引导资源进一步向大城市和特大城市集聚，促进其向超大城市扩张。

除了制度因素造成和导致一些大城市进一步扩张受到限制以外，保守或较差的市场软环境也是阻碍人口和经济活动进一步向大城市快速聚集和都市圈、城市群形成的一个很重要的原因。尤其是一些欠发达地区，一些地方政府部门办事效率较低，同时还存在影响市场运行的体制和政策障碍。这些因素的存在，不仅严重影响了大城市产业结构的进一步调整和优化升级，阻碍了同区域城市经济的一体化发展，还大幅度降低了其对人口、经济活动和资源的吸引力，导致城市经济缺乏活力和创新，经济社会发展和居民生活水平增长缓慢。因此，要改善大城市的市场环境，建立高效的政府管理体制，削除地方保护主义等对资源聚集和城市经济一体化发展不利的因素，进一步提高大城市对资源、人口的吸引力和聚集效益，并促进城市群和都市圈的建立和一体化发展。

（4）有条件地开放户籍制度，不同城市规模予以不同的户籍开放度。

中国二元户籍制度相配套的教育、劳动、就业、社会保障以及福利等制度，共同形成了影响人口迁移和劳动力流动的制度框架（蔡昉等，2003；陈秀山和左言庆，2013）。户籍管制下的聚集不足，是影响大城市和特大城市进一步优化配置社会资源和提高规模经济效率的重要原因。鉴于此，户籍制度急需改变。但是，户籍制度的改变或开放并不是一刀切，而是有条件的，针对不同的城市规模，户籍制度的开放程度也应予以不同。对于规模经济和聚集效应水平较低的中等和大城市，特别是中小城市，户籍制度应较大限度地开放，甚至可以完全开放。对于规模经济和聚集效应水平较高的特大城市，户籍制度的开放度也应该很大，但不能完全开放，以免因集聚过快而带来负效应。对于城市规模接近最佳规模范围的超大城市，户籍制度的开放度应较宽松，但还需要有一定限制，以实现城市人口规模的逐步扩张；对该类城市除了实现人口规模的进一步扩大以外，还应发展次经济中心，形成都市圈或城市群，以实现城市经济的协调发展。对于人口规模较大的特大城市和超大城市而言，有一定限制户籍管理制度是必需的，由于人口和经济活动的集聚，在一定程度上也具有"马太效应"——资源的集聚提高了城市规模效率、无形资产价值（例如城市的名气）和公共服务的质量，而这些又进一步吸引人口、经济活动和资源的进一步集聚，因此，在引导城市规模扩张的同时，鼓励和积极推进都市圈和城市带的形成和一体化发展，是进一步提高城市经济聚集效应和规模经济效率，并防止拥挤效应产生的有效途径。

（5）经济欠发达地区和城市要实行"内外两手抓、两手都要硬"的策略。

这里的"内"指的是经济欠发达地区内部加快城市化建设进程，实现聚集经济和规模经济效应。具体的可行做法是：城市化进程与新型城镇化相结合，引导人口和经济活动向城镇集聚；加大教育和职业培训投资力度，鼓励农村剩余劳动者和城镇低技能居民提高自己的职业技能水平、增加劳动者的人力资本积累；利用本区域的优势资源禀赋大力发展第三产业和劳动密集型行业，增加劳动力市场的需求，提高居民的就业概率；完善社会保障体系和制度，增进居民的民生福祉。

这里的"外"指的是经济欠发达地区加大开放力度，强力引进外部的人才、资金、技术，并大力将本区域的特色可贸易品推向外部市场。具体的可行做法是：利用本区域的优势资源禀赋和优惠政策，吸引外部人才、资金、技术向经济欠发达地区和城市聚集；并且，按照各城市的容量和发展前景，引导人口和经济活动的聚集有步骤、分层次进行；抓住国家扶贫协作政策机遇，积极将本区域的特色可贸易品推向外部市场。

（6）建立务实、有效的政策执行机制。

有效制度和政策的最终实现效果，离不开有效的执行和运行机制。对有效政策的严格执行和贯彻落实，是政策和制度实现其实施效果和目的的、不可或缺的有力保障。因此，坚决肃清政策执行队伍的腐败、暗箱操作、"上有政策、下有对策"等不利于有效政策实施的因素和现象，建立廉洁、高效的政策执行队伍，提高相关部门的政策执行力，促进城市规模和经济社会的良性发展，实现居民收入和民生福祉的稳定增长。

7.3 研究展望

结合本书的研究内容和存在的不足，本书的后续工作可以尝试从以下几个方面进一步完善：

第一，本研究以城镇居民的名义收入和消费价格指数平减后的实际收入来衡量城镇居民的收入状况，但未将城镇居民的可支配收入纳入研究范围，这是因为调查对象中有很多非正规部门的就业者，收集到的数据并没有将个人交纳的税收和社会保障费扣除。而可支配收入是衡量城镇居民生活水平的一个重要指标，相对于名义收入和实际收入而言，可支配收入能更直接地决定城镇居民生活水平的高低。因此，后续研究可以从城镇居民可支配收入的角度入手进行。

第二，从理论上讲，"城市的最规模应该是一个动态的过程，随着时间变化，因不同的外部条件而改变"[①]。并且，不同等级的城市都应该有其不同的最佳城市规模。因此，可以按照一线、二线、三线城市对城市进行分组，讨论不同等级城市是否存在城镇居民收入最大化的最佳规模区间，如果存在，该最佳规模大致应该在什么样的范围内；还可以按照东部、中部、西部地区对城市进行分组，讨论不同地区的城市，是否存在城镇居民收入最大化的有效城市规模区间，如果存在，该最佳规模落在什么样的区间内。

第三，在城市规模对城镇居民收入增长的影响机制分析中，关于城市规模如何通过降低城市发展成本作用于城镇居民收入的增长，以及城市规模扩张如何通过提高制度效率作用于城镇居民收入的增长，本研究仅从理论上给予了分析，但尚未找到准确衡量制度效率和城市发展成本的指标，用经验数据进行验证和检验。这也可以作为进一步研究的一个方向，即找到准确衡量制度效率和城市发展成本的指标，用经验数据进行验证和检验城市规模扩大如何通过降低城市发展成本和提高制度效率作用于城镇居民收入增长。

---

① 王俊，李佐军. 拥挤效应、经济增长与最优城市规模. 中国人口·资源与环境，2014，07.

附 录

城镇居民收入与消费调查问卷

您好！本问卷所收集数据和资料仅供政策和学术分析所用，无任何商业用途，并且我们对您所提供的所有资料保密，请您认真、翔实地填写本问卷。谢谢您的支持与合作！

1. 您的性别
   A. 男　　　　　　B. 女
2. 您的年龄
   A. 18 岁以下　　　B. 18~20 岁　　　C. 21~25 岁
   D. 26~30 岁　　　F. 31~40 岁　　　G. 41~50 岁
   H. 51~60 岁　　　I. 60 岁以上
3. 您的婚姻状况：
   A. 未婚　　　　　B. 已婚
4. 您的最高教育程度是：
   A. 高中及高中以下　　B. 中专或技术学校　　C. 大专
   D. 大学本科　　　　　E. 硕士　　　　　　　F. 博士及以上
5. 您目前的职业是：_____
6. 您目前的职业所属的行业是：
   A. 电力、燃气及水的生产和供应业
   B. 建筑业
   C. 交通运输、仓储及邮政业

D. 信息传输、计算机服务和软件业

E. 批发和零售业

F. 住宿、餐饮业

G. 金融业

H. 房地产业

I. 租赁和商业服务业

J. 科学研究、技术服务和地质勘查业

K. 水利、环境和公共设施管理业

L. 居民服务和其他服务业

M. 教育

N. 卫生、社会保障和社会福利业

O. 文化、体育和娱乐业

P. 公共管理和社会组织

7. 您每月的总收入为：

    A. 1000 元以下   B. 1000～3000 元   C. 3000～5000 元

    D. 5000～6000 元   E. 6000～7000 元   D. 7000～8000 元

    G. 8000～9000 元   H. 9000～10000 元   I. 10000 元以上

8. 您的月收入主要来自：

    A. 父母的给予   B. 兼职所获报酬

    C. 参加就业所获报酬   D. 创业或投资所获

9. 除了以上的收入外，您还有其他什么收入方式：

    A. 买卖股票、基金   B. 兼职   C. 闲时副业收入

    D. 其他，如：_____   E. 没有其他收入

10. 您的月平均消费总额大约是多少：

    A. 0～500 元   B. 501 元～1000 元   C. 1001 元～2000 元

    D. 2001 元～3000 元   E. 3001 元～4000 元   F. 4001～5000 元

    G. 5001～6000 元   H. 6001～7000 元   D. 7001～8000 元

    G. 8001～9000 元   H. 9001～10000 元   I. 10 000 元以上

11. 您每月的消费都花费在下面哪些方面[多选题，在选项前的（　　）中打"√"]

（　）饮食　　　　（　）医疗　　　　（　）学习或培训

（　）住宿，包括房租、还房贷等　　（　）电话费和上网费

（　）交通费，包括公交费用、打的、油费、过路费等

（　）衣着　　　　（　）娱乐或旅游

（　）日常服务消费，包括美容美发、家政服务等

（　）其他，比如＿＿＿＿＿＿＿＿

12. 按照您每月花费的金额从多到少将以下消费项目排序：

（　）饮食　　　　（　）医疗　　　　（　）学习或培训

（　）住宿，包括房租、还房贷等　　（　）电话费和上网费

（　）交通费，包括公交费用、打的、油费、过路费等

（　）衣着　　　　（　）娱乐或旅游

（　）日常消费服务，包括美容美发、家政服务等

（　）其他，比如＿＿＿＿＿＿＿＿＿＿

13. 您的食品支出总额占个人消费支出总额的比重是：

　　A. 0% ~ 20%　　　B. 21% ~ 30%　　　C. 31% ~ 40%

　　D. 41% ~ 50%　　E. 51% ~ 60%　　　F. 61% ~ 70%

　　G. 70%以上

14. 您的交通费用支出总额占个人消费支出总额的比重是：

　　A. 0% ~ 20%　　　B. 21% ~ 30%　　　C. 31% ~ 40%

　　D. 41% ~ 50%　　E. 51% ~ 60%　　　F. 61% ~ 70%

　　G. 70%以上

15. 您的学习或培训费用支出总额占个人消费支出总额的比重是：

　　A. 0% ~ 20%　　　B. 21% ~ 30%　　　C. 31% ~ 40%

　　D. 41% ~ 50%　　E. 51% ~ 60%　　　F. 61% ~ 70%

　　G. 70%以上

16. 您的家庭有＿＿＿＿口人，家庭成员有＿＿＿＿＿＿＿＿

17. 您的家庭平均每月总收入为：

　　A. 1000元以下　　　B. 1000 ~ 3000元　　　C. 3000 ~ 5000元

　　D. 5000 ~ 6000元　　E. 6000 ~ 7000元　　　D. 7000 ~ 8000元

　　G. 8000 ~ 9000元　　H. 9000 ~ 10000元

I. 10000 元以上

18. 您的家庭每月的消费总额约为：

  A. 1000 元以下　　　B. 1000～3000 元　　C. 3000～5000 元

  D. 5000～6000 元　　E. 6000～7000 元　　D. 7000～8000 元

  G. 8000～9000 元　　H. 9000～10000 元　　I. 10000 元以上

19. 您的家庭消费支出项目有：[多选题，在选项前的（ ）中打"√"]

  （　）饮食　　　　（　）医疗　　　　（　）教育

  （　）住宿，包括房租、还房贷等　　（　）电话费和上网费

  （　）交通费，包括公交费用、打的、油费、过路费等

  （　）衣着　　　　（　）娱乐或旅游

  （　）日常消费服务，包括美容美发、家政服务等

  （　）其他，比如_____

20. 你的家庭消费支出项目中，食品支出总额占家庭消费支出总额的比重是：

  A. 0%～20%　　　B. 21%～30%　　　C. 31%～40%

  D. 41%～50%　　E. 51%～60%　　　F. 61%～70%

  G. 70%以上

21. 交通费用支出总额占家庭消费支出总额的比重是：

  A. 0%～20%　　　B. 21%～30%　　　C. 31%～40%

  D. 41%～50%　　E. 51%～60%　　　F. 61%～70%　　G. 70%以上

22. 教育费用支出总额占家庭消费支出总额的比重是：

  A. 0%～20%　　　B. 21%～30%　　　C. 31%～40%

  D. 41%～50%　　E. 51%～60%　　　F. 61%～70%

  G. 70%以上

23. 住房费用支出总额占家庭消费支出总额的比重是：

  A. 0%～20%　　　B. 21%～30%　　　C. 31%～40%

  D. 41%～50%　　E. 51%～60%　　　F. 61%～70%

  G. 70%以上

24. 您目前的工资制度是：

A. 固定工资　　B. 底薪+提成/奖金　　C. 绩效工资制度
D. 其他方式，如＿＿＿＿＿＿＿＿＿＿＿＿＿

25. 您对目前的工作满意吗？
A. 满意　　　　B. 比较满意
C. 一般　　　　D. 不满意

26. 目前的收入水平是否达到了您的预期？
A. 是　　　　B. 否

27. 您认为影响您对收入是否满意的因素有：[多选题，在选项前的（　）中打"√"]
（　）住房消费水平　　　　（　）医疗消费水平
（　）深造或继续学习、培训的消费水平
（　）行业内收入差距　　　（　）行业间收入差距
（　）地区间收入差距　　　（　）其他，比如＿＿＿＿＿

28. 您认为目前您所在的行业，行业内的收入差距大吗？
A. 大　　B. 不大

29. 您认为物价上涨与您的收入上涨幅度是否一致？
A. 基本一致　　　　B. 不一致，物价上涨快
C. 不一致，收入上涨快

30. 你每个月大约会存款多少？占收入的多少？
A. 0　　　　　　B. 1%～10%　　　　C. 11%～20%
D. 21%～30%　　E. 31%～40%　　　F. 41%～50%
G. 50%以上

31. 您现阶段的储蓄最主要是为了：[多选题，在选项前的（　）中打"√"]
（　）买车子，房子　　　（　）购买昂贵的奢侈品
（　）开创自己的事业　　（　）孩子和家庭
（　）以防一些紧急情况和不可预测的情况　　（　）养老
（　）其他，比如　＿＿＿＿＿＿＿＿＿＿＿＿＿＿＿＿＿＿

再次对您的合作与参与表示衷心的感谢！

参考文献

中文文献

［1］安虎森，邹璇. 最优城市规模选择与农产品贸易成本[J]. 财经研究，2008（07）.

［2］曹永栋. 我国行业工资性收入差距拉大的原因[J]. 经济纵横，2012（01）.

［3］蔡昉. 行业间工资差异的成因与变化趋势[J]. 财贸经济，1996,（11）.

［4］蔡昉，都阳，王美艳. 劳动力流动的政治经济学[M]. 上海：上海人民出版社，2003.

［5］柴晨曦. 我国城镇居民收入影响因素分析[D]. 成都：西南财经大学，2014.

［6］陈斌开，杨依山，许伟. 中国城镇居民劳动收入差距演变及其原因：1990—2005[J]. 经济研究，2009（12）.

［7］陈端计."城市化：中国新世纪发展的挑战与对策"国际研讨会综述[J]. 财经政法资讯，2001（05）.

［8］陈洪海，孙璐，苑延华. 中国城乡居民收入差距核心影响因素筛选模型及实证[J]. 技术经济，2014，33（11）.

［9］陈厚义，胡航，陈常亮. 贵州城市化与新型工业化发展研究[A]. 贵州省软科学研究论文选编（2001—2004）[C]. 2005，12.

［10］陈继勇，肖光恩. 国外关于聚集经济研究的新进展[J]. 江汉论坛，2005，04.

[11] 陈建宝，丁军军. 分位数回归技术综述[J]. 统计与信息论坛，2008（03）.

[12] 陈其林，林新，尚琳琳. 我国城市化道路选择的实证分析[A]. 中国城市化：实证分析与对策研究[C]. 厦门：厦门大学出版社，2002.

[13] 陈强. 高级计量经济学及 Stata 应用[M]. 北京：高等教育出版社，2010.

[14] 陈淑清. 城市化：我国经济长期增长的动力之源[J]. 经济与管理研究，2003（05）.

[15] 陈天柱，苏祥，程勇. 城市居民收入差异的影响因素分析——两种视角的比较[J]. 前沿，2011（10）.

[16] 陈伟民，蒋华园. 城市规模效益及其发展政策[J]. 财经科学，2000（04）.

[17] 陈秀山，左言庆. 制度约束与多中心条件下的城市规模研究[J]. 经济与管理评论，2013（03）.

[18] 陈旭，陶小马. 城市最优规模与劳动力实际工资率关系研究——基于新经济地理学的视角[J]. 财贸研究，2013，24（03）.

[19] 陈雪娟，余向华. 政区建制乡变迁对地区经济增长的影响——基于浙江省台州市路桥区的个案分析[J]. 税务与经济，2012（01）.

[20] 陈甬军. 专题研讨：中国新型城市化道路研究[J]. 东南学术，2004（04）.

[21] 陈元刚，唐春花，黄丽莉. 城市化、出口依存度对重庆市城乡居民收入差距影响的实证研究[J]. 重庆理工大学学报（社会科学），2013，27（04）.

[22] 陈钊，陆铭. 教育、人力资本和兼顾公平的增长——理论、台湾经验及启示[J]. 上海经济研究，2002（01）.

[23] 陈钊，万广华，陆铭. 行业间不平等：日益重要的城镇收入差距成因——基于回归方程的分解[J]. 中国社会科学，2010（03）.

[24] 陈钊，肖兰兰. 中国市场经济的走向：行业收入差距、民营企业发展与城乡分割——复旦大学中国经济研究中心陈钊教授访谈[J]. 社会科学家，2011（07）.

[25] 陈振山. 家庭和学校因素对我国城镇居民个人收入的影响[D]. 青岛：中国海洋大学，2014.

[26] 陈志洪. 九十年代上海产业结构变动实证研究[D]. 上海：复旦大学，2003.

[27] 陈宗胜. 库兹涅茨倒U假设理论论争评析[J]. 上海经济研究，1991（03）.

[28] 陈宗胜. 中国城市居民收入分配差别现状、趋势及影响因素——以天津市为案例[J]. 经济研究，1997（03）.

[29] 陈宗胜，周云波. 体制改革对城镇居民收入差别的影响[J]. 中国社会科学，2001（06）.

[30] 陈宗胜，周云波. 城镇居民收入差别及制约其变动的某些因素——就天津市城镇居民家户特征的影响进行的一些讨论[J]. 经济学（季刊），2002（02）.

[31] 程开明. 聚集抑或扩散——城市规模影响城乡收入差距的理论机制及实证分析[J]. 经济理论与经济管理，2011（08）.

[32] 程开明，李金昌. 城市偏向、城市化与城乡收入差距的作用机制及动态分析[J]. 数量经济技术经济研究，2007（07）.

[33] 戴波. 中国城市化发展战略研究[D]. 南宁：广西大学，2005.

[34] 杜鑫. 中国垄断性行业与竞争性行业的收入差距：基于北京市微观数据的研究[J]. 南开经济研究，2010（05）.

[35] 范红忠，张婷，李名良. 城市规模、房价与居民收入差距[J]. 当代财经，2013（12）.

[36] 范剑勇. 中等城市将引领城市化发展[N]. 中国社会科学报，2010-12-23（007）.

[37] 范剑勇，莫家伟. 城市化模式与经济发展方式转变：兼论城市化的方向选择[J]. 复旦学报（社会科学版），2013（03）.

[38] 方芳. 明瑟尔人力资本理论[J]. 教育与经济，2006（02）.

[39] 方青. 多元 平等 综合 渐进——我国城市化发展战略[J]. 安徽师范大学学报（人文社会科学版），2003（03）.

[40] 费孝通. 小城镇四记[M]. 北京：新华出版社，1985.

[41] 费孝通. 费孝通论小城镇建设[M]. 北京：群言出版社，2000.

[42] 傅樵. 居民收入与宏观经济因素影响的动态关系分析[J]. 统计与决策，2014（21）.

[43] 傅勇. 人力资本投资对农村剩余劳动力转移的意义——基于人口流动和劳动力市场的分析[J]. 人口与经济，2004（03）.

[44] 甘小霞. 我国行业收入差距实证研究[D]. 杭州：浙江大学，2010.

[45] 高虹. 城市人口规模与劳动力收入[J]. 世界经济，2014，37（10）.

[46] 高鸿鹰，武康平. 集聚效应、集聚效率与城市规模分布变化[J]. 统计研究，2007（03）.

[47] 高鸿鹰，武康平. 我国城市规模分布 Pareto 指数测算及影响因素分析[J]. 数量经济技术经济研究，2007（04）.

[48] 高佩义. 中外城市化比较研究[M]. 天津：南开大学出版社，2004.

[49] 高新才，程艳. 中国城乡居民收入差距及影响因素研究[J]. 社科纵横，2014，29（06）.

[50] 巩红禹. 内蒙古城镇化进程与经济增长关系的实证研究[J]. 中国乡镇企业会计，2014（07）.

[51] 谷中原. 乡域城镇化及其实现路径[J]. 湖南城市学院学报，2014（01）.

[52] 郭东强. 福建省信息化与城市化的发展[J]. 企业经济，2004（01）.

[53] 郭环瑀，董树功. 基于天津城镇居民人均可支配收入的影响因素的实证分析[J]. 鸡西大学学报，2014，14（09）.

[54] 郭小弦，张顺. 中国城市居民教育收益率的变动趋势及其收入分配效应——基于分位数回归模型的分析[J]. 复旦教育论坛，2014（05）.

[55] 原国家计委宏观经济研究院课题组. 中国城镇居民收入差距的影响及适度性分析[J]. 管理世界，2001（05）.

[56] 国家统计局江苏调查总队课题组，吴熙云，许家东，周松青，郭家欣，赵巍. 江苏城镇居民收入差距及其影响因素分析[J]. 统计科学与实践，2011（05）.

[57] 国务院研究室课题组. 关于城镇居民个人收入差距的分析和建议[J]. 经济研究，1997（08）.

[58] 韩建雨. 城乡居民收入差距治理——基于城市化与劳动力自由流动

的分析[J]. 软科学，2013，27（07）.

[59] 嵩建华. 城市化、劳动生产率、人力资本与城乡居民收入差距的实证检验[J]. 统计与决策，2012（10）.

[60] 郝小亮. 最小二乘法原理在既有线测量中的应用[J]. 中国西部科技，2010（18）.

[61] 何诚颖，章涛. 城市化的制度变迁与资本市场创新[J]. 南开经济研究，2001（06）.

[62] 何一民，范瑛，付春. 中国城市发展模式研究[J]. 社会科学研究，2005（01）.

[63] 宏观经济研究院课题组. 关于"十五"时期实施城市化战略的几个问题[J]. 宏观经济管理，2000（04）.

[64] 胡春阳. 城市规模对城乡居民收入差距的影响效应研究—基于2000~2010年省际面板数据的实证分析[J]. 湖南商学院学报，2012（04）.

[65] 胡放之，殷恰. 行政垄断、收入流动性与我国行业收入差距的扩大[J]. 贵州社会科学，2010（02）.

[66] 胡荣才，冯昶章. 城乡居民收入差距的影响因素——基于省级面板数据的实证研究[J]. 中国软科学，2011（02）.

[67] 黄国华. 城乡居民收入差距影响因素分析——基于长三角地区16地级市的实证考察[J]. 上海经济研究，2009（10）.

[68] 黄华继，樊静. 城乡居民收入差距影响因素的实证分析[J]. 重庆三峡学院学报，2014，30（06）.

[69] 黄济生，孔庆洋. 中国行业收入差距：研究现状及方向[J]. 经济论坛，2012（01）.

[70] 黄勇. 城市规模发展的实证分析[D]. 武汉：武汉大学，2004.

[71] 黄宇慧. 我国城市化水平与经济发展关系的计量分析[J]. 财经问题研究，2006（03）.

[72] 江红，陈鹏. 城镇居民收入差距影响因素的回归分析——以1995~2011年上海市的数据为例[J]. 中国集体经济，2013（25）.

[73] 姜玮. 我国行业收入差距扩大的实证分析与规范路径[J]. 南昌大

学学报（人文社会科学版），2010，41（05）.

[74] 金相郁. 最佳城市规模理论与实证分析：以中国三大直辖市为例[J]. 上海经济研究. 2004（07）.

[75] 金相郁. 中国城市规模效率的实证分析：1990—2001年[J]. 财贸经济，2006（6）.

[76] 景文. 中国城市聚集经济与城市规模关系的实证研究[D]. 天津：南开大学，2009.

[77] 景芝英，徐雪梅. 试论聚集经济的本质[J]. 财经问题研究，1998（11）.

[78] J. Vernon Henderson. 中国的城市化：面临的政策问题与选择[J]. 城市发展研究，2007（04）.

[79] 孔繁梅. 浅谈农村剩余劳动力转移的对策[J]. 民营科技，2009（01）.

[80] 李补喜，申京苑. 基于分位数回归的审计费用影响因素研究[J]. 会计之友，2014（03）.

[81] 李传裕. 从人力资本投资角度分析梅州市农村剩余劳动力转移[J]. 人力资源管理，2014（04）.

[82] 李凤梧. 2010年中国服务业就业结构与城市规模关联研究[D]. 北京：首都师范大学，2014.

[83] 李国友. 论城市化促进就业[J]. 湖北经济学院学报（人文社会科学版），2006（07）.

[84] 李红. 河北省城市发展研究[J]. 商业研究，2004（05）.

[85] 李红. 影响我国城乡居民收入分配差距的因素分析[J]. 统计与管理，2014（07）.

[86] 李红梅. 居民收入的分位数回归与反事实因素分解[D]. 北京：首都经济贸易大学，2012.

[87] 李健英. 论分工制度演进与城市经济聚集[D]. 广州：华南师范大学，2003.

[88] 李坤望，刘健. 金融发展如何影响双边股权资本流动[J]. 世界经济，2012（08）.

[89] 李兰澜. 基于Logistic回归的城镇居民收入高低影响因素分析[J]. 法制与经济（中旬），2013（07）.

[90] 李睿. 就业结构转变与城镇化的国际经验及对我国的启示[J]. 山东社会科学, 2012（12）.

[91] 李实. 中国经济转轨中的劳动力流动模型[J]. 经济研究, 1997（01）.

[92] 李鑫. 人口增长对经济发展的影响因素分析[J]. 商业时代, 2009（03）.

[93] 李新伟. 我国人口城市化水平与发展方向探析[J]. 人口学刊. 2002（08）.

[94] 李秀敏, 孟昭荣. 我国城市规模对城乡收入差距的影响研究[J]. 兰州商学院学报, 2008（06）.

[95] 李秀敏, 张丽莉. 城市化的乘数效应: 吉林省与浙江省的比较研究[J]. 西南民族大学学报（人文社会科学版）, 2011（04）.

[96] 李因果, 何晓群. 城市规模、就业结构对聚集经济及 TFP 的影响——基于中国十大城市群的经验分析[J]. 山西财经大学学报, 2010, 32（09）.

[97] 李莹莹, 孙泓生, 舒畅. 城市化与调整居民收入分配的现状、问题与对策[J]. 当代经济, 2011（18）.

[98] 廖丹清, 郭慧伶. 城市化是改善我国就业状况的有效途径[J]. 中国农村经济, 2004（03）.

[99] 林目轩, 何琼峰, 陈秧分, 师迎春, 王良健. 城市合理规模的理论探讨和实证——以长沙市区为例[J]. 经济地理, 2007（01）.

[100] Lingxin Hao, Daniel Q. Naiman, 肖东亮, 译. 分位数回归模型. 上海: 上海人民出版社, 2012（07）.

[101] 刘爱梅, 杨才德. 市场规模、资源配置与经济增长[J]. 当代经济科学, 2011（1）.

[102] 刘纯彬. 二元社会结构与城市化（续）——四、城市病与城市规模[J]. 社会, 1990（04）.

[103] 刘健, 宋文文. 制度差距如何影响 FDI 与 FPI 流动[J]. 经济与管理评论. 2013（01）.

[104] 刘剑锋, 蒋瑞波. 浙江省产业集聚效应的测算与实证研究[J]. 工业技术经济, 2010（02）.

[105] 刘玲玲, 周天勇. 对城市规模理论的再认识[J]. 经济经纬, 2006

(01).

[106] 刘小玄,曲玥.中国工业企业的工资差异研究——检验市场分割对工资收入差距的影响效果[J].世界经济文汇,2008(05).

[107] 刘学军,赵耀辉.劳动力流动对城市劳动力市场的影响[J].经济学(季刊),2009(02).

[108] 陆立军,周国红.技术密集型行业对制造业竞争力影响程度研究——以浙江省为例[J].科研管理,2006(02).

[109] 陆铭,陈钊.城市化、城市倾向的经济政策与城乡收入差距[J].经济研究,2004(06).

[110] 陆铭,高虹,佐藤宏.城市规模与包容性就业[J].中国社会科学,2012(10).

[111] 罗楚亮,李实.人力资本、行业特征与收入差距——基于第一次全国经济普查资料的经验研究[J].管理世界,2007(10).

[112] 吕晓兰.自然垄断、行政垄断与我国行业收入差距[J].合作经济与科技,2008(02).

[113] 马草原,李运达,宋树仁.城镇居民收入差距变动轨迹的总体特征及分解分析:1988-2008[J].经济与管理研究,2010(09).

[114] 马骊.基于 panel data 模型的城乡居民收入差距影响因素分析——以浙江省为例[J].金融经济,2007(22).

[115] 马骊.基于人力资本的角度对我国行业收入差距的思考[J].金融经济,2008(06).

[116] 马骊.行业收入差距的形成机理实证研究——以浙江省为例[J].技术经济与管理研究,2010(S2).

[117] 马树才,宋丽敏.我国城市规模发展水平分.析与比较研究[J].统计研究,2003(07).

[118] 马宇.我国城镇居民收入分配差距影响因素实证分析[J].经济论坛,2009(03).

[119] 马远.基于面板模型的城镇化经济绩效区域分异研究——以新疆为例[J].软科学,2012(05).

[120] 麦肯锡全球研究院.迎接中国十亿城市大军[R].2008,03(24).

[121] 毛雁冰，张恒龙. 中国城市化进程对城镇居民收入的影响分析[J]. 山东社会科学，2014（01）.

[122] 牟增芬，孙正林. 基于人力资本理论的新生代农民工培训问题研究[J]. 中国林业经济，2011（01）.

[123] 潘文轩. 城市化与工业化对城乡居民收入差距的影响[J]. 山西财经大学学报，2010，32（12）.

[124] 彭国川. 重庆城市化与经济结构转化的灰色关联分析[J]. 重庆师范学院学报（自然科学版），2001（03）.

[125] 彭剑君，辛祥晶，刘家松. 我国城乡居民收入差距的趋势及影响因素分析[J]. 统计与决策，2011（15）.

[126] 彭树宏. 中国垄断行业与非垄断行业收入决定机制差异[J]. 中南财经政法大学学报，2012（06）.

[127] 彭腾. 城市化与城乡居民收入差距[J]. 邵阳学院学报，2004（03）.

[128] 漆畅青，何帆. 亚洲国家城市化的发展及其面临的挑战[J]. 世界经济与政治，2004（11）.

[129] 钱力，肖琳. 甘肃省城镇居民收入影响因素实证分析[J]. 农村经济与科技，2014，25（07）.

[130] 钱振明. 中国特色城镇化道路研究：现状及发展方向[J]. 苏州大学学报，2008（03）.

[131] 强林飞，吴芬，吴诣民. 中国行业收入差距的实证研究[J]. 统计与信息论坛，2011，26（11）.

[132] 秦玉琴. 新世纪领导干部百科全书（第4卷）[M]. 北京：中国言实出版社，1999.

[133] 邱兆林. 行业垄断、异质性人力资本与行业收入差距[J]. 经济与管理评论，2014，30（05）.

[134] 任重，周云波. 垄断对我国行业收入差距的影响到底有多大？[J]. 经济理论与经济管理，2009（04）.

[135] 山西财经学院课题组，山西省城市社会经济调查队课题组. 山西分行业居民收入差距的实证分析[J]. 山西统计，1998（01）.

[136] 邵挺. 二元土地市场、城乡收入差距与城市结构体系的研究[D].

上海：复旦大学，2010.

[137] 沈坤荣，蒋锐. 中国城市化对经济增长影响机制的实证研究[J]. 统计研究，2007（06）.

[138] 沈坤荣，余吉祥. 农村劳动力流动对中国城镇居民收入的影响——基于市场化进程中城乡劳动力分工视角的研究[J]. 管理世界，2011，（3）.

[139] 史先诚. 行业间工资差异和垄断租金分享[J]. 上海财经大学学报，2007（2）.

[140] 史晓红，李志远. 城市化是解决我国城乡居民收入差距问题的治本之策[J]. 经济问题，2008（03）.

[141] 史晓红，任志安. 城市化滞后是我国城乡居民收入差距过大的根源探讨[J]. 湖北经济学院学报（人文社会科学版），2012，9（05）.

[142] 师云. 城乡一体化发展——北京的新目标[J]. 科技智囊，2009（02）.

[143] 苏东坡. 城镇居民收入结构分解及趋势演变研究[J]. 商业研究，2013（08）.

[144] 苏东坡. 城镇居民收入结构的城市化效应研究——基于中国省际面板数据的门槛模型分析[J]. 城市发展研究，2014，21（01）.

[145] 苏瑜，万宇艳. 分位数回归的思想与简单应用[J]. 统计教育，2009（10）.

[146] 孙敬水，于思源. 行业收入差距影响因素及其贡献率研究——基于全国19个行业4085份问卷调查数据分析[J]. 山西财经大学学报，2014，36（02）.

[147] 孙浦阳，武力超. 城市的最优发展规模：基于宜居视角的研究[J]. 上海经济研究，2010（07）.

[148] 孙荣飞. "城市化"道路明晰 未来偏爱建大城. 第一财经日报，2008-03-26.

[149] 孙业亮. 中国城市化进程中城镇居民收入差距问题研究[D]. 天津：南开大学，2013.

[150] 孙永强. 金融发展、城市化与城乡居民收入差距研究[J]. 金融研究，2012（04）.

[151] 孙永强,巫和懋. 出口结构、城市化与城乡居民收入差距[J]. 世界经济,2012,35(09).

[152] 孙志军. 中国教育个人收益率研究:一个文献综述及其政策含义[J]. 中国人口科学,2004(10).

[153] 谭锐. 住房投资性需求与中国城市规模扩张——基于空间均衡模型的分析[J]. 经济评论,2013(05).

[154] 檀学文. 大城市过度规模与卫星城政策[J]. 中国农村观察,2006(06).

[155] 田光进,张增祥,周全斌,乔颜友. 中国城市就业结构的特征及其演变[J]. 地理科学进展,2002(03).

[156] 田明,李睿. 就业结构转变与城镇化的国际经验及对我国的启示[J]. 山东社会科学,2012(12).

[157] 王必好,黄浩洁. 寡头垄断市场结构的技术创新效应研究——基于波特兰和古诺均衡分析的视角[J]. 经济评论,2013(09).

[158] 王春元,方齐云. 城市化对城乡居民收入的影响[J]. 城市问题,2014(02).

[159] 王迪,吕康银,王文静. 城镇内部行业收入差距成因的实证研究[J]. 经济与管理,2014,28(05).

[160] 王虎. 探析东京圈的形成与整合[J]. 上海经济,2003(04).

[161] 王金营. 经济发展中人口城市化与经济增长相关分析比较研究[J]. 中国人口、资源与环境,2003(05).

[162] 王俊,李佐军. 拥挤效应、经济增长与最优城市规模[J]. 中国人口资源与环境,2014(07).

[163] 王亢,王德起. 城市规模效率差异分析——以京津冀城市群为例[J]. 现代商业,2013(02).

[164] 王明华. 影响居民收入差距扩大的制度性因素[J]. 经济问题,2005(10).

[165] 王培暄. 城镇居民内部收入差距的影响因素与应对措施研究[J]. 科学经济社会,2013,31(03).

[166] 王平. 制度约束与中国城市规模研究[D]. 杭州:浙江大学,2012.

[167] 王琼. 我国城镇居民收入分配影响因素的实证研究——基于我国30个省域的面板数据分析[J]. 中国证券期货，2013（03）.

[168] 王小鲁. 灰色收入拉大城镇居民收入差距[J]. 中国改革，2007（07）.

[169] 王小鲁. 中国城市化路径与城市规模的经济学分析[J]. 经济研究，2010（10）.

[170] 王小鲁，万广华. 对中国城乡就业和城市化率的再估计[J]. 劳动经济研究，2013，1（01）.

[171] 王小鲁，夏小林. 优化城市规模，推动经济增长[J]. 经济研究，1999（09）.

[172] 王行伟. 城市化问题观点综述[J]. 党政干部学刊，2002（07）.

[173] 王业强. 倒"U"型城市规模效率曲线及其政策含义——基于中国地级以上城市经济、社会和环境效率的比较研究[J]. 财贸经济，2012（11）.

[174] 王志刚. 面板数据模型及其在经济分析中的应用[M]. 北京：经济科学出版社，2008.

[175] 魏发凡. 我国城乡居民收入差距的影响因素分析[J]. 改革与开放，2010（13）.

[176] 魏玮，宋一弘，张燕航. 城市化、政府支出偏好与城乡居民收入——基于中国省际1995~2010年的面板数据[J]. 云南财经大学学报，2012，28（04）.

[177] 温铁军. 中国的城镇化道路与相关制度问题[J]. 开放导报，2000（05）.

[178] 吴得民. 对我国城镇居民收入分配差距问题的再认识[J]. 经济体制改革，2002（01）.

[179] 武鹏，周云波. 行业收入差距细分与演进轨迹：1990~2008[J]. 改革，2011（01）.

[180] 吴宇哲，鲍海君. 土地资源短缺背景下中国城市化发展模式的战略选择[A]. 中国城市化：实证分析与对策研究[C]. 厦门：厦门大学出版社，2002.

[181] 席强敏. 城市效率与城市规模关系的实证分析——基于 2001~

2009年我国城市面板数据[J]. 经济问题，2012（10）.

[182] 夏永祥，余其刚. 世界城市化进程的一般规律和中国的实践[A]. 中国城市化：实证分析与对策研究[C]. 厦门：厦门大学出版社，2002.

[183] 肖文，王平. 外部规模经济、拥挤效应与城市发展：一个新经济地理学城市模型[J]. 浙江大学学报（人文社会科学版），2011（03）.

[184] 肖文，王平. 外部性、城市规模与城市增长——对长三角地区16个城市的分析[J]. 浙江学刊，2011（04）.

[185] 肖向东，罗能生. 我国城乡居民收入差距的省际差异及其影响因素——基于面板数据的空间计量分析[J]. 湖南大学学报（社会科学版），2015，29（01）.

[186] 谢长青，范剑勇. 市场潜能、外来人口对区域工资的影响实证分析——以东西部地区差距为视角[J]. 上海财经大学学报，2012（03）.

[187] 谢小平，王贤彬. 城市规模分布演进与经济增长[J]. 南方经济，2012（06）.

[188] 谢扬. 中国城镇化战略发展研究——《中国城镇化战略发展研究》总报告摘要[J]. 城市规划，2003（02）.

[189] 熊彩云. 影响我国大中城市人口吸纳能力提升的理念及对策[J]. 武汉大学学报（哲学社会科学版），2008（03）.

[190] 徐琴. 发达地区县级城市在城市化进程中的地位和作用[J]. 学海，2001（12）.

[191] 徐清，陈旭. 劳动力转移与劳动力集聚的最优规模——基于地级城市的面板数据[J]. 当代经济科学，2013，35（05）.

[192] 徐雪梅，王燕. 城市化对经济增长推动作用的经济学分析[J]. 城市发展研究，2004（02）.

[193] 许学强，叶嘉安. 我国市镇分布城镇化和城市首位度的省际差异分析[C]. 北京：科学出版社，1988.

[194] 许译文. 浅析中国居民收入差距的影响因素[J]. 现代商业，2014（12）.

[195] 薛继亮，李录堂. 基于MLD指数的转型期中国行业收入差距及其影响因素研究[J]. 中国人口科学，2010（04）

[196] 薛守刚, 周云波. 影响我国城镇居民收入差距的主要因素研究——以天津为案例从人口特征的角度所进行的分析[J]. 南开经济研究, 2005 (03).

[197] 杨栋. 加速上海市郊区城市化途径研究[D]. 同济大学, 2008.

[198] 杨开忠, 谢燮. 中国城市投入产出有效性的数据包络分析[J]. 地理学与国土研究, 2002, 18 (3).

[199] 杨天宇. 城市化对我国城市居民收入差距的影响[J]. 中国人民大学学报, 2005 (04).

[200] 杨天宇, 刘青松, 范静泊. 城乡移民与居民收入不平等: 基于变异系数的理论分析[J]. 云南财经大学学报, 2012, 28 (05).

[201] 杨学成, 汪冬梅. 我国不同规模城市的经济效率和经济成长力的实证研究[J]. 管理世界, 2002 (04).

[202] 杨宜勇. 城市化: 缓解就业压力的重要途径[J]. 中国特色社会主义研究, 2000 (03).

[203] 杨宜勇. 城市化创造就业机会与城市就业空间分析[J]. 管理世界, 2000 (02).

[204] 姚芳, 姚萍, 孙林岩. 我国行业间工资合理比例关系研究[J]. 山西财经大学学报, 2004 (03).

[205] 叶林祥, 李实, 罗楚亮. 行业垄断、所有制与企业工资收入差距——基于第一次全国经济普查企业数据的实证研究[J]. 管理世界, 2011 (04).

[206] 余东华, 陈晓丹. 行政性垄断对行业收入差距的影响研究[J]. 经济社会体制比较, 2013 (05).

[207] 于良春, 王美晨. 行业垄断对收入差距影响的实证分析[J]. 经济与管理研究, 2014 (07).

[208] 袁庆明. 微观与宏观交易费用测量的进展及其关系研究[J]. 南京社会科学, 2011 (03).

[209] 袁庆明. 新制度经济学[M]. 北京: 中国发展出版社, 2012.

[210] 岳昌君, 吴淑姣. 人力资本的外部性与行业收入差异[J]. 北京大学教育评论, 2005 (04).

[211] 岳希明，李实，史泰丽. 垄断行业高收入问题探讨[J]. 中国社会科学，2010（3）.

[212] 曾令华，江群，黄泽先. 非农就业增长与城市化进程相关性分析[J]. 经济体制改革，2007（01）.

[213] 张炳申. 中小企业群集、城市化与就业扩张[J]. 经济学动态，2002（12）.

[214] 张长春. 我国要素密集型行业划分与优势区分布[J]. 中国工业经济研究，1994（07）.

[215] 张宏霖. 中国城市化与经济发展[A]. 中国城市化：实证分析与对策研究[C]. 厦门：厦门大学出版社，2002.

[216] 张建国. 必须重视城市和城市建成区的规模——一个影响就业的重要因素[J]. 宁夏社会科学，2007（01）.

[217] 张景华. 城市化驱动经济增长的机制与实证分析[J]. 财经科学，2007（05）.

[218] 张克俊. 我国城乡居民收入差距的影响因素分析[J]. 人口与经济，2005（06）.

[219] 张蕊. 中国城市化道路模式探讨[J]. 西昌师范高等专科学校学报，2003（09）.

[220] 张世银，龙莹. 我国收入差距扩大的影响因素及其实证分析——以行业收入变动为视角[J]. 经济经纬，2010（04）.

[221] 张欣. 城市化与中国就业问题[A]. 中国城市化：实证分析与对策研究[C]. 厦门：厦门大学出版社，2002.

[222] 张应武. 基于经济增长视角的中国最优城市规模实证研究[J]. 上海经济研究，2009（05）.

[223] 张余文. 中国行业收入差距的实证分析[J]. 经济理论与经济管理，2010（08）.

[224] 张原，陈建奇. 人力资本还是行业特征：中国行业间工资回报差异的成因分析[J]. 世界经济，2008（5）.

[225] 张忠国，吕斌. 市场经济条件下用经济分析的观点优化城市规模[J]. 经济地理，2005（02）.

[226] 赵人伟，李实. 中国居民收入分配再研究[M]. 北京：中国财政经济出版社，1999.

[227] 赵晓岗，安博文，李进文，应莉莉. 一种传像光纤束起点位置搜索的方法[J]. 计算机应用与软件，2014（10）.

[228] 郑金芳，邓西录，王凤京. 繁荣经济 发展小城镇[J]. 小城镇建设，2002（11）.

[229] 钟笑寒. 劳动力流动与工资差异[J]. 中国社会科学，2006（1）.

[230] 周密，张广胜，黄利，彭楠. 外来劳动力挤占了本地市民的收入吗？——基于城市规模视角[J]. 上海财经大学学报，2014（01）.

[231] 周牧之. 中国应选择以大城市圈为核心的城市化模式[J]. 中国城市经济，2001（11）.

[232] 周牧之. 中国需要大城市圈发展战略[A]. 中国城市化：实证分析与对策研究[C]. 厦门：厦门大学出版社，2002.

[233] 周牧之. 中国应选择以大城市圈为核心的城市化模式[J]. 中国城市经济，2011（11）.

[234] 周普杰. 我国城市化的对策分析[J]. 经济问题，2003（05）.

[235] 周圣强，朱卫平. 产业集聚一定能带来经济效率吗：规模效应与拥挤效应[J]. 产业经济研究，2013（03）.

[236] 周伟诚. 中国城乡居民收入差距影响因素研究：基于制度视角的分析[J]. 中国外资，2011（18）.

[237] 周一星. 城市地理学[M]. 北京：商务印书馆，1995.

[238] 周云波. 城市化、城乡差距以及全国居民总体收入差距的变动——收入差距倒U形假说的实证检验[J]. 经济学（季刊），2009，8（04）.

[239] 周云波. 影响城镇居民收入差距的主要因素分析[J]. 统计与决策，2009（18）.

[240] 周云波，余泳泽. 影响我国城镇居民收入差距的主要因素——基于回归方法的分析[J]. 经济问题探索，2010（12）.

[241] 朱道才，周加来. 基于集聚经济的我国城市化战略取向[J]. 经济问题探索，2006（10）.

[242] 朱华友. 经济集聚机理的尺度分异整合及其应用价值研究[J]. 浙江师范大学学报：社会科学版，2006（01）.

[243] 朱彤，刘斌，李磊. 外资进入对城镇居民收入的影响及差异——基于中国城镇家庭住户收入调查数据（CHIP）的经验研究[J]. 南开经济研究，2012（02）.

[244] 邹学勇，张春来，吴晓旭，石莎，钱江，王仁德. 城镇防沙的理论框架与技术模式[J]. 中国沙漠，2010，01.

英文文献

[1] BARRETT A, BERGIN A, KELLY E. Estimating the Impact of Immigration on Wage in Ireland[J]. *The Economic and Social Riview*, 2011, 42(1): 1-26.

[2] ALTONJI J., CARD D. "The Effects of Immigration on the Labor Market Outcomes of Less2 Skilled Natives" in Abowd J and Freeman R (eds.), Immigration, Trade, and the Labor, Market. Chicago: University of Chicago Press, 1991, 710.

[3] AMOTT R. J, STIGLITZ J. E. Aggregate Land Rents, Expenditure on Public Goods, and Optimal City Size[J]. *The Quarterly Journal of Economics*. 1979, 93(4): 471-500.

[4] AU C, HENDERSON V. Are Chinese Cities too Small? [J]. *Review of Economic Studies,* 2006, 73(2): 549-576.

[5] BERTINELLI L, BLACK D. Urbanization and Growth[J]. *Journal of Urban Economics*. 2004, 01: 80-96.

[6] BLACK D, HENDERSOON J. V. A Theory of Urban Growth[J]. *Journal of Political Economy*, 1999, 107(2): 252-284.

[7] BORJASG. J. The Labor Demand Curve Is Downward Sloping: Re-examining the Impact of Immigration on the Labor Market[J]. *Quarterly Journal of Economics,* 2003, 118(4): 1335-1374.

[8] BORJAS G. J, FREEMAN R, KATZ L. Searching for the Effect of Immigration on the Labor Market[J]. American Economic Review.

Papers and Proceedings. 1996, 86 (2): 246 -251.

[9] BURTON A. Weisbrod. Education and Investment in Human Capital [J]. *Journal of Political Economy*. 1962, 70(5): 106-123.

[10] ROBERTA C & ROBERTO C. Beyond Optimal City Size: an Evaluation of Alternative Urban Growth Patterns[J]. *Urban Studies*. 2000(9): 1479-1496.

[11] CARRASCO R, JINENO J. F, ORTEGA A. C. The Effect of Immigration on the Labor Market Performance of Native-born Workers: Some Evidence for Spain[J]. *Journal of Population Economics*, 2008, 21(3): 627-648.

[12] CARD D. Immigrant Inflows, Native Outflows, and the Local Labor Market Impacts of Higher Immigration[J]. *Journal of Labor Economics*, 2001, 19 (1), 22-64.

[13] CHEN A. Urbanization and Disparities in China: Challenges of Growth and Development[J]. *China Economic Review*, 2002, 13(4): 407-411.

[14] CLARK K, DRINKWATER S. The Labor Market Impact of Recent Immigration on Ethnic Groups in the UK[J]. *Nordic Journal of Political Economy*, 2009, 35: 1-4.

[15] DAVIS J. Evidence on the Political Economy of the Urbanization Process[J]. *Journal of Urban Economics*, 2003, 53(1): 98-125.

[16] DOBKINS L. H, IOANNIDES Y. M. Spatial Interactions among U. S. Cities: 1900—1990[J]. *Regional Science and Urban Economics,* 2001, 31: 701-731.

[17] MORITTE E. Human Capital Externalities in Cities[R]. NBER Working Paper No. 9641, 2003.

[18] EVANS A. W. A Pure Theory of City Size in an Industrial Economy[J]. *Urban Studies*. 1972, (9): 49-77.

[19] FRANCESCO D'AMURI, GIANMARCO I. P., OTTAVIANO, GIOVANNI PERI. The labor market impact of immigration in Western Germany in the 1990's[J]. *European Economic Review*, 2010, 54(4): 550-570.

[20] GLAESER E. L. Cities, Information and Economic Growth[J].

Cityscape, 1994, 1(1): 9-77.

[21] GLAESER E. L, RESSEGER M. G. The Complementarity between cities and skills[J]. Journal of Regional Science, 2010, 50(1): 221-244.

[22] HENDERSON J. V. Efficiency of Resource Usage and City Size[J]. *Journal of Urban Economics*. 1986, 19(1): 47-70.

[23] JACOBS J. The Incentive Role of Creating "Cities" in China[R], M PRA working paper, No. 8594, 1969.

[24] JACQUES. Rural-Urban Migration, Urbanization and Economic Development[J]. *Economic Development and Cultural Change*, 1982, 30(3): 507.

[25] JONES B, KONE S. An Exploration of Relationships between Urbanization and Percapital Income: United States and Countries of the World[J]. *Papers in Regional Science*, 1996, 75(1): 35-153.

[26] KRUGMAN P. On the Number and Location of Cities[J]. *European Economic Review*. 1993, 37. pp. 293-289.

[27] LUCAS L. E. On the Mechanics of Economic Development[J]. *Journal of Monetary Economics*, 1988, 22(1): 3-42.

[28] LUISITO B, DUNCAN B. Urbanization and Growth[J]. *Journal of Urban Economics*, 2004, 56(1): 80.

[29] MADDISON A. Chinese Economic Performance in the Long Run. Development Centre of the OECD. 2007: 159.

[30] MAZZOLARI F, RAGUSA G. Spillovers From High-skill Consumption to Low-skill Labor Markets[R]. Iza Discussion Paper, NO. 3048, 2007.

[31] MOOMAW R. L. Firm Location and City Size: Reduced Productivity Advantages as A Factor in the Decline of Manufacturing in Urban Areas[J]. *Journal of Urban Economics*. 1985, 17(1): 73-89.

[32] MORETTI E. Local Multipliers[J]. *The American Economic Review*. 2010 (02): 373-377.

[33] ALONSO-VILLAR O. Urban Agglomeration: Knowledge Spillovers and Product Diversity[J]. *Annals of Regional Science*, 2002(36): 551-573.

[34] O'SULLIVAN A. Urban Economics. The McGraw—Hill Companies, Inc. 2000: 120, 276.

[35] OTTAVIANO, GIANMARCO I. P, Giovanni P. Rethinking the Effect of Immigration on Wages[J]. *Journal of European Economic Association*, 2012, 10(1): 152-197.

[36] OTTAVIANO G. I, Tabuchi T, Thisse J. F. Agglomeration and Trade Revisited[J]. *International Economic Review*. 2002(02): 409-436.

[37] POLESE M. Cities and National Economic Growth: A Reappraisal[J]. *Urban Studies*, 2005, 42(8): 1429-1451.

[38] PREM S, MATIN. Urbanization and Economic Development[J], *Eastern Economic Journal*, 1984, 10(3): 325.

[39] ROBERT E, LUCAS L. E. On the Mechanics of Economic Development [J]. *Journal of Monetary Economics,* 1988, (22): 3-42.

[40] SVEIKAUSKAS L. The Productivity of Cities[J], *The Quarterly Journal of Economics*, 1975, 03: 393-413.

[41] TABUCHI T. Urban Agglomeration and Dispersion: A Synthesis of Alonso and Krugman[J]. *Journal of Urban Economics*, 1988, 44(3): 333-351.

[42] TABUCHI T, THISSE J. F, ZENG D. Z. On the Number and Size of Cities[J]. *Journal of Economic Geography*. 2005, 04: 423-448.

[43] WHEATON W. C, SHISHIDO H. Agglomeration Economies, and the Level of Economic Development[J]. *Economic Development and Cultural Change*, 1981, 30(1): 17-30.

[44] YANG X. Development, Structural Changes and Urbanization[J]. *Journal of Development Economics*. 1990, 34: 199-222.

[45] ZHENG X. Measure Optimal Population Distribution by Agglomeration Economies and Diseconomies: a Case Study of Tokyo[J]. *Urban Studies*. 1998, 35: 95-112.